Mis Raíces Judaicas

PO Box 549 * Mandan, ND 58554
701-258-6786 * Email: kidsinministry@yahoo.com
www.kidsinministry.org/kimi-mexico/

Mis Raíces Judaicas
Copyright © 2010-2019 by Kids in Ministry International, Inc.
Traducción al español: Belina Rubiés Costa
Revisión final: Jaime Ehrenstein Burgueño
Revisión,formato y diseño: Ana Lilia Zertuche de Ehrenstein y Becky Fischer

Versión en inglés Jesus our Mesiah
Derechos de autor © 2009-2019 Kids in Ministry International, Inc.

Escrito por Pamela Ayres y Becky Fischer
Publicado por Kids in Ministry International, Inc.
PO Box 549, Mandan, ND 58554

Página web de Kids in Ministry International: www.kidsinministry.org y www.kidsinministry.org/kimi-mexico/

Todas las citas bíblicas se han tomado de la versión Nueva Versión Internacional, a excepción de que se indique otra versión.

Queda prohibida la reproducción o transmisión de este libro en cualquier forma o por cualquier medio, ya sea electrónico, mecánico, fotocopiado, grabado, o por medio de cualquier sistema de almacenamiento y recuperación de información con fines mercantiles, sin permiso escrito de la autora.

Todos los derechos reservados.
Impreso en México

"La Biblia no se puede entender plenamente a menos que se tenga conocimiento sobre Israel. Si existe confusión en cuanto a este país, la habrá también en cuanto a la Biblia."

"Tenemos una deuda enorme para con el pueblo judío. Sin ellos, la iglesia no tendría patriarcas, ni profetas, ni apóstoles, ni biblia, ni Salvador."

Derek Prince
Autor de "El Destino de Israel y la Iglesia"

Querida Becky,

No es posible expresarte en un correo electrónico cuán orgulloso me siento de lo que estás haciendo, junto con tu equipo, [en la conferencia Los Niños Bendicen a Abraham, 2008]. Lo que ocurrió con los niños no tiene precedentes en mi experiencia de treinta y cuatro años de ser judío mesiánico y de más de veinticinco años en el ministerio.

Además del hambre y la fortaleza espiritual de estos niños, es la primera que he visto ese nivel de intercesión por Israel y por el pueblo judío sin algún otro interés cristiano. Mazel Tov (felicidades.) Espero que podamos continuar recibiendo la recompensa de tu esfuerzo. Por supuesto, estoy contigo cien por ciento. Shalom,

Rabino Jerry Feldman
Instituto de Raíces Judías
Overland Park, Kansas

Mis Raíces Judaicas

Contenido

Lo que Creemos

Kids in Ministry International, Inc., desea crear conciencia, tanto en niños como en adultos, en cuanto a que Dios considera a niños y niñas como socios en el ministerio, y como miembros activos del cuerpo de Cristo.

Nuestro objetivo es enseñar, entrenar y equipar a los niños para hacer las obras de Jesús, de manera que puedan operar en sus dones y su llamado. Por tanto, sentimos que es imperativo enseñar, entrenar y equipar a los adultos para ministrar a los niños, instruyéndoles para ser mentores de niños y activarlos en las cosas del Espíritu.

La meta es ayudar a los niños, desde temprana edad, a encontrar su lugar en todas las áreas del ministerio e inspirarles a ser miembros activos del cuerpo de Cristo. Entre las áreas de ministerio se encuentran la evangelización, las misiones, los dones del Espíritu, la adoración, la oración, la sanidad de enfermos, y otras. (Lucas 4:18)

Estamos convencidos de que todo lo que es del Espíritu y por el Espíritu para los adultos, está también al alcance de los niños. Es nuestra opinión, de acuerdo a las Escrituras, que los niños tienen toda la capacidad de participar del Evangelio. Esto incluye la salvación por medio de la sangre de Jesús, el bautismo del Espíritu Santo, el bautismo en agua, la comunión, el operar en los dones del Espíritu, así como toda doctrina y concepto Bíblico, siempre y cuando se les enseñen de manera sencilla y a su nivel de entendimiento.

Creemos que la niñez es la etapa de la vida que Dios ha diseñado para que toda persona acepte el evangelio; que todos debemos ser como niños para recibir el reino de los cielos; y que Dios le da un valor muy alto a la salvación de los niños. (Mateo 18:1-14)

Kids in Ministry International, Inc. cree que el cuerpo de Cristo tiene un mandato del cielo para enseñar la Palabra de Dios a los niños, y a exhortarlos a que sean hacedores de la Palabra y no tan solo oidores. (Juan 21:15, Deuteronomio 6:1-9, 6:20-21)

Creemos que los niños son parte del ejército de Dios de los últimos tiempos, y de la "gran comisión," que incluye predicar el evangelio a todas las naciones, imponer manos sobre los enfermos, levantar a los muertos, hablar en lenguas. Igualmente, otras áreas del ministerio del creyente son totalmente aplicables al niño que ha nacido de nuevo, al igual que al adulto. (Mateo 28:19-20, Marcos 16:15-16, Hechos 2:16-17.)

Creemos, de acuerdo al ejemplo bíblico (Jueces 16:26, Mateo 2:2-7) que los niños van a tener una participación importante en el gran avivamiento final y en la pronta venida de Jesús.

Pamela Ayres

Nota de la Autora

He oído, en repetidas ocasiones, que se exhorta al pueblo cristiano a que apoye a Israel y ore por la paz de Jerusalén. Pero en mis treinta y dos años de vida cristiana, he oído muy poco en la iglesia sobre las raíces hebreas de mi fe. Dios mismo ha puesto el anhelo en mi corazón de conectar los puntos entre el inicio de Su relación con el hombre y nuestro presente y futuro bajo su reinado. Este programa está escrito con miras a conocer y entender la verdad, de manera que provoque en nosotros el deseo y el compromiso de servir para siempre al Rey de Gloria, que vino como la semilla prometida de Abraham, y quien por siempre será judío.

Como creyentes, nuestro árbol genealógico inició con Adán, pasó por Noé, y ha continuado por la —línea de la fe— de Abraham y otros que han sido hechos aceptos por la fe, no recibiendo la promesa, porque, "Esto sucedió para que ellos no llegaran a la meta sin nosotros, pues Dios nos había preparado algo mejor" (Hebreos 11:40.)

Hemos sido injertados en una obra de teatro que inició dos mil años antes de que se acuñara la palabra "cristiano" en Antioquía. El mensaje central de este programa es el ponerle perspectiva a nuestra fe, dando honor a quien honor merece, y construyendo una anticipación profética de los días que están por venir.

Como hija de ministro, tengo el privilegio de impactar a la generación que, creo, experimentará el "nuevo hombre" que se menciona en Efesios 2:15. El futuro de nuestra fe está ligado a la tierra y al pueblo de Israel, así como el inicio de ella tiene sus raíces en la relación y las promesas de Dios para con este pueblo. Tendemos a ver su lucha y su ambivalencia hacia el cristianismo, olvidándonos de honrarlos por llevar la antorcha de la fe durante tantos años antes de Cristo, y por haberla compartido con nosotros.

Creo, que ninguna otra nación habría desempeñado un mejor papel en cuanto a seguir a Dios, que Israel. Si aprendemos a honrar al pueblo Judío ahora, estaremos menos sorprendidos cuando el Señor les honre con gracia especial en el futuro próximo. Al contrario, será algo que estaremos esperando con expectativa, y a lo que aplaudiremos.

Tiempo con Dios

El objetivo de cada lección en este plan de estudios es hacer que los niños tengan hambre para tener un encuentro de algún tipo con Dios. Llamamos a esto entrar en el Lugar Santísimo y pasar tiempo en presencia del Espíritu Santo. Compartimos nuestras propias ideas en cuatro de estas lecciones de cómo hacerlo.

Pero para las lecciones restantes, esperamosque busque el Espíritu Santo en busca de formas creativas para tomar conceptos de las lecciones y descubrir cómo crear tiempo con Dios basándose en lo que los niños aprendieron ese día. Las mejores y más ungidas ideas son las que el Espíritu Santo te da personalmente.

Descargue este documento que brinda instrucciones detalladas sobre cómo hacer una llamada eficaz al altar con los niños.

https://buff.ly/2FEYLSp

El Patrón del Tabernáculo del Ministerio de los Niños

El formato más eficaz para ministrar a los niños en cuerpo alma y espíritu se toma del patrón del Tabernáculo del Antiguo Testamento. Este es el formato que utilizamos en nuestros PowerClubs. Las siguientes lecciones encajan muy bien dentro de este patrón.

Las tres áreas del tabernáculo fueron la Corte Externa, la Corte Interna y el Lugar Santísimo. La corte externa de un servicio para niños suele tener música viva, canciones de acción, juegos y concursos. La Corte Interna podría compararse con el momento en que los niños ahora están listos para sentarse en silencio y escuchar la lección bíblica. El Lugar Santísimo sería el momento en que la presencia de Dios sea la más predominante y el momento en que los niños tengan un encuentro personal con Él en oración o una experiencia conmovedora similar.

Si no está acostumbrado a realizar un formato de iglesia para niños, le recomendamos que compre el video llamado "El patrón de tabernáculo del ministerio" que está disponible en nuestro sitio web en www.kidsinministry.org/childrens-ministry-curriculum/. No solo recibirá excelentes consejos prácticos sobre cómo llevar a cabo un servicio, sino que también aprenderá cómo guiar a los niños a la presencia de Dios en cada servicio.

Consejos para usar este currículo

Dependiendo de la cantidad de tiempo que tenga un maestro en un servicio típico de domingo por la mañana o entre semana, es posible que haya que modificar estas lecciones. Muchos maestros nos dicen que hay mucha carne espiritual en una sola lección, que solo enseñan una sección del sermón por semana. Notará que el sermón en sí está dividido en la Introducción y las Lecciones visuales 1, 2 y 3. Cada Lección visual tiene un valor aproximado de 5 minutos de enseñanza, lo que significa que tiene un sermón de 20 minutos.

Si incluye las preguntas de repaso, la obra de teatro, un PowerVerse y el simulacro de espada (que es un concurso para buscar escrituras adicionales,) necesitará fácilmente de cuarenta y cinco minutos a una hora solo para la lección. Eso puede no ser posible para algunas iglesias. Así que siéntase libre de repartir una lección en un período de dos semanas o más.

También notará que cada lección concluye con un tiempo para que los niños experimenten la presencia de Dios de una manera significativa y única. Es extremadamente importante que deje tiempo para esta actividad, ya que sentarse en la presencia de Dios es una parte fundamental del viaje espiritual de un niño. Con esta adición a su sermón, los niños reciben tanto la Palabra como el Espíritu, lo cual es importante para un andar cristiano equilibrado. Para saber cómo llevar a cabo estos importantes eventos, visite nuestro sitio web www.kidsinministry.org/childrens-ministry-curriculum y busque "Servicios de Altar como una forma de arte."

Cada una de nuestras lecciones curriculares se construyen una sobre otra en un patrón de "línea sobre línea, precepto sobre precepto." Las preguntas de revisión se utilizan mejor la semana después del sermón correspondiente para que pueda refrescar la memoria de todos sobre lo que ya han aprendido, antes de construir el siguiente principio.

Cada obra de teatro tiene una duración aproximada de siete minutos, y reforzará y revisará el concepto de la lección, ayudando a los niños a recordar el principio de lo que aprendieron. Para aprender a usar efectivamente las Dramas Dramáticas sin un equipo de drama, visite nuestro sitio web y busque "Uso creativo de sorteos dramáticos." Está lleno de una variedad de ideas para iglesias pequeñas. Para obtener más información sobre cómo usar este plan de estudios para su mejor ventaja, visite nuestro sitio web y busque "Cómo usar los planes de estudio de KIMI de manera efectiva."

Objetivo de la clase
Componentes clave

Además de la oración, la unción y la buena preparación de la lección, los componentes clave para la enseñanza exitosa de estos sermones se tomarán el tiempo de comprar, recolectar, fabricar o hacer que alguien más haga los accesorios, el vestuario y las lecciones objetales enumeradas en cada sección.

Las ayudas visuales harán o desharán su capacidad para transmitir sus conceptos a los niños que son principalmente aprendices visuales. El día de los gráficos de franela y los rotafolios de imágenes, o las imágenes de retroproyector, ha terminado.

En una época en la que los niños están rodeados por todo tipo de estímulos creativos imaginables, junto con su capacidad de atención cada vez menor, los visuales y las lecciones objetivas no son opcionales. No necesitará solo un objeto por sermón, sino a veces ocho o diez objetos. Algunos de ellos se pueden comprar. Algunos de ellos pueden prestarse. Pero muchos de ellos necesitarás hacer.

No espere hasta el último minuto para ver lo que va a necesitar. Planea con anticipación. Si tiene que pedir algo a través de Internet, es posible que tenga que planificar varias semanas antes. ¡Disfruta la diversión de hacer cosas que sabes que tus hijos amarán! Si bien de otra manera puede ser una fiesta poco atractiva, aproveche la temporada de Halloween en las tiendas de fiestas. Obtendrá algunos de sus mejores objetos en esa época del año. Encontrará coronas, túnicas, pelucas, máscaras, corazones de goma, arcos y flechas, sangre falsa, látigos y una legión de artículos que utilizará durante los próximos años. Comience a construir una reserva de cosas que se pueden usar en sus lecciones bíblicas.

No te permitas ser perezoso en esta área. El material que estás enseñando a los niños son conceptos profundos que normalmente no se enseñan a los niños. Sin imágenes, será difícil mantener su atención, así como difícil para ellos comprender lo que estás hablando. Tomará tiempo y esfuerzo reunir y hacer estas increíbles herramientas para entrenar a los santos más jóvenes. ¡Pero valdrá la pena!

Para obtener más ayuda, visite nuestro sitio web en www.kidsinministry.org/childrens-ministry-curriculums/ y realice una búsqueda de Visual Kits.

Lección: 1

El Cuadro Completo

Lección 1

El Cuadro Completo

Para el Maestro

De entrada, el crear una serie de lecciones sobre Israel para niños y para la Iglesia pudiera parecer algo complicado. Hay quienes pudieran considerar que el tema es demasiado árido y aburrido para niños, o demasiado elevado. Otros pudieran pensar que se trata de darles una serie de historias bíblicas del Antiguo Testamento. Sin embargo, nada de esto es acertado.

Israel aparece en las noticias todos los días. Al escribir este manual, nos dimos cuenta que se está levantando toda una generación que no tiene entendimiento alguno de por qué es importante apoyar a este país tan pequeño y oscuro, que parece causar tantos problemas en el mundo. Ahora nos percatamos con sobriedad el que cada vez hay más cristianos que parecen no tener conocimiento de las verdades bíblicas más básicas. Dios dijo: "Bendeciré a los que bendigan (a Abraham), y maldeciré a los que maldigan (a Abraham.) Y todas las familias de la tierra serán benditas a través de ti." (Génesis 12:3)

En el 2018, Israel celebró su 70 aniversario como nación. Ese año, Kids in Ministry Internacional auspició una conferencia de tres días para niños, para empezar a enseñar a esta generación la conexión de las raíces tan profundas que existen entre cristianos y judíos. Les enseñamos por qué es tan importante orar por la paz de Jerusalén, y cómo nuestro futuro y la segunda venida de Cristo dependen de lo que suceda en Israel. Nos asombramos cuando algunos de los niños más espirituales y comprometidos recibieron la luz de la revelación, cuando antes de iniciar la conferencia nos cuestionaban por qué había que estudiar ese tema.

El objetivo de esta lección es dar un vistazo al panorama general, tal como Dios lo ve a través de los anales de historia.

¿Cómo fue que empezó todo? ¿Dónde aparecemos nosotros, los cristianos? Esperamos poder hacer la conexión entre las historias y los héroes del Antiguo Testamento, y lo que significan hoy en día para nosotros, como creyentes que han nacido de nuevo.

Es una historia magnífica, que sólo Dios pudo haber entretejido, y el entenderla resalta la verdad y la validez de la Palabra de Dios.

Se está levantando toda una generación que no tiene entendimiento alguno de la razón por la que es importante apoyar a Israel.

Versículo de Poder

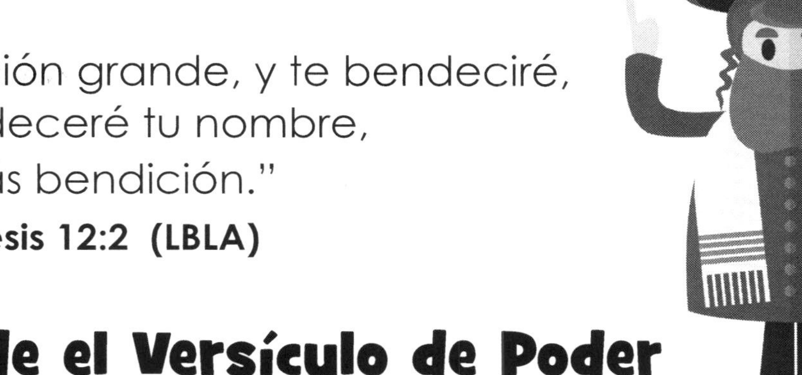

"Haré de ti una nación grande, y te bendeciré,
y engrandeceré tu nombre,
y serás bendición."

Génesis 12:2 (LBLA)

Comprende el Versículo de Poder

Grande :	Muy grande en tamaño o número
¿Quién es el que habla?	Dios
¿A quién le habla?	Abram, a quien Dios después le cambió el nombre por Abraham

¿Por qué sería importante esto para Abram? *Porque en ese momento no tenía hijos.*

Preparar con Anticipación

Parte 1: *Apoyos: 1. Un mapa del mundo grande colocado en la pared, en un lugar de fácil acceso para varias personas a la vez. Lo puedes sustituir con globo terráqueo. 2. Un periódico reciente cuyos encabezados estén relacionados con Israel.*

Parte 2: *Actores: Adán, Eva, Caín, Abel, Seth, Noé, Abraham, Jesús*

Apoyos: 1. Hojas artificiales para Adán y Eva, 2. Una canasta de fruta para Caín, 3. Una oveja de peluche para Abel, 4. Un disfraz bíblico para Seth, 5. Dos o tres animales de peluche para Noé, 6. La mascara de Abraham para Abraham, del Kit de Visuales JNM, p. 252 (Puedes crear tú mismo el disfraz de Abraham, para usarlo durante toda la serie, 7. Una cuerda de 6 m. de largo, para colgar hojas con pinzas para la ropa.

Parte 3: *Apoyos: 1. Una hoja de 28 x 43 centímetros, enrollada y atada con un listón rojo. En la parte exterior, escribe con marcador negro y letras grandes "EXTRA ULTRA SECRETO." En su interior pegar una ilustración de Jesús, y sobre ella escribe las palabras "Jesús, Hijo de Abraham." 2. Una niña vestida de Sarah, con disfraz bíblico, cargando un muñeco bebé.*

Parte 4: *Apoyos: 1. Una bolsa de pinzas para la ropa, 2. Hojas de papel, cada una con un nombre escrito con marcador negro y letra grande, legible para el público. Nombres: Esaú, Jacob, Judá, José, Moisés, Daniel, Sadrac, Mesac, Abednego, Sansón, Saúl, Samuel, Jeremías, Elías, Joel, José, María y Jesús, 3. Un niño vestido de Jesús, 4. Un árbol artificial alto.*

Tiempo con Dios: *Apoyos: 1. Aparato para tocar CDs, 2. Música judía de adoración, 3. La presentación en PowerPoint titulada "Filacterias." Si no tienes proyector de video, imprime las fotos a color. Ve las notas sobre las filacterias en la página ____________*

Lección 1

Parte 1

¿Por qué es importante Israel?

Apoyos: 1. Un mapa del mundo grande colocado en la pared, en un lugar de fácil acceso para varias personas a la vez. Lo puedes sustituir con globo terráqueo. 2. Un periódico reciente cuyos encabezados estén relacionados con Israel.

Estamos iniciando una serie nueva de lecciones sobre la nación de Israel y sus ciudadanos, los judíos. Es impresionante que, a pesar de que Israel y los judíos existen desde hace miles de años, siguen protagonizando muchas de las noticias que vemos tanto en la televisión como en los periódicos en nuestros días. ***(Muestra el periódico con los titulares sobre Israel.)*** El mundo entero tiene los ojos puestos en Israel; el 50% lo odia, y el otro 50% es su amigo. La mayoría de los cristianos que han nacido de nuevo ama y apoya a los judíos. Es importante saber por qué, ya que existen países que literalmente han estado o están en guerra, ya sea por amor o por odio a los judíos.

Veamos el mapa del mundo y busquemos Israel. Debe ser un país muy grande, para que se le preste tanta atención. ***(Invita a los niños a que busquen Israel. Señálaselos y márcalo para hacer referencia a él en el futuro.)*** ¡Israel no es grande para nada! De hecho, ¡es un país muy pequeño! ¿Cómo es que un país tan pequeño llame tanto la atención del mundo? ***(Comenta esto con los niños. Por el momento no es necesario llegar a una conclusión.)***

Esto nos lleva a preguntarnos ¿quiénes son los judíos? ¿De dónde vinieron, y por qué son tan importantes en el mundo? Nosotros los cristianos deberíamos tener aun más curiosidad porque toda la Biblia, tanto el Nuevo Testamento como el Antiguo, fue escrita por judíos.

Nuestra historia espiritual como cristianos viene a través del pueblo judío. Todo lo que Dios quería decirle al mundo en cuanto a su plan de salvación, lo dijo a través de los judíos. Por eso la Biblia dice que "***la salvación viene de los judíos***" (Juan 4:22.)

Jesús nació en Israel, de padres judíos. Él era un judío. Fue enviado a comunicar la salvación a los judíos. Se suponía que no debía comunicar esta información a otras personas (Mateo 15:24.) Todos los héroes de la Biblia que conocemos como —David, Moisés, Sansón, Samuel, Gedeón, Ester, Rut, Daniel— fueron judíos. Todos los discípulos de Cristo eran judíos. Es más, Dios fue quien originó la nación judía. Algún propósito debe haber tenido. No sólo eso, sino que ¡todo el futuro de nosotros como creyentes está ligado a lo que les suceda a los judíos!

Dios le dijo a Israel: "***Ustedes son mi pueblo escogido***" (Deuteronomio 14:2.) No los escogió porque fueran una nación grande o poderosa, sino porque los amaba y quiso cumplir las promesas que les había hecho a sus antepasados (Deuteronomio 7:7-8.)

Lección 1

Parte 2

Desde el Principio

Actores: *Adán, Eva, Caín, Abel, Seth, Noé, Abraham, Jesús*
Apoyos: *1. Hojas artificiales para Adán y Eva, 2. Una canasta de fruta para Caín, 3. Una oveja de peluche para Abel, 4. Un disfraz bíblico para Seth, 5. Dos o tres animales de peluche para Noé, 6. La máscara de Abraham para Abraham, del Kit de Visuales JNM, p. 252 (Puedes crear tú mismo el disfraz de Abraham, para usarlo durante toda la serie, 7. Una cuerda de 6 m. de largo, para colgar hojas con pinzas para la ropa.*

Viajemos por la Biblia para ver si podemos aprender de dónde vino inicialmente el pueblo de Israel. Necesito varios ayudantes. ***(*****Selecciona a varios niños y llámalos al frente; pídeles que se pongan los disfraces.*****)*** Todos estos niños representan personajes de la Biblia que ya conocemos. ***(Si hay niños que no tienen un trasfondo de iglesia, debes explicar quién es cada uno de los personajes.)*** (La cuerda debe ser suficientemente larga para que todos los actores se tomen de ella, y aun sobre.)

Los primeros dos niños representan a las dos primeras personas que se mencionan en la Biblia: Adán y Eva. **(Dales un extremo de la cuerda a los dos.)** Ellos son los papás de toda la raza humana. Sus primeros hijos fueron Caín y Abel. (Ellos dos también deben tomar la cuerda. Pídeles a los actores que se junten.) Como recordarán, Caín cultivaba la tierra ***(señala la fruta)***, y Abel era pastor ***(señala la oveja.)*** Tenían otro hermano, que se llamaba Set, del cual sabemos muy poco. (***Set*** debe tomar la cuerda*.)*

Set es famoso por ser el tatara-tatara-tatara abuelo de uno de los hombres más famosos de toda la historia: Noé. ***(Dale la cuerda a Noé.)*** ¿Por qué es famoso Noé? ***(Deja que respondan)*** Es famoso porque construyó el arca cuando Dios mandó el diluvio para destruir la tierra. Tiempo después en la línea familiar ***(señala a todos los niños que están tomados de la cuerda, mostrando que es la "línea familiar")*** vino una persona muy importante de la cual hablaremos mucho durante las próximas semanas. ***(Dale la cuerda a Abraham.)*** Esta persona es Abraham.

Dios Buscaba a un hombre que adorara a Dios, y sólo a Dios, en un mundo en el que la gente adoraba a muchos otros dioses. Buscaba a un hombre de integridad, —que cumpliera sus promesas, y que fuera amigo de Dios (Santiago 2:23.) Él estaba buscando a alguien que tuviera ojos de fe y que creyera en ¡grandes milagros! Pero, por sobre todas las cosas, lo que Dios estaba buscando era a un hombre que criara e instruyera a sus hijos para que también le adoraran a Él.

Dios encontró todas estas características en Abraham. Abraham fue una persona clave en cuanto al plan de salvación de Dios para los hombres. Pero Abraham no conocía "el plan de Dios," ya que a propósito no se lo contó, porque era necesario que Abraham siguiera a Dios por fe.

Lección 1

Parte 3

¡Extra Ultra Secreto!

***Apoyos:** 1. Una hoja de 28 x 43 centímetros, enrollada y atada con un listón rojo. En la parte exterior, escribe con marcador negro y letras grandes "EXTRA ULTRA SECRETO." En su interior pega una ilustración de Jesús, y sobre ella escribe las palabras "Jesús, Hijo de Abraham." 2. Una niña vestida de Sarah, con disfraz bíblico, cargando un muñeco bebé.*

El plan de Dios para salvación era ***¡EXTRA ULTRA SECRETO! (Levanta el rollo)*** ¡Tenía que ser secreto! Porque Satanás, el "archi-contra-enemigo" de Dios, estaba como ahora, siempre al acecho, tratando de destruir a la humanidad; seduciendo a la gente para que le dieran la espalda a Dios y lo siguiera a él. Si Dios le hubiera mostrado sus planes a Abraham o a cualquier persona, el diablo inmediatamente hubiera interceptado el plan y habría impedido que se llevara a cabo.

¿Quién sabe cuál era el plan EXTRA-ULTRA-SECRETO de Dios? ***(Deja que den sus respuestas y las comenten. Después, desata el listón, abre el rollo y exhibe la ilustración de Jesús.)*** El plan de Dios era traer al Salvador del mundo, directamente de la descendencia de Abraham. Era necesaria una descendencia pura para que Jesús naciera de ella. Dios quería una familia que siempre le sirviera y le amara, y que estuviera separada de la manera de vivir y de pensar del mundo. Dios quería una familia que fuera suya.

¡Todo vinculaba e indicaba a Abraham! Pero, ¿Cómo iba podría suceder eso? ***(Entra Sara con el bebé.)*** Abraham y su esposa Sara querían tener un hijo, pero no podían. ¿Por qué no podían tener un hijo? ***(Pide que algunos niños cuenten una parte de la historia, en orden cronológico.)*** Eran muy viejecitos para poder tener hijos. Pero Dios le había prometido a Abraham un hijo. Le dijo a Abraham que sería una gran nación, y que tendría tantos hijos y descendientes que serían tan numerosos como las estrellas del cielo o como la arena del mar. ¡Muchísimos hijos! (Génesis 17.)

Abraham no tenía ¡ni la menor idea!, de cómo haría Dios eso. Pero eran socios de pacto. Habían firmado su sociedad con sangre de animales; y eso significaba que era un pacto no se podía romper. Pero llegó el día, y cuando Abraham tenía 100 años y Sara 80, nació su hijo Isaac. ¡Fue un milagro! Y nadie tenía duda al respecto. ¡Isaac fue un bebé milagro!

Y luego, aconteció algo terrible. Dios le pidió que sacrificara a su hijo para comprobar si efectivamente amaba más a Dios que a su hijo. Abraham confiaba completamente en Dios. Lo pensó, y llegó a la conclusión de que Dios tendría que resucitar a Isaac de entre los muertos, porque la promesa de que tendría millones de descendientes, todavía no se cumplía.

Y estaba a punto de sacrificarlo cuando de repente... ¡Dios lo detuvo! y le dijo... ***Ahora sé que temes a Dios, porque ni siquiera te has negado a darme a tu único hijo (Génesis 22:12.)*** Abraham no tenía idea que lo que acababa de hacer era preparar el camino para que Dios sacrificara a su único hijo Jesús, también un bebé milagro, para mostrar cuánto ama al mundo.

Lección 1

Parte 4

La Historia de Abraham

***Apoyos:** 1. Una bolsa de pinzas para la ropa, 2. Hojas de papel, cada una con un nombre escrito con marcador negro y letra grande, legible para el público. Nombres: Esaú, Jacob, Judá, José, Moisés, Daniel, Sadrac, Mesac, Abednego, Sansón, Saúl, Samuel, Jeremías, Elías, Joel, José, María y Jesús, 3. Un niño vestido de Jesús, 4. Un árbol artificial alto.*

Así que Abraham comenzó la familia de Dios. De hecho, tuvo dos hijos. Es una larga historia. Pero antes de que naciera Isaac, había tenido a Ismael, otro hijo que era de diferente esposa. Más adelante, en otra lección, hablaremos de Ismael. Ahora vamos a seguir hablando de la línea familiar de Abraham por medio de Isaac. ***(Escoge un niño para que sostenga el otro extremo de la cuerda, el cual debe estar a 3 metros de Sara.)*** La familia de Abraham crecía, tal como Dios lo había prometido. Luego nacieron los dos hijos de Isaac: Jacob y Esaú. ***(Cuelga sus nombres en la cuerda con pinzas para ropa.)*** Jacob tuvo doce hijos, entre los cuales estaban Judá y José. ***(Cuelga los nombres conforme los vayas mencionando.)***

Luego vinieron Moisés, Daniel, Sadrac, Mesac y Abednego. Además, Sansón, Saúl, Samuel el profeta, y los profetas Isaías, jeremías, Elías y Joel. Más tarde hubo dos personas: un hombre que se llamaba José, y una joven mujer que se llamaba María. ***¿Cómo se llamaba su hijo? (Permite que participen mientras le pides a Jesús que pase y que tome la punta de la cuerda.)*** ¡Era Jesús! ¡Jesús vino de la línea de Abraham! ¡Él era lo "SÚPER-EXTRA-SECRETO" del plan de salvación de Dios, para el mundo! ¡Él era el Mesías, el Salvador, del cual se había dicho a sus antepasados que vendría a rescatarlos de sus enemigos!

Porque, Dios de vez en cuando, les platicaba a los profetas un poquito de su "SÚPER-EXTRA-SECRETO" plan. A lo largo de los siglos les fue dando piezas del rompecabezas. Por ejemplo, les dijo dónde iba a nacer Jesús al que ellos llamaban el Mesías; les dijo cómo iba a morir. También lo que iba a hacer Jesús, y muchas otras cosas.

¡Eran piezas sueltas! Pero nadie pudo armar todo el rompecabezas, hasta después de que Jesús murió y resucitó. Así que, aunque sabían algunas cosas, no las sabían todas. Y sólo así fue que el plan de salvación pudo estar a salvo de las manos corruptas del enemigo!

Fue esta familia directamente —descendiente de Abraham—, a la que se le conoció como el **Pueblo Judío**, posteriormente se convirtió en la **"Nación de Israel**." Jesús no fue el último en la línea familiar; Él era una persona del árbol familiar. Desde entonces, han nacido millones de personas judías, y todavía entre nosotros en todo el mundo viven millones de ellos. **¡Fueron ellos quienes nos trajeron a Jesús!** ***(Pide a los actores que tomen los nombres de la cuerda y los cuelguen en el árbol, para ilustrar el árbol familiar del pueblo*** de Israel.)

Lección 1

Teatro

El Sacrificio de Abraham

Actores: *Dios, Jesús, Abraham, Isaac de adolescente*
Apoyos: *1. Una mesa firme o dos sillas firmes en las que Dios y Jesús puedan subirse para dar la impresión de estar arriba, en el cielo. Cubre la mesa con huata, a manera de nubes, o con papel dorado, simulando las calles de oro. 2. Maderas o de ramas atadas, a manera de leña. 3. Varias cajas de zapatos, pintadas de gris, simulando piedras del altar. 4. Una oveja de peluche. 5. Un arbusto artificial.*
Disfraces: *Dios: peluca, barba y bata blanca. Jesús: peluca y barba café, bata azul. Abraham e Isaac: dos disfraces bíblicos. La máscara de Abraham, del Kit de Visuales JNM.*

(Dios y Jesús están en el cielo, viendo hacia abajo, a la tierra, donde Abraham e Isaac están caminando despacio. Isaac lleva la madera en la espalda. Hay "piedras" (cajas) esparcidas por todo el escenario.)

Jesús: *(Señalando a Abraham y a Isaac)* Mira, allí están, subiendo el Monte Moria, tal como les dijiste.

Dios: Sí, ya los vi. Abraham no está titubeando ni tantito. Mira cómo va subiendo la montaña, seguro y sereno. Sabía que podía contar con él.

Jesús: Te ama y confía en ti plenamente, Padre. Cuando le pediste que subiera a la montaña con su único hijo y que te lo sacrificara, no se echó para atrás ni un segundo.

Dios: Lo sé. He esperado cientos de años para encontrar un hombre como Abraham, que me obedezca en todo y que no retenga nada para sí. Estoy tomando su fe como justicia. Así debe ser. Somos socios de pacto. Si me obedece hasta el fin y está dispuesto a sacrificar a su único hijo….

Jesús: Entones podrás enviar a la tierra a tu único Hijo como sacrificio por la humanidad, lo cual es perfectamente legal en la tierra y en el cielo.

Dios: ¡Ya me entendiste! ¡Mira! Ya llegaron a la cima. Veamos lo que van a hacer.

Abraham: Bueno, Isaac, aquí estamos. Coloca la madera allá, y vamos a traer piedras para el altar.

Isaac: *(Se sienta y se limpia la frente con el brazo.)* ¿No estás cansado, Papá? Yo sí, y eso que apenas soy adolescente. Tú tienes más de cien años, y acabamos de subir el Monte Moria. Porqué no descansamos un minuto.

Abraham: ¡Ah que estos chamacos! *(Se ríe entre dientes.)* Cuando yo tenía tu edad…

Isaac: *(Tapándose los oídos)* ¡Ay, no! ¡Otra historia de "cuando yo tenía tu edad"! ¡Por favor, no!

Abraham: *(Se ríe entre dientes)* Está bien. Bueno, ayúdame con estas piedras.

Isaac: Hay algo que no entiendo, y me lo he estado preguntando durante todo el camino. Trajimos la leña y el fuego para el sacrificio. Pero, ¿dónde está el cordero que siempre le ofrecemos a Dios? ¿Cuál va a ser el sacrificio?

Abraham: Hijo, no te preocupes por eso. Dios va a proveer el Cordero.

Isaac: Ah, está bien.... *(Se pone de pie, se sacude, y empieza a traer piedras y a amontonarlas, formando el altar. Mientras tanto, Dios y Jesús están platicando)*

Dios: *(Señala a Abraham.)* Mira nomás. Abraham no pudo decirle todo a Isaac, pero veo su corazón, y sé que va a hacer todo lo que le dije. ¡Bien por él!

Jesús: Papá, este es uno de los momentos más importantes de la historia humana, ¿verdad?

Dios: Así es, hijo. *(Se cruza de brazos y asiente con la cabeza.)* Abraham no tiene idea de la importancia de lo que está haciendo para toda la humanidad. Desde el principio ha confiado en mí. No tenía hijos, y le prometí que tendría uno. Pero lo hice esperar veinticinco años, hasta que nació Isaac. Fue algo muy importante porque quería que todo el mundo supiera que Isaac era un bebé milagro. Me esperé hasta que tanto Abraham como Sara, su esposa, fueran demasiado grandes para tener hijos, para que todos supieran que Yo fui quien les dio a su hijo.

Jesús: Además, el hecho de que sea su único hijo es muy importante, porque cuando yo baje a la tierra *(se apunta a sí mismo con el pulgar)*, también seré un bebé milagro, de madre humana, e hijo único tuyo Dios, mi Padre. *(Le pone el brazo sobre los hombros a Dios.)* Hay muchas similitudes entre Isaac y yo.

Dios: ¡Escucha! *(Se inclina hacia delante y se pone la mano en el oído, para escuchar mejor.)* Están hablando de nuevo. ¡Llegó el momento importante!

Isaac: Listo. *(Se sacude las manos.)* La última piedra ya está en el altar. Es hora de que Dios nos traiga el cordero.

Abraham: Mmm...... hijo, ¿confías en mí? *(Actúa con nerviosismo.)*

Isaac: Claro, Papa. *(Le pone la mano en el hombro.)* No hay nadie en el mundo en quien confíe más que en ti.

Abraham: Bueno, entonces, quiero que escuches con atención, porque lo que te voy a decir parece que no tiene sentido, pero tienes que confiar en mí. Prométeme que confiarás en mí.

Isaac: Te lo prometo, Papá. Pero ¿qué está pasando?

Abraham: Isaac, cuando Dios nos prometió a tu Mamá y a mí un hijo, me dijo que viera las estrellas del cielo y que tratara de contarlas. *(Señala hacia arriba.)*

Isaac: Así es. Y te dijo que tendrías más descendientes que las estrellas

del cielo. Sí, me acuerdo muy bien. Me lo has dicho mil veces, y así será, Papá; lo creo.

Abraham: Pero aun no sucede, ¿verdad, Isaac?

Isaac: No, aun no. Ni siquiera tengo hijos. Todavía soy un niño.

Abraham: Y Dios no nos miente, ni quebranta lo que nos ha prometido, ¿verdad?

Isaac: ¡Claro que no! Es nuestro socio de pacto. Si él llegara a quebrantar lo que nos ha prometido, tendría que morir, porque ¡nuestro pacto mutuo es de muerte! No podemos retraernos de lo que le hayamos prometido a Dios, ni él puede retractarse de lo que nos ha prometido. Y fíjate, ¡nosotros somos los beneficiados! Porque imagínate… ¡Somos socios del Dios Todopoderoso!

Abraham: Así es, hijo. Y si nuestro socio de pacto nos pide que hagamos algo por él, ¿qué es lo que debemos hacer?

Isaac: Pues tenemos la obligación de hacer lo que nos pida. ¿Qué tiene que ver todo esto con el hecho de que no tengamos cordero para el sacrificio, y con que yo tenga más hijos que las estrellas del cielo? ¿Qué me estás tratando de decir?

Abraham: Isaac, nuestro socio de pacto me ha pedido que le sacrifique a Él la más preciosa de mis posesiones. Me ha pedido que te sacrifique a ti.

Isaac: ¿En… en serio? Perooo…

Abraham: Hijo, yo tampoco lo entiendo. Lo único que sé es que me ha pedido que te sacrifique a ti en el altar, y, sin embargo, nos ha prometido darnos más descendientes que las estrellas del cielo. Entonces ¡debe estar pensando resucitarte de los muertos!

Dios: ¡Así es! ¡Así es! ¡Bien hecho! Abraham, ¡ya la hiciste! Si estás esperando que resucite a tu hijo de entre los muertos, eso significa que, como tu socio de pacto, tendré que resucitar a MI Hijo de entre los muertos. ¡Bien, Abraham! ¡Bien!

Jesús: Está tremendo esto, Papá. ¡Acaba de hacer posible que llevemos a cabo el plan de salvación para los hombres!

Dios: ¡Shhhh! Vamos a seguir escuchando.

Isaac: Pueeesss… no sé qué decir, Papá. Sólo que te amo, y que haré cualquier cosa que me pidas.

Abraham: Bueno, hijo; déjame prepararte para el sacrificio. *(Ata al hijo con cuerdas y lo sube al altar.)*

Jesús: Listo, Papá. Es hora de detenerlos. En realidad, no querías que matara a Isaac. Sólo querías saber hasta dónde estaba dispuesto a obedecer.

Dios: Así es. ¡Abraham! ¡Abraham! ¡No lastimes a tu hijo; no le hagas daño! Ahora sé que me respetas y confías en mí, e incluso estás dispuesto a sacrificar a tu único hijo por mí. Es todo lo que quería, Abraham. Sólo quería saber si estabas dispuesto.

Abraham: ¡Gracias, Señor!

Isaac: ¡Ay! ¡Gloria al Señor! ¡A nadie le da más gusto que a mí! Ándale, Papá, bájame del altar.

(Se escuchan ovejas balando.)

Abraham: ¡Gracias, Señor! *(Desata a Isaac y levanta sus manos para adorar.)* ¡Gloria a tu nombre por siempre!

Isaac: ¡Mira, Papá! *(Señala con el dedo.)* ¡Allá, detrás del arbusto! ¡Dios ha provisto un cordero para el sacrificio!

Jesús: ¡Me encanta cuando sale bien un plan!

Dios: ¡Ya está preparado el escenario! Él no sabe que voy a proveer otro Cordero. ¡Es el Cordero del sacrificio para toda la humanidad! (Le da una palmada a Jesús en la espalda.)

Jesús: Ningún hombre me quitará la vida, Padre. ¡Yo la pondré!

Lección 1

Preguntas de Repaso

1. El mundo entero tiene la atención puesta en un país. ¿Cuál es? ***Israel***
2. ¿De qué tamaño es el país de Israel? ***Chiquito***
3. ¿A través de qué grupo de gente nos viene nuestra historia espiritual como cristianos? ***El pueblo judío***
4. ¿De qué nacionalidad era Jesús? Judío
5. ¿De qué nacionalidad son todos los héroes de la Biblia? ***Judíos***
6. ¿De quién depende nuestro futuro como cristianos? ***De los judíos***
7. Dios escogió a Israel para que fuera especial para Él. ¿Qué quería que fuera Israel? ***Su pueblo escogido***
8. ¿Por qué escogió Dios a Israel para que fuera su pueblo escogido? Porque lo amó, y quiso cumplir la promesa que había hecho.
9. ¿Quién fue el padre del pueblo judío? ***Abraham***
10. Dios tenía un plan SUPER-ULTRA-SECRETO para cuyo cumplimiento necesitaba usar al pueblo judío. ¿Cuál era el plan? ***Necesitaba una familia apartada para Él, para que a través de ella Dios pudiera traer a su Hijo Jesús.***
11. Menciona mínimo dos similitudes ente Isaac y Jesús. ***Ambos son hijos únicos. Ambos son bebés milagro.***
12. Ocasionalmente, Dios les soplaba pedacitos de su plan SUPER-ULTRA-SECRETO a ciertas personas. ¿Quiénes fueron esas personas? ***Los profetas***
13. ¿Qué otro nombre tiene Jesús, que significa que rescatará a Israel de sus enemigos? ***Mesías***
14. ¿Quién quería detener el plan SUPER-ULTRA-SECRETOde Dios e impedir que se llevara a cabo? ***Satanás.***
15. ¿Qué creía Abraham que Dios haría si sacrificaba a Isaac en el altar? R***esucitarlo de los muertos***

Lección 1

Esgrima Bíblico

1. Juan 4:22 — Ahora ustedes adoran lo que no conocen; nosotros adoramos lo que conocemos, porque la salvación proviene de los judíos. NVI

2. Mateo 15:24 — Ahora ustedes adoran lo que no conocen; nosotros adoramos lo que conocemos, porque la salvación proviene de los judíos. NVI

3 Deuteronomio 14:2 — porque eres pueblo santo al SEÑOR tu Dios, y el SEÑOR te ha escogido para que le seas [un] pueblo único de [entre] todos los pueblos que están sobre la faz de la tierra. RV 2000

4. Santiago 2:23 — Así se cumplió la Escritura que dice: "Creyó Abraham a Dios, y ello se le tomó en cuenta como justicia,"* y fue llamado amigo de Dios. NVI

5. Hechos 3:25 — Ustedes, pues, son herederos de los profetas y del pacto que Dios estableció con nuestros antepasados al decirle a Abraham: 'Por medio de tu descendencia serán bendecidos todos los pueblos del mundo. NVI

6. Romanos 4:13 — En efecto, no fue mediante la ley como Abraham y su descendencia recibieron la promesa de que él sería heredero del mundo, sino mediante la fe, la cual se le tomó en cuenta como justicia. NVI

7. Deuteronomio 7:7-8 — No por ser vosotros más que todos los pueblos os ha codiciado el SEÑOR, y os ha escogido; porque vosotros erais los más pocos de todos los pueblos; sino porque el SEÑOR os amó, y quiso guardar el juramento que juró a vuestros padres, os ha sacado el SEÑOR con mano fuerte, y os ha rescatado de casa de siervos, de la mano del Faraón, rey de Egipto. RV 2000

8. Gálatas 3:16 — A Abraham fueron hechas las promesas, y a su simiente. No dice: Y a las simientes, como de muchos; sino como de uno: Y a tu simiente, la cual es el Cristo. RV 2000

9. Gálatas 4:22 — ¿Acaso no está escrito que Abraham tuvo dos hijos, uno de la esclava y otro de la libre? NVI

10. Hebreos 11:17 — Por la fe Abraham, que había recibido las promesas, fue puesto a prueba y ofreció a Isaac, su hijo único NVI

11. Gálatas 3:29 — Y si ustedes pertenecen a Cristo, son la descendencia de Abraham y herederos según la promesa. NVI

Lección 1

Tiempo con Dios

Apoyos: *1. Aparato para tocar CDs, 2. Música judía de adoración, 3. La presentación en PowerPoint titulada "Filacterias." Si no tienes proyector de video, imprime las fotos a color. Ve las notas sobre las filacterias en la página 250.*

Una de las principales razones por las que Dios eligió a Abraham para que fuera el padre de su pueblo escogido —los judíos— es que Abraham adoraba solamente al único Dios verdadero, mientras que los demás habitantes de la tierra adoraban a muchos dioses. Debe ser obvio el por qué esto es importante. La segunda razón por la que Dios escogió a Abraham es que sabía que él también enseñaría a sus hijos a adorar los sólo a Dios.

Durante siglos, los papas judíos les han enseñado a sus hijos una oración especial que se llama "SHEMA." *(Se pronuncia acentuando la última sílaba)* Es la misma que Jesús, y todo buen judío, oraba todos los días. En Deuteronomio 6:4-9 dice cuál es esta oración y qué hay que hacer con ella. *(Pídele a un niño que la lean de la Biblia.)*

Gracias a esta oración, los judíos ortodoxos, es decir, los que siguen las escrituras muy de cerca, literalmente se amarran unas cajitas en la frente y en los brazos. *(Muestra la presentación "Filacterias" en PowerPoint o las impresiones de la misma.)* La función de estas cajitas es la de recordarles la presencia constante de Dios, y de la necesidad de tener a Dios sobre todas las cosas, tanto en nuestros pensamientos como en los hechos. De esta manera, el que las portaba estaba a salvo de cometer pecado.

Dentro de estas cajitas se encuentra una copia de alguna escritura, que sirve para recordar que Dios es fiel, y que es muy importante enseñar a los hijos a servir a Dios. Vamos a ponernos de pie y vamos juntos a decir esta oración.

"Escucha, o Israel. El Señor nuestro Dios, el Señor uno es. Y amarás al Señor tu Dios con todo tu corazón, y con toda tu alma, y con todas tus fuerzas."

Los judíos dedicados creen que deben estar completamente involucrados al orar—en espíritu, alma y cuerpo. Por eso, cuando los ves orar, ves que se mecen ligeramente hacia delante y hacia atrás, o de abajo hacia arriba. Creen que al hacerlo su cuerpo está también involucrado en la oración. Vamos a intentarlo. *(Muéstrales cómo, para que los niños te imiten. Es algo que deben hacer seriamente, sin tomarlo como un juego ni haciendo gestos exagerados. Una vez que estén involucrados de verdad, llévalos a repetir el SHEMA, a la vez que se mecen. Pon música judía de adoración.)*

Bueno, ahora vamos a orar el SHEMA en serio, de todo corazón. Vamos a repetirlo hasta que la presencia de Dios llene el salón.

Lección 2

Jesús, Nació Bajo la Ley

Lección 2

Jesús, Nació Bajo la Ley

Para el Maestro

A muchos niños cristianos nunca se les ha enseñado el valor de la ley de la Biblia. Como cristianos debemos concentrarnos en la resurrección de Cristo y en las promesas que se harán realidad a través de Él. Estamos agradecidos por Gálatas 5:14, que dice, ***Porque toda la ley se cumple en esta palabra: —Amaras a tu prójimo como a ti mismo***. Esta exhortación es posible solamente porque la ley se ha cumplido. Podemos atesorar la libertad que tenemos en Cristo porque, sin Él, seríamos prisioneros de la ley. La libertad impacta sólo cuando nos damos cuenta del precio que se pagó para obtenerla.

El saber que Jesús era judío, que nació bajo la ley del Antiguo Testamento, que son instrucciones para la vida, ayudará a nuestros niños a entender el precio y el trasfondo de nuestra salvación. Fue necesario que nuestro Salvador naciera siendo judío porque sólo los judíos estaban bajo las leyes de Dios. Ningún gentil reunía los requisitos. Pablo dice, en Romano capítulo dos, que los gentiles no tenían ley. Para vivir sin pecado bajo la ley, Jesús tenía que ser candidato a ser juzgado por la ley misma. Como tal, Él fue y es el judío perfecto.

Por esta y otras razones, es importante que los niños entiendan las raíces hebreas de su fe. La Palabra dice que no soportamos nosotros a la raíz (es decir, los pactos que Dios hizo con Abraham), sino que la raíz nos soporta a nosotros (Romanos 11:15-18.) El guardar la ley de Moisés no es un requisito para los creyentes gentiles (Hechos 15:19-20), pero el honrar y el entender nuestra herencia judía sigue siendo importante. Un día estaremos unidos en adoración con muchas personas de esa raíz santa, alrededor del trono de nuestro Rey.

Aunque ahora le pertenece a todo hombre, primero les perteneció a ellos. Incluso dice que Jesús fue enviado sólo a los judíos (Mateo 15:24.) No hay gentil que pueda ser candidato para morir por nosotros. En esta lección vamos a ver por qué es importante que Jesús haya sido judío nacido bajo la ley (Gálatas 4:4.) El fue y es el judío perfecto.

Nuestro Salvador tenía que nacer forzosamente siendo judío, ya que sólo los judíos estaban bajo la ley.

Versículo de Poder

"Cualquiera que hace pecado, traspasa también la ley; y el pecado es transgresión de la Ley."

1 Juan 3:4 (NVI)

Comprende el Versículo de Poder

Pecado:	Desobedecer a Dios - El pecado nos separa de Dios
Traspasa:	Quebrantar o desobedecer una norma o una ley
Transgresión:	Actuar en contra de una ley, norma, pacto o costumbre

Preparar con Anticipación

Parte 1: *Apoyos: 1. El árbol genealógico de la semana pasada debe estar a la vista durante toda esta lección. 2. Un mapa o un globo terráqueo. 3. Una foto de un señalamiento vial que sea común en tu país. 4. Una Biblia, 5. Los Diez Mandamientos, del Kit de Visuales JNM, p. 252, o una réplica hecha por ti.*

Parte 2: *Apoyos. Los Diez Mandamientos. 2. Dos fotocopias de un contrato de verdad; puede ser el de la amortización de una casa, la renta de un departamento, o el acuerdo de venta de un automóvil. Guarda una de ellas en algún lugar que no esté a la vista, hasta el día que vean el tercer apoyo visual.*

Parte 3: *Apoyo: 1. Un actor disfrazado de Dios, 2. Una cartulina que diga "La Ley," pegada a una sábana negra grande. 3. Una bolsa de dulces "jelly beans" gomas rojas, 4. Una oveja de peluche.*

Parte 4: *Apoyo: 1. La segunda copia del contrato, 2. Los Diez Mandamientos, del Kit de Visuales* ***JNM, p. 252. 3. El rollo del plan "Secreto Máximo," de la lección anterior.***

Tiempo con Dios: *Apoyos: 1. Aparato para tocar CD's, 2. El CD "La Restauración de Israel," de Joel Chernoff, del Kit de Visuales JNM, p. 252, canción "Eres Santo," 3. Un paquete de dulces "jelly beans" (5 o 6 por niño.)*

Lección 2

Parte 1

Debemos Obedecer la Ley

Apoyos: *1. El árbol genealógico de la semana pasada debe estar a la vista durante toda esta lección. 2. Un mapa o un globo terráqueo. 3. Una foto de un señalamiento vial que sea común en tu país. 4. Una Biblia, 5. Los Diez Mandamientos, del Kit de Visuales JNM, p. 252, o una* ***réplica***

La semana pasada aprendimos que Dios tiene una familia especial en la tierra. También vimos que la vida, la muerte y la resurrección de Jesús forman parte del Plan Ultra Secreto de Dios, que permite que todo ser humano pueda ser parte de esta familia especial.

Esto es el sueño de Dios. Aprendimos también que Jesús fue miembro de esa familia tan especial. *(Señala el nombre de Jesús en el árbol genealógico de Abraham.)* Hoy vamos a aprender por qué es absolutamente necesario, para nuestro beneficio, que Jesús sea parte de esa familia. Tiene que ver con esto *(Levanta en alto los Diez Mandamientos.)*

¿Qué es esto? *(Escucha sus respuestas.)* Son los Diez Mandamientos; Eran los lineamientos y las instrucciones bajo las cuales debían vivir los Israelitas. *(Léelos a todo el grupo. Es muy posible que haya niños en el grupo que nunca han oído hablar de ellos.)* Otro nombre que se les da en la Biblia a estas instrucciones es el de "Ley de Moisés." Estas instrucciones, reglas o leyes debían ayudar a los Israelitas a vivir piadosamente, como Dios quería que vivieran.

¿En qué país naciste? *(Mientras responden, muestra el mapa o el globo terráqueo.)* Generalmente, una persona es ciudadana del país en donde nació. Cada país tiene leyes, las cuales deben obedecer sus habitantes. Todos debemos obedecer las leyes de nuestro país.

(Muestra la imagen de un señalamiento de tránsito conocido.) Por ejemplo, en México tienes que manejar el carro del lado derecho de la calle, pero en India se maneja por la izquierda. Si decides desobedecer y manejar por el otro lado de la calle, probablemente ocasionarás un accidente, te lastimarás y posiblemente lastimarás a otras personas.

Dondequiera que vivas, existen leyes que hay que obedecer. Los gobiernos establecen las leyes porque es la única forma de mantener el orden en un país. De igual forma, Dios espera que obedezcamos sus leyes (Romanos 13.) ¿Qué sucede si desobedeces la ley? *(Invítalos a dar sus respuestas y comentarios.)*

Nosotros, como cristianos, vivimos bajo dos leyes: las de nuestro país, y la ley de Dios. Las leyes eternas de Dios *(levanta la Biblia)* son más altas que las leyes del hombre *(vuelve a mostrar el señalamiento de tránsito.)* Para los judíos, la Ley de Dios, o la Ley de Moisés *(muestra los Diez Mandamientos de nuevo)* era la ley verdadera, la cual guiaba sus vidas. Los judíos eran el pueblo escogido de Dios. Era el único pueblo al cual Dios le había dado unas reglas específicas bajo las cuales debía vivir. Dios nunca les dio los Diez Mandamientos a los gentiles; es decir, a la gente que no era judía.

Lección 2

Parte 2

Jesús Obedeció la Ley

Apoyos: *1. Los Diez Mandamientos. 2. Dos fotocopias de un contrato de verdad; puede ser el de la amortización de una casa, la renta de un departamento, o el acuerdo de venta de un automóvil. Guarda una de ellas en algún lugar que no esté a la vista, hasta el día que vean el tercer apoyo visual.*

Jesús fue judío; es decir, nació bajo la Ley de Dios. Sorprendentemente, ¡durante toda su vida nunca desobedeció ni un mandamiento de la ley! *(Muestra los Diez Mandamientos)* ¡En toda la historia, ningún otro judío podría demostrar ese comportamiento! Los líderes religiosos tenían celos y querían desaparecer a Jesús. Trataron de convencer a la gente de que había quebrantado algunas reglas. Incluso sobornaron a unos testigos falsos para que inventaran mentiras, diciendo que lo habían visto. Sin embargo, no pudieron comprobarlo. Jesús fue perfecto; es decir, sin pecado, tanto bajo las leyes naturales, como bajo las leyes espirituales de Dios.

Si estando en México obedezco o quebranto las leyes de China, nadie se da cuenta. Las leyes tienen aplicación sólo a los ciudadanos que viven bajo ellas.

Sólo los judíos podían obedecer o quebrantar la Ley de Dios, porque únicamente ellos fueron quienes nacieron bajo esas reglas. Dios no esperaba que otros las obedecieran. La ley de Dios dice que el que peca —debe morir. Y a los que obedecen a Dios, les irá bien. Por lo contrario, a los que no obedecen, ¡las cosas se le pondrán muy, pero muy feas!. Recordemos que, ¡entre Dios y los judíos había un pacto; un contrato!

Según la Ley de Dios, ***el alma que peca (o desobedece una ley) debe morir*** (Ezequiel 18:20.) Por lo tanto, todos estaban condenados a morir, a causa de sus pecados. Pero como Jesús nunca pecó, las leyes del pecado y de la muerte no podían atraparlo. El poder de su vida sin pecado era más fuerte que la muerte y que la tumba. Como Él fue sin pecado, Dios podía volver a traerlo a la vida legalmente, después de su crucifixión, usando su sacrificio para los que sí habían pecado.

La ley era, en realidad, un contrato entre Dios e Israel. ¿Qué es un contrato? *(Deja que respondan, y muéstrales la copia del contrato.)* Esto es un contrato entre el banco y yo. Es un contrato del préstamo de mi casa (o de mi carro.) Tenemos un acuerdo.

He acordado que les pagaré la casa (o el carro) además de un dinero, extra que se llama "interés"; y debo pagarlo a tiempo. El banco me da algunos años para pagar. Yo debo cumplir mi parte del acuerdo, y ellos deben cumplir la suya. Cuando haya pagado todo el dinero que debo, habré "cumplido" con el contrato.

Al no desobedecer o quebrantar ninguna de las leyes de Dios, Jesús "cumplió" completamente el contrato que tenía, como judío, con Dios. ¡Ninguna otra persona lo logró jamás! Por lo tanto, Él era único que cumplía el requisito para ser el Mesías, —la persona que podría liberar a Israel de la esclavitud de su pecado y de sus enemigos.

Lección 2

Parte 3

La Ley Del Pecado y la Muerte

Apoyo: *1. Un actor disfrazado de Dios, 2. Una cartulina que diga "La Ley," pegada a una sábana negra grande. 3. Una bolsa de dulces "jelly beans," 4. Una oveja de peluche.*

Dios envió a su Hijo a la tierra con un propósito: que naciera, viviera y muriera bajo la ley (Gálatas 4:4.) El pecado no sólo tenía el poder de matarnos, sino que nos impedía relacionarnos con Dios. *(Pídele al actor que representa a Dios que se pare junto al actor niño.)* Esta sábana representa la ley que separa al hombre y a Dios. *(Coloca la sábana negra verticalmente entre ellos, de manera que no puedan verse.)*

Dios es eterno, vive para siempre porque no hay pecado en Él. Pero, como ya vimos, todo hombre pecador debe morir. *(Pon la sábana sobre el niño, para cubrirlo.)* Esto le duele a Dios. Él quiere que lo amemos, pero no puede obligar a nadie a que lo ame o viva para Él. Eso sería como forzar a alguien a que actuara por fuera de manera diferente a como se siente por dentro. El amor verdadero hacia una persona es una decisión que tomamos en el corazón. Nadie puede forzar a alguien a sentir amor.

A pesar de que a Dios le duele muchísimo, tiene que dejar que las personas cometan pecados, si así lo deciden. Esto le ocasiona a Dios un problema. Desde que nacemos, las personas estamos atrapadas por el pecado. *(Levanta al niño envuelto en la sábana negra y atrápalo con tus brazos. Dile que forcejee, como si estuviera atrapado en una trampa.)*

El pecado no parece ser tan malo cuando somos niños y apenas caminamos. Es como cuando te comes sólo un dulce. *(Cómete uno.)* Es algo insignificante…chiquitito. Pero cuando te sales con la tuya una y otra vez, a saborear el ser independiente *(Cómete dos dulces.)* Poco a poco, si no se nos corrige con amor, el gusto por el pecado crecerá más que cualquier otro deseo. *(Llénate la boca de dulces.)* Es un antojo, un deseo ardiente que luego ya no podemos controlar, y nos gana el egoísmo.

¡No queremos que nadie nos diga cómo vivir! Por lo tanto, todos pecamos y merecemos morir (Romanos 3:23.) Esto no es lo que Dios quiere. Sin embargo, no puede quebrantar su ley que dice: ***El alma que peca debe morir.***

Antes de que viniera Jesús y cumpliera la ley, Dios implementó un plan provisional para salvar a los israelitas de sus pecados. *(Un ayudante toma la oveja de peluche.)* Lo que hacían era poner las manos sobre una oveja inocente para pasarle, simbólicamente, sus pecados. (Pon las manos sobre la cabeza del peluche.) Posteriormente, la oveja moriría, tomando el lugar de ellos. Otro ser vivo tomaba el castigo de sus pecados. De igual forma, Dios pasó nuestros pecados a Jesús. Él murió por nosotros. Pudo tomar nuestros pecados porque Él cumplió la ley por nosotros.

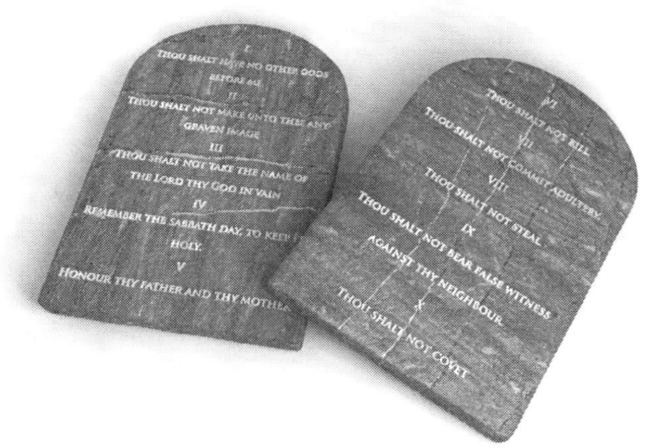

Parte 4

El Viejo Pacto vs. El Nuevo Pacto

Apoyo: *1. La segunda copia del contrato, 2. Los Diez Mandamientos, 3. El rollo del plan "EXTRA-ULTRA-SECRETO," de la lección anterior.*

Al nacer bajo la Ley de Dios, Jesús estaba dentro del pacto con Dios. ¿Qué creen que signifique eso? *(Permíteles comentar sobre esto.)* Recuerden que dijimos que un pacto es algo así como un contrato. Cuando Jesús cumplió la ley, sucedió algo sobrenatural e increíble. No sólo cumplió el Antiguo Pacto que existía entre Dios y el hombre, sino que abrió el camino para que pudiéramos tener un Pacto Nuevo con Él, ¡mil veces mejor que el anterior!

Es como el contrato de mi casa (o carro.) *(Vuelve a mostrarlo.)* Este contrato es bueno; estoy contento con el contrato. Pero imagínate cómo me sentiría si alguien viniera ahorita, tomara este pacto y lo hiciera pedacitos (rompe el contrato en pedacitos) y me diera un contrato nuevo. *(Toma el contrato nuevo y haz como si lo estuvieras leyendo.)*

¡Qué bárbaro! ¡Este contrato está increíble! ¡Es mil veces mejor que el viejo! ¿Quieres saber por qué? *(Deja que respondan)* ¡Porque alguien acordó que pagaría mi deuda! Esa persona va a pagar cada centavo que debo, y todo lo que quiere a cambio es mi amistad y mi amor. ¡No hay nada que pueda hacer, ni en el resto de mi vida, para merecer esto!

Bajo el contrato anterior (recoge los pedacitos del piso) tenía que trabajar muchísimo cada día, y sacrificar muchas cosas para poder ahorrar, para pagar la deuda. Pero ahora, bajo este nuevo contrato, todo ha cambiado. Al haber nacido bajo la Ley, *(muestra los Diez Mandamientos)* Jesús pudo cumplir con todo lo que decía el ANTIGUO pacto con Dios; es decir, la ley y las reglas. Además, hizo posible el NUEVO pacto porque pagó nuestra deuda; cumplió con todo para que ya no tuviéramos que batallar para cumplir, en nuestras fuerzas humanas, una lista muy larga de reglas y reglamentos.

Bajo el Nuevo Pacto, Jesús nos dio un corazón nuevo, con el cual podemos vencer el pecado y la muerte por medio del poder que Él nos da. Este es uno de los misterios más grandes de servir a Dios. Fue una de las sorpresas que nadie esperaba del plan EXTRA-ULTRA-SECRETO de salvación que trazó Dios. *(Vuelve a mostrar el plan EXTRA-ULTRA-SECRETO que tiene la ilustración de Jesús.)* La Ley de Moisés era el Antiguo Pacto. La salvación por medio de Jesucristo es el Nuevo Pacto. *(Muestra el contrato nuevo)* Únicamente pudo haber sucedido a través de Jesús... naciendo bajo la Ley.

Lección 2

Teatro

El Judío y el Gentil Ante Dios

Actores: *Dios, un judío, un soldado Romano y dos ángeles.*
Apoyos: *1. Un escritorio o pódium para que Dios se siente o esté de pie detrás, 2. Una señal que diga "Dios," 3. Un mazo o martillo de juez, 4. Un anuncio sobre una de las paredes cercanas que diga "Infierno."*
Disfraces: *Peluca y bata blancas, para Dios. Ropa blanca para los ángeles. Ropa de los tiempos bíblicos para el judío y para el soldado Romano.*

(Dios está sentado en el escritorio. Ante él están el judío y el soldado Romano, ambos con la cabeza hacia abajo. De repente, Dios golpea el mazo. El judío y el soldado se estremecen y levantan la cabeza súbitamente.)

Romano:	*(Avienta el puño hacia arriba)* ¡Wow! ¡Zeus! *(Inclina la cabeza y se pega en el pecho con el puño; en señal de los Romanos de respeto a César.)* ¡Te prometo lealtad! Morí en batalla por Roma después de adorar en tu templo.
Judío:	*(Viendo al Romano)* ¡Zeus? *(Niega con la cabeza)* ¡No, no creo!
Romano:	¡He aquí, el poder y la belleza de Zeus! *(Levanta la mano hacia Dios.)*
Judío:	*(Niega con la cabeza)* ¡No, no!
Romano:	¿No qué?
Judío:	¡No es Zeus! Es el Dios de los judíos, Jehová.
Dios:	Todos ustedes deberán presentarse ante mi trono de juicio para que ser recompensados por todo lo que hayan hecho en la tierra.
Romano:	¡Me parece muy bien! Zeus o quien seas, ¡tomaré la recompensa! ¡Luché muy duro por Roma!
Judío:	¿Obedeciste los Diez Mandamientos?
Romano:	En realidad, sólo tuve seis comandantes como superiores; digo, ¡diez! Pero sí les obedecí.
Judío:	Dije Diez Mandamientos, no diez comandantes.
Romano:	Ah, pues yo tuve que obedecer muchos más que diez mandatos. Sí, los obedecí al pie de la letra. Si me decían "mata," mataba; y cuando me decían "saquea," yo saqueaba.
Judío:	Los Diez Mandamientos dicen "No matarás."

Romano: *(Se le queda viendo al judío y rascando su cabeza)* Se me hace, que ese se me pasó.

Judío: ¡Los Diez Mandamientos dicen: ¡No Matarás!

Dios: *(Viendo al soldado Romano.)* Eres un pecador gentil.

Romano: *(Empieza a temblar)* ¡Y esooo… es malo?

Dios: Muy malo...

Romano: Eso quiere decir queee… ¿no tendré recompensa?

Dios: Recompensa buena, no. *(Hacer una pausa para causar efecto.)* Mataste, mentiste, robaste, hiciste trampa…

Romano: ¡Pero todo mundo hace esas cosas!

Dios: Mi pueblo no lo hace. Esas cosas no me gustan; son pecado.

Romano: ¡Pero si yo ni sabía de ti ni de tus leyes! ¿Cómo pude haberlas obedecido?

Dios: No pudiste haber obedecido mi ley, pero sí pudiste haber obedecido a tu corazón. Como yo creé el mundo, todas mis criaturas han sabido y entendido que existo y soy santo, aun que les sea invisible. No tienes excusa.[1]

Romano: *(Se encoge de hombros y se enfurruña / hace pucheros)* Todo mundo se zafa de estas.

Dios: No, no se zafan. Todo el que no tiene ley, perece sin ley. *(Señala hacia fuera del escenario)* ¡Llévenselo! [2]

(Salen dos ángeles y lo arrastran, forcejeando. El judío ve esto horrorizado, y luego vuelve a bajar la cabeza.)

Dios: Y tú, hijo de Abraham, ¿qué dices de ti mismo?

Judío: *(Levanta la mirada hacia Dios)* Intenté… Es decir, como hay tantas leyes que obedecer, me revolví...

Dios: Todo aquel que hubiere pecado bajo la ley, será juzgado por la ley. [3]

Judío: *(Ve a Dios fijamente.)* Estoy hundido, ¿verdad? *(Menea la cabeza)* Ojalá hubiera venido el Mesías antes de que yo muriera. Me hubiera salvado de alguna manera.

Dios: El justo vivirá por la fe.[4]

Judío: ¡Toda mi vida he esperado que se cumpliera tu promesa de salvación! *(Levanta la mano disculpándose.)* No me estoy quejando. Tú siempre tienes razón y yo estoy aquí, bajo juicio. Pero hubiera deseado que…

Dios: Todo va a estar bien.

Judío: *(Se le ilumina la cara)* ¿Entonces, no voy a ir… allá? *(Apunta hacia la señal que dice "Infierno".)*

Dios: Moriste en fe, esperando a tu Mesías. Él vendrá. Será hijo de Abraham, e hijo de Dios. Obedecerá mi ley a la perfección. Voy a permitir que se ponga en pie en tu lugar ante mi trono de juicio.

Judío: ¡No me digas que sí existe un judío que pueda obedecer tu ley a la perfección? ¡Debe ser el judío más increíble que ha existido!

---

[1], Romanos 1:20,

[2] Romanos 2:12

[3] Romanos 2:12

[4] Habaccuc 2:4

Dios: *(Lo ve duramente y levanta la mano como queriendo decir algo, pero luego sólo suspira.)* Lo voy a solucionar. Has estado esperando en fe, así que esperarás en el seno de tu padre Abraham hasta que envíe al Mesías a rescatarte. [5]

(Agita la mano. Vienen los dos ángeles, toman al hombre judío y salen del escenario caminando.)

Dios: *(Se pone de pie, toma el mazo y voltea a ver a la audiencia.)* Sí, es el cumplimiento de los tiempos. Voy a enviar a mi Hijo. Nacerá de una mujer, y nacerá bajo la ley. Redimirá a todo el que, así como este hijo de Israel, haya nacido bajo la ley. *(Dios sonríe.)* Si reciben al Mesías como su Señor y salvador, serán mis hijos adoptivos. [6] *(Señala hacia el público.)* A ustedes, gentiles pecadores, también les voy a enviar a algunos de estos hijos adoptivos. Amo a todo hombre; a todo el mundo. *(Ve al público directamente)* Tal vez algunos de ustedes se convertirán en hijos adoptivos, también. Eso me haría muy feliz.

(Sale del escenario)

---

[5] Lucas 16:22

[6] Gálatas 4:4-5

Lección 2

Preguntas de Repaso

1. ¿Por qué manejamos del lado derecho de la calle? ***Así lo dice la ley.***
2. ¿Por qué estableció Dios las leyes: porque quería ser malo con nosotros, o por nuestro bien? ***Por nuestro bien.***
3. ¿Cuáles son los dos tipos de leyes que Dios espera que obedezcamos? ***La ley de Moisés y la ley del país.***
4. ¿Cuál de las leyes de Dios desobedeció Jesús cuando vivía en la tierra? ***Ninguna.***
5. ¿Quién fue el primer pueblo o la primera persona que recibió los Diez Mandamientos? ***Los judíos que salieron de Egipto. Moisés.***
6. ¿Por qué tenía Jesús que ser judío para cumplir la ley? ***Sólo los judíos estaban bajo la Ley***.
7. ¿Cuál es la ley más alta que nos separa de Dios para siempre? ***El alma que peca, morirá.***
8. ¿Por qué no hace Dios que todo mundo lo ame? ***No se puede forzar a nadie a amar a otra persona, porque no sería amor de verdad.***
9. ¿El objetivo de los Diez Mandamientos era mostrarnos qué cosa acerca de Dios? ***Que el camino de Dios es el amor.***
10. ¿En qué se parecen el pecado y los dulces? ***Los llegamos a disfrutar tanto que sentimos un impulso desesperante por ellos.***
11. ¿De qué manera se usaban los animales en el Antiguo Testamento para liberar a la gente de sus pecados? ***La persona confesaba sus pecados y ponía las manos sobre el animal, simbólicamente pasándole sus pecados. Luego, el animal moría en lugar de la persona.***
12. ¿Por qué podía ser Jesús como el cordero del sacrificio para nosotros? ***Porque nunca pecó.***
13. ¿Cómo cumplió Jesús el Antiguo Pacto? ***Al no desobedecer nunca las Leyes de Moisés.***
14. Explica por qué es mejor el Nuevo Pacto que el Antiguo. ***Jesús nos dio un corazón nuevo, y el poder para vencer el pecado por Su sacrificio.***
15. ***¿Quién puede ahora ser pueblo de Dios? Todo aquel que recibe a Jesús como su salvador.***

Lección 2

Esgrima Bíblico

1. Jeremías 31:31 — Vienen días afirma el Señor en que haré un nuevo pacto con el pueblo de Israel y con la tribu de Judá. NVI

2. Hebreos 8:10 — Por tanto, este es el pacto que después de aquellos días estableceré con la casa de Israel, dice el Señor: Pondré mis leyes en su mente y las escribiré en su corazón. Yo seré su Dios, y ellos serán mi pueblo. NVI

3. Deuteronomio 12:28 — "Ten cuidado de obedecer todos estos mandamientos que yo te he dado, para que siempre te vaya bien, lo mismo que a tu descendencia. Así habrás hecho lo bueno y lo recto a los ojos del Señor tu Dios. NVI

4. Hebreos 4:15 — Porque no tenemos un sumo sacerdote incapaz de compadecerse de nuestras debilidades, sino uno que ha sido tentado en todo de la misma manera que nosotros, aunque sin pecado. NVI

5. Lucas 2:20 — Los pastores regresaron glorificando y alabando a Dios por lo que habían visto y oído, pues todo sucedió tal como se les había dicho. NVI

6. Filipenses 2:9 — Por eso Dios lo exaltó hasta lo sumo y le otorgó el nombre que está sobre todo nombre, NVI

7. Romanos 13:10 — El amor no perjudica al prójimo. Así que el amor es el cumplimiento de la ley. NVI

8. Hebreos 9:15 — Por eso Cristo es mediador de un nuevo pacto, para que los llamados reciban la herencia eterna prometida, ahora que él ha muerto para liberarlos de los pecados cometidos bajo el primer pacto. NVI

9. Deuteronomio 30:19 — "Hoy pongo al cielo y a la tierra por testigos contra ti, de que te he dado a elegir entre la vida y la muerte, entre la bendición y la maldición. Elige, pues, la vida, para que vivan tú y tus descendientes. NVI

10. Romanos 8:2 — Pues por medio de él la ley del Espíritu de vida me* ha liberado de la ley del pecado y de la muerte. NVI

Lección 2

Tiempo con Dios

Apoyos: *1. Aparato para tocar CD's, 2. El CD "La Restauración de Israel," de Joel Chernoff, del Kit de Visuales JNM, p. 252, canción "Eres Santo," 3. Un paquete de dulces "jelly beans" (5 o 6 por niño.)*

Debemos estar muy agradecidos de haber nacido después que Jesús muriera por nuestros pecados. Si hubiéramos nacido en los días de Abraham o de Moisés, habríamos tenido que matar un animal cada cierto tiempo, por los pecados que hubiéramos cometido. Pero ahora, gracias a Jesús, ya no tenemos que hacer eso. Entonces, ¿esto significa que ya nunca pecamos? *(Escucha sus respuestas)* ¡No! ¿Significa que cuando pecamos ya no tenemos que pedirle a Jesús que nos perdone? (Invítalos a participar) ¡No! Ya no nacemos bajo la ley, pero la carne y la mente humanas quieren seguir pecando.

Gracias a Dios que Jesús nos da un corazón nuevo después de haber nacido de nuevo, que hace que odiemos el pecado. Nos sentimos muuuy, pero muuuy mal cada vez que hacemos algo malo. Esa es la evidencia del corazón nuevo. Incluso cuando tenemos Su poder para vencer, aún así pecamos a veces. ***Pero si confesamos nuestros pecados, Él es fiel y justo para perdonarnos nuestros pecados y limpiarnos de toda maldad. (1 Juan 1:9.)***

Les voy a dar varios dulces a cada uno, pero no se los vayan a comer. Esperen a que les dé la instrucción. *(Al ir diciéndoles estas cosas, ve repartiendo 5 o 6 dulces a cada niño.)* Los dulces representan algunos de los pecados con los que más batallamos. Pueden ser pecados recientes, o pecados que vuelven una y otra vez. Los dulces nos van a ayudar a recordar cómo era estar bajo la ley, y a darnos cuenta de que ahora ¡somos libres de la ley!

Vamos a buscar cada quien un lugar privado de oración. Quiero que cada uno de ustedes esté solo; no se pongan junto a sus amigos. Es un tiempo para que se encuentre cada uno con Dios. Voy a poner música mientras oramos; pídele al Espíritu Santo que haga brillar Su luz en los lugares de tu vida donde más quiere que seas vencedor/a.

Luego platica con Él de estas cosas. Pídele que te muestre por qué sigues teniendo problemas en las mismas áreas. Si escuchas, te va a hablar. Ya que hayas oído a Dios, pídele que te perdone de nuevo, y que te ayude a vencer en esto. Cuando termines, independientemente de que sientas algo distinto o no, por fe, cómete uno de los dulces.

Esta acción simboliza que está hecho; está terminado; está cubierto con la sangre de Cristo; ya está pagado. Luego pasa al siguiente punto que te haya mostrado Dios. Vamos a hacer esto hasta que todos hayan terminado. ¡Empecemos! Cada quien busque un lugar tranquilo para encontrase con Dios.

Lección 3

Jesús, El Hijo de la Promesa

Lección 3

Jesús, el Hijo de la Promesa

Para el Maestro

Jesús, la semilla prometida de Abraham, es el eslabón que conecta a cada cristiano con el Padre de todos los que creen. Hemos sido injertados al linaje espiritual de Abraham, el padre de la fe, participando del Nuevo Pacto como un solo rebaño bajo el Buen Pastor (Romanos 11:17, Hebreos 8:10, Juan 10:16.)

Isaac, que fue la primer semilla que se le prometió a Abraham, llegó hasta el punto de ser sacrificada por su padre como una imagen profética de lo que Dios el Padre haría con Su Hijo (Hebreos 11:19.) Si la Nación Judía, hubiera entendido el mensaje en esta similitud o analogía, tal vez el pacto antiguo habría fluido hacia el nuevo pacto sin el conflicto histórico entre cristianos y judíos.

Sin embargo, los conflictos sí se dieron, y la Iglesia Cristiana que estaba en desarrollo dejó de identificarse con sus raíces Judías. Como podemos darnos cuenta por todo lo que está escrito, a Jesús se le relaciona únicamente con el cristianismo.

Para poder ver a Jesús como el tesoro judío que nos fue compartido, se requiere un cambio de pensamiento; un cambio que debemos transmitir a nuestros hijos. Ayudémosles a hacer conciencia de que la gracia y la verdad nos llegaron a manera de sucesión de la Ley y de los Profetas (Juan 1:17, Lucas 24:27.) En esta lección y las que le siguen, exploraremos nuestra herencia y nuestro futuro como copartícipes de las promesas de Abraham.

Como hijos espirituales, consideramos que la vida de Abraham es el modelo para nuestra vida (Juan 8:39.) El fiel Abraham es una bendición para nosotros porque, por medio de Jesús, hemos recibido "una fe tan preciosa" como la de los apóstoles judíos a quienes Dios usó para comenzar la iglesia (2 Pedro 1:1 RV, Gálatas 3:9 RV.) Hasta el día de hoy, tanto el judío como el cristiano esperan al mismo Rey, y esperan que Jerusalén se convierta en la capital del mundo (Efesios 2:15, Zacarías 14:8-11.) Esto es válido sólo porque el hijo elegido de Abraham pasó las promesas de su familia a todo creyente.

Como Jesús nació en la línea de la familia de Abraham, heredó las promesas que Dios les había dado a los judíos.

Versículo de Poder

Puesto que me has obedecido, todas las naciones del mundo serán bendecidas por medio de tu descendencia.

Génesis 22:18

Comprende el Versículo de Poder

Obedecido:	Cumplir la voluntad de quien manda o lo que establece una ley o norma
Bendecidas:	Significa que todas las promesas de Dios serían también de él.
Descendencia:	Hijos, refiriéndose a Jesús. (Versión en inglés dice "semilla".)
Semilla:	Hijo, refiriéndose a su hijo Jesús.

Preparar con Anticipación

Parte 1: *Apoyos: 1. Un actor Abraham, 2. Un muñeco bebé de tamaño real, envuelto en una cobija. 3. Dibuja un arco iris sobre un cartón, córtalo en medio círculo y cuélgalo sobre el bebé. Recuérdales a los niños que el arco iris representa una promesa. 4. Los Diez Mandamientos. 5. Imprime el pasaje de Levítico 26:2-13 y saca una copia para cada niño, o ten a la mano una Biblia para cada uno.*

Parte 2: *Un rollo de papel de manos, con rallas de marcador negro, simulando listas de nombres en un rollo genealógico, 2. Una joya de fantasía, muy vistosa. 3. El arco iris de la sección anterior, 4. Un libro grande forrado, que tenga escrito LIBRO DE LA VIDA. 5. Un legajo o carpeta con cubierta transparente, bajo de la cual colocarás un papel que diga "Sólo Judíos – Edición: Doce Tribus." Debajo del legajo, esconde una hoja de papel que diga, "Todo el que quiera, Puede Venir – Edición: Toda Lengua y Nación."*

Parte 3: *Apoyos: 1. Dos palitos delgados, de 1/8 de pulgada de diámetro y 25 a 30 cm. de largo. Uno de ellos descubierto; el otro, dentro de una pipa o tubito de plástico de ½ pulgada de diámetro, y de la misma longitud que el palito. 2. Un pollo entero, limpio, de la carnicería. 3. Sangre de mentiras (agua con colorante rojo), 4. Una tela roja suficientemente larga como para cubrir el tubo plástico, 5. Un cuchillo grande (o tijeras) de cocina.*

Parte 4: *Apoyos: 1. Las dos mitades de pollo, 2. Un actor: Abraham, 3. Un cesto de basura, 4. El arco iris de la introducción.*

Tiempo con Dios: *Apoyos: 1. La canción "Bendito sea el Señor Dios," del CD "La Restauración de Israel," de Joel Chernoff, del Kit de Visuales JNM, p. 252, 2. Música judía de adoración, 3. Planea un tiempo para que los niños hagan sus filacterias durante alguna parte de la reunión, o hazlas tú con anticipación. Necesitarás dos cajas de cerillos por niño. Sácales los cerillos y guárdalos o tíralos en un lugar seguro.*

Lección 3

Parte 1

Leyes Vs. Promesas

Apoyos: 1. Un actor Abraham, 2. Un muñeco bebé de tamaño real, envuelto en una cobija. 3. Dibuja un arco iris sobre un cartón, córtalo en medio círculo y cuélgalo sobre el bebé. Recuérdales a los niños que el arco iris representa una promesa. 4. Los Diez Mandamientos. 5. Imprime el pasaje de Levítico 26:2-13 y saca una copia para cada niño, o ten a la mano una Biblia para cada uno.

Hemos aprendimos que Dios les dio a los Judíos una serie de reglas, a manera de Leyes e instrucciones para vivir; entre las que estaban los Diez Mandamientos. *(Muestra los Diez Mandamientos.)* Estas leyes, no se las dio a todo mundo, sino sólo a cierto grupo de personas. ¿Quiénes son? *(Escucha sus respuestas)* El pueblo de Israel, o los judíos.

Quién de ustedes sabe, ¿Quién fue el judío más famoso de todos? *(Permite que respondan.)* ¡Jesús! Era muy importante que naciera siendo judío, porque fue a ellos a quienes Dios les dio la Ley. ¿Recuerdan por qué? *(Deja que respondan.)* Porque sólo alguien que hubiera nacido bajo la Ley podría cumplirla. Al cumplir la Ley, estaba en posibilidad de pagar la deuda de nuestros pecados, y de darnos la salvación y el Nuevo Pacto, el cual es mucho mejor que el Antiguo.

Es importante hablar de "leyes." Pero si nos concentramos en las reglas que hay que seguir y en las consecuencias que vienen al no guardar la ley, pudiera producir pensamientos negativos. Por otro lado, no debemos olvidar que Dios les dio a los judíos, además de estas reglas, unas promesas increíbles. Su pacto con ellos decía de muchas formas: ***si quebrantan las reglas, habrá castigo; pero si las guardan, ¡habrá para ustedes bendiciones increíbles!*** Vamos a buscar en la Palabra de Dios los tipos de promesas que les hizo. *(Pide que entre varios lean Levítico 26:2-13, y ve escribiendo las promesas en una cartulina blanca.)*

Antes de que Dios les diera estas promesas, ¡ya les había dado la promesa más grande de todas! *(El actor Abraham pasa al frente cargando al muñeco envuelto, que representa a Jesús bebé.)* Dios le había prometido a Abraham que, un día, un hijo de su línea familiar bendeciría a toda la gente del mundo.

No se refería a Isaac, a pesar de que él también era hijo de la promesa, y de que con él empezó todo. Se refería a Jesús. (Gálatas 3:16) *(Señala el arco iris)* Desde el momento en que nació Jesús, se convirtió en el hijo "PROMESA." Los profetas habían profetizado de Él durante cientos de años, y los judíos lo habían estado esperando con grandes expectativas por años, y años. Sabían que las promesas de Dios se cumplirían, ¡y que les daría la victoria sobre sus enemigos! ¡Él era su MESÍAS, su salvador, y quien les daría libertad de sus enemigos.

Lección 3

Parte 2

El Hijo de la Promesa

Apoyos: 1. *Un rollo de papel de manos, con rallas de marcador negro, simulando listas de nombres en un rollo genealógico, 2. Una joya de fantasía, muy vistosa. 3. El arco iris de la sección anterior, 4. Un libro grande forrado, que tenga escrito* LIBRO DE LA VIDA. *5. Por dentro un legajo o carpeta con cubierta transparente, bajo de la cual colocarás un papel que diga "SÓLO JUDÍOS – EDICIÓN:* DOCE TRIBUS." *Debajo del legajo, esconde una hoja de papel que diga, "TODO EL QUE QUIERA, PUEDE VENIR – EDICIÓN:* TODA LENGUA Y NACIÓN."

Es muy importante que la gente sepa que Jesús es el hijo de la promesa que Dios le dio a Abraham. Por ello, Dios incluyó en la Biblia dos listas de familiares y antepasados que conectan a Jesús con Abraham. *(Desenrolla el papel simula el rollo genealógico con las listas de nombres.)* Estos dos registros de la línea familiar de Jesús incluyen a gente de entre dos y cuatro mil años. ¿Por qué creen que eran tan importante para Dios que se conservara el registro de todos los antepasados, hasta el nacimiento de Jesús? *(Deja que respondan.)*

Así como los hijos de Abraham eran las únicas personas sobre la tierra que tenían las leyes de Dios para obedecerlas, también eran los únicos que tenían las Promesas de Dios y que podían buscarlas y esperarlas con ansia. Esto significa que todos los antepasados de Jesús eran parte de una cadena especial de PORTADORES DE PROMESAS *(Toma el arco iris y engánchalo del hombro de Abraham; pídele que camine de un lado al otro del escenario.)*

La salvación, que era parte de la promesa, únicamente podía venir por medio de la línea de la familia de Abraham. *(Coloca una mano sobre el hombro de Abraham.)* Porque él fue quien recibió la promesa de que Dios sería el Dios de él y de sus hijos para siempre. (Génesis 17:7)

A veces los tesoros familiares, por ejemplo las joyas, se pasan de una generación a la siguiente. *(Muestra la joya de fantasía)* Estos tesoros familiares son parte de nuestra herencia. Para los judíos, las promesas que se le habían dado a su abuelo Abraham eran como tesoros de familia, que fueron pasando de una generación a otra. En particular, atesoraban la promesa de que Dios enviaría un hijo especial de la línea de Abraham, el cual les guiaría a vencer a sus enemigos y bendeciría a todas las naciones de la tierra. Le llamaban MESÍAS, que significa EL UNGIDO.

Los judíos eran el único pueblo de la tierra que había recibido promesas de parte de Dios. Es como si Dios tuviera un libro de asistencia para los que pertenecían al cielo, y en la lista sólo hubiera nombres de judíos. *(Abre el libro mostrando el nombre: "*LIBRO DE LA VIDA – SÓLO JUDÍOS.*")* Dios quería darle vuelta a la página y abrir el libro en una página nueva *(dale vuelta a la página)*, y que otros pueblos pudieran ir al cielo también. *(Quita la hoja "*SÓLO JUDÍOS*" para que quede a la vista la que dice "*TODO EL QUE QUIERA.*")* Dios quería bendecir a todas las naciones por medio de Abraham, y permitir que quienes no eran judíos entraran a la familia. Hablaremos de esto más adelante.

Lección 3

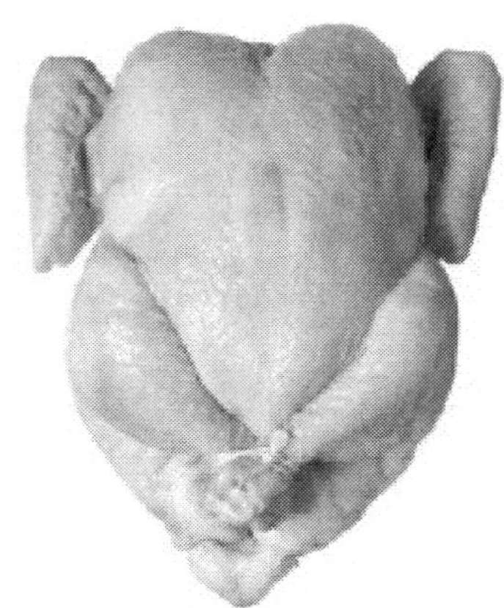

Parte 3

La Promesa del Pacto

Apoyos: 1. Dos palitos delgados, de 1/8 de pulgada de diámetro y 25 a 30 cm. de largo. Uno de ellos descubierto; el otro, dentro de una pipa o tubito de plástico de ½ pulgada de diámetro, y de la misma longitud que el palito. 2. Un pollo entero, limpio, de la carnicería. 3. Sangre de mentiras (agua con colorante rojo), 4. Una tela roja suficientemente larga como para cubrir el tubo plástico, 5. Un cuchillo grande (o tijeras) de cocina.

Aquí tenemos dos palitos. *(Muéstralos),* ambos son del mismo tamaño. ¿Ustedes creen que tienen la fuerza suficiente como para quebrarlos? *(Permite sus respuestas)* Sí, yo creo que cualquiera de ustedes puede quebrarlos fácilmente; son muy delgados *(Dale uno a un niño y pídele que lo quiebre.)* Pero ahora voy a meter el otro palito en este tubo de plástico. Intenta romperlo. *(Dáselo a un niño más grande para que intente romperlo.)* ¡No pudiste! La causa por la que no lo hiciste es porque ahora está protegido con algo que es más fuerte que el palito.

Una promesa verbal, se rompe fácilmente. *(Muestra el palito quebrado.)* Si no le costó nada, posiblemente quien hace la promesa diga inmediatamente —¡es broma! Y de seguro, no sentirá el precio de haber roto su promesa. Dios quiere que nosotros podamos confiar en su Palabra de tal manera, que no nos ha hecho ninguna promesa con tan sólo palabras. Siempre hace algo más, para que estemos seguros de que Él nunca romperá Sus promesas.

Los pactos de Dios hace son promesas tan, pero tan firmes que si se quebrantan, habría consecuencias muy serias. Un pacto con Dios es una promesa sellada con un sacrifico de sangre. Cuando Dios hizo pacto con Abraham, le pidió que trajera tres animales y dos aves para usarlos como sacrificio. *(Toma el pollo.)* Se tuvo que derramar la sangre de los animales para demostrar la seriedad de la promesa. *(Corta el pollo a la mitad.)* De hecho, la palabra —PACTO— significa —CORTAR LA CARNE—.

Cuando Dios hizo el pacto con los judíos de que serían su pueblo elegido, ellos sacrificaron toros, y luego rociaron con la sangre el altar y a la gente (Hebreos 9:19.) La sangre es algo muy serio. *(Toma la sangre y mete el dedo en ella y rocíala sobre el pollo.)* Cuando sale sangre, es porque la piel se ha cortado, y eso duele.

Hacer un sacrificio de sangre para sellar sus promesas, es la manera en que Dios está diciendo: —Puedes apostar tu vida en lo que he prometido, porque para hacerla, costó una vida—. Y es que a fin de cuentas, costó la vida de Su propio Hijo para poder cumplir la promesa de vida de vida eterna para todos los tiempos y para toda la gente.

Jesús sintió dolor, al derramar su sangre *(levanta la tela roja.)* La promesa de bendecir a todas las naciones a través de la semilla de Abraham nunca podrá romperse como este palito. *(Cubre el tubo con la tela roja; trata de romperlo.)* Está sellada con la sangre de Jesús.

Lección 3

Parte 4

Mejores Promesas

Apoyos: *1. Las dos mitades del pollo, 2. El actor: Abraham, 3. Un cesto de basura, 4. El arco iris que se usó en la introducción.*

La Biblia habla mucho sobre los pactos del Antiguo y del Nuevo Testamento. El hacer un pacto de esta manera, "cortando carne," era algo muy serio, que muy pocas personas lo hacían: y quienes lo llegaban a hacer, normalmente sólo hacían uno en toda su vida. *(Explícales nuevamente lo que significa un pacto.)* Recordemos que un PACTO significa CORTAR LA CARNE. *(Levanta ambas mitades del pollo y dáselas a Abraham.)* Al hacer pacto de esta forma, las dos partes o personas estaban diciendo, "Si quebranto este pacto, se derramará mi sangre, y tú podrás pasar por en medio de ella. *(Toma las mitades de pollo, colócalas en el suelo y pídele a Abraham que pase entre ellas.)* Pongo mi vida para guardar este pacto entre tú y yo." *[1]

Como resultado de ello, dice: ***Ni una de las buenas promesas que el SEÑOR le hizo a la casa de Israel se ha quebrantado; todas se han llevado a cabo.*** (Josué 21:45) *(Levanta el arco iris.)* Y era porque había una promesa mayor y Dios quería asegurarse de que se llevara a cabo: —la venida del Mesías. El hecho de que Dios mantenía el pacto que había hecho con Israel, era la única esperanza de que esa, también se iba a cumplir.

Pasaron miles de años, a lo largo de cuales todos los héroes de la Biblia que conocemos estuvieron esperando que se cumpliera LA GRAN PROMESA.

Pero Hebreos 11:13 dice: ***Todos ellos [es decir, los héroes de la Biblia] vivieron por la fe, y murieron sin haber recibido las cosas prometidas; más bien, las reconocieron a lo lejos, y confesaron que eran extranjeros y peregrinos en la tierra.*** Como Dios NUNCA ROMPE SUS PACTOS, al fin vino, efectivamente, el Mesías (Jesús.) ***Pero el servicio sacerdotal que Jesús ha recibido es superior al de ellos, así como el pacto del cual es mediador es superior al antiguo, puesto que se basa en mejores promesas*** (Hebreos 8:6 NIV.) *(Toma las dos mitades de pollo.)*

Y como Jesús nos trajo un nuevo y mejor pacto, al entregarse a si mismo, dejando que su cuerpo fuera cortado y quebrantado por nosotros; ya no es necesario que nosotros hagamos pacto de esta manera. *(Deja caer las mitades de pollo en el basurero.)* ¡Jesús lo hizo por nosotros! Una forma de reconocer si una religión es falsa, es el hecho de que sigan sacrificando animales. ¡Jesús ya derramó su sangre. ¡Ya no es necesario volver a derramar sangre! Porque entre los PORTADORES DE LA PROMESA del linaje de Abraham —la línea Abraham—, Jesús cumplió la mejor PROMESA la de salvación para la humanidad. ¡Podemos estar agradecidos por los que nos antecedieron y pagaron el precio de tomarse de la Promesa!

*1 Guía Bíblica del Cristiano para Entender Israel," de Doug Hershey, Publicaciones Waymaker, p. 70. (c) 2008

Lección 3

Teatro

La Semilla de Abraham

Actores: *Narrador, Niño-árbol, Abraham, Moisés, David, Isaías, Gentil, Jesús*
Apoyos: *1. Un objeto grande que parezca una semilla, como la de un aguacate o de un ciruelo. 2. Una cobija o una tela grande, café. 3. Una bolsa de manzanas, ya sea atada al árbol o colocada al lado del árbol. 4. Cinco pósters de media página con uno de los siguientes nombres en cada uno: MOISÉS, DAVID, ISAÍAS, ABRAHAM, GENTIL; tres pósters con una de estas palabras en cada uno: LEY, ADORACIÓN Y PROFECÍA y con un hilo para que puedan colgarse como collares.* **5.** *Cuatro pedazos de cuerda café, de 60 cm. de largo. 6. Una guitarra. 7. El Rollo de las Escrituras, del Kit de Visuales JNM (p. 254.)*

(Pídele a un niño que se coloque debajo de la cobija café, sin que el público lo vea, de rodillas, con un cinto puesto y una bolsa de manzanas u otra fruta, atada al cinto)

Narrador: "Hace muchos, muchos años, había un hombre que se llamaba Abraham. *(Abraham entra, con su nombre colgado como collar.)* Recibió de Dios, —que está en el cielo—, una semilla preciosa de fe." *(Abraham muestra la semilla grande. Si no tienes una semilla, usa una pelotita.)*

Era un precioso regalo, que le dio poder para creer en Dios, —que es invisible—. *(Abraham camina a tientas, con los ojos cerrados, sosteniendo la semilla al frente, como si la estuviera siguiendo. Se detiene, sonríe y señala hacia arriba, con actitud confiada.)* Tenía la capacidad de creer en las promesas que Dios le daba, aunque eran imposibles. *(Abraham se pone la mano en el oído como para escuchar, hace gestos de sorpresa exagerados, y luego sonríe y afirma con la cabeza, en señal de estar de acuerdo.)*

La semilla de fe tenía el poder para hacer crecer las promesas invisibles e imposibles. Pero esto no era únicamente para Abraham, sino para todos sus hijos y los hijos de sus hijos por muchas generaciones posteriores. *(Abraham asienta con la cabeza.)*

Abraham plantó la semilla para que creciera. *(Abraham <u>ESCONDE</u> la semilla debajo de la tela café, bajo la cual está el niño. Éste la esconde en uno de sus bolsillos.)* Él sabía que iba a tener muchos hijos, y que todos tendrían hambre y necesitarían fruta para comer. Cuidó la semilla para que creciera. *(Abraham se agacha y, con movimientos exagerados, hace como si estuviera regándola y escarbando alrededor de la semilla.)* Sabía que, a su tiempo, daría fruto. *(Abraham levanta ligeramente la tela café y la arregla alrededor de las rodillas del* *niño árbol; el niño está de rodillas, con la cabeza ligeramente inclinada. Abraham coloca un par de cuerdas a manera de raíces, de la tela café hacia afuera, sobre el suelo.)*

Cuando Abraham murió, el árbol estaba chiquito pero fuerte, y sus raíces estaban ya creciendo bajo tierra. *(Abraham deja caer ligeramente los hombros, bosteza y sale del escenario, como si fuera a dormir. El ÁRBOL [niño escondido] se levanta lentamente hasta enderezar la espalda, pero aun arrodillado y tapado.)*

Narrador: El **ÁRBOL** era invaluable para Dios porque su fruto también ayudaría a los hijos de Abraham y a todos sus descendientes a creer en Dios y a disfrutar sus promesas. Pasaron muchos años, y el **ÁRBOL** se hizo conocido por su fruto de promesas cumplidas. Dios les dio utensilios y equipo a otros hijos y descendientes de Abraham para que el **ÁRBOL** pudiera seguir creciendo y produciendo aún más fruto. Todos los que se agregaban o añadían al árbol, también comían el fruto de la promesa que crecía en él.

(Entra Moisés, con su nombre colgado del cuello. Camina hacia el árbol y le coloca el póster que dice "LEY." El ÁRBOL [el niño escondido] se yergue un poco más, sobre una rodilla. Moisés se coloca a un lado, toma una manzana de la bolsa y empieza a comérsela.)

(Entra David con su nombre y con un arpa o una guitarra, y le coloca al ÁRBOL el póster que dice "ADORACIÓN." El ÁRBOL "crece" —el niño Escondido se levanta un poco más, sobre ambos pies, pero en cuclillas—. David toma una manzana de la bolsa, se pone a un lado del árbol y empieza a comérsela.)

(Entra Isaías, con su nombre sobre el pecho, con una Biblia grande, y coloca un anuncio sobre el árbol que dice "PROFECÍA." El ÁRBOL sigue "creciendo," y el niño se va levantando hasta estar de pie, derecho. Isaías toma una manzana de la bolsa, se va a un lado y come la manzana.)

Narrador: Cada vez que se le agregaba algo nuevo al **ÁRBOL**, las raíces se fortalecían y crecían más profundamente. *(Moisés, David e Isaías toman las cuerdas que están detrás del árbol y las colocan de la base del ÁRBOL hacia afuera, representando raíces.)*

El **ÁRBOL** de la fe estaba muy fuerte (el niño **ÁRBOL** flexiona el antebrazo, como haciendo "conejo") y su fruto era bueno. *(Moisés, David e Isaías muerden la manzana a la vez, se voltean a ver y ponen cara expresando que está muy rica.)*

Pero sólo los hijos de Abraham los descendientes de Isaac, podían comer su fruto... (Moisés, David e Isaías se voltean a ver y se van juntos, gesticulando como si platicaran de un problema para el cual no tienen solución, y como si preguntaran —¿Qué podemos hacer?

Narrador: Había gente que deseaba comer del fruto del árbol, pero no les estaba permitido ni siquiera acercársele. *(Dos o tres gentiles, con la palabra "Gentil" colgada del cuello, entran y se acercan al ÁRBOL, pero se topan con una pared invisible y rebotan. Se hacen para atrás y vuelven a acercarse pero desde otro ángulo; de nuevo, se topan con una pared invisible. Se ponen de pie y observan el ÁRBOL, rascándose la cabeza como preguntándose cómo podrían acercarse.)*

Narrador: Pero Dios amaba tanto al mundo, que quería que toda la gente pudiera probar el fruto del **ÁRBOL** de la fe. Él envió a su Hijo para que derribar la pared invisible que estaba alrededor del **ÁRBOL** *(Entra Jesús, con una corona de espinas. Levanta ambos brazos del NIÑO-ÁRBOL, de manera que queda en posición de cruz. Se para de espaldas al ÁRBOL y coloca sus brazos paralelamente a los del ÁRBOL. Actúa como si muriera en la cruz y luego se deja caer al suelo, al pie del ÁRBOL. Moisés, David e Isaías vienen a cubrirlo con la tela café que está en la base del ÁRBOL.)*

Narrador: La semilla de Abraham creció hasta llegar a ser el **ÁRBOL** de la promesa. Una de esas promesas era vida eterna para cualquier persona o nación que confiara en Dios. Dios amó tanto al mundo que dio a Su único hijo para que todo aquel que creyera en Él tuviera vida eterna y pudiera comer del fruto de las promesas de Abraham. *(Jesús se levanta, echa a un lado la cobija café y se pone en pie, victorioso.)*

La raíz del árbol empezó con Abraham. Luego creció con sus hijos. Pero ahora, cualquiera que decida creer puede participar del fruto de las promesas de Dios. *(Jesús y sus compañeros sacan manzanas de la bolsa del árbol y se van hacia el público, entregando manzanas a los niños diciendo lo siguiente una y otra vez: PRUEBA, Y VE QUE EL SEÑOR ES BUENO. BENDITO EL HOMBRE QUE CONFÍA EN ÉL.)* *[1]

NOTA PARA EL MAESTRO: Este es buen momento para estar atento a la dirección del Espíritu Santo. Puede ser que te guíe a hacer un llamado al altar para salvación. Sé sensible en cuanto al tema que Dios quiere usar para atraer el corazón de los niños. Sería adecuado tener preparada música para escucharla mientras Jesús y sus compañeros reparten manzanas, y usar la representación para guiarlos a la presencia del Señor.

*1 Salmo 34:8

Lección 3

Preguntas de Repaso

1. El mundo entero tiene la atención puesta en un país. ¿Cuál es? ***Israel***
2. ¿De qué tamaño es el país de Israel? ***Chiquito***
3. ¿A través de qué grupo de gente nos viene nuestra historia espiritual como cristianos? ***El pueblo judío***
4. ¿De qué nacionalidad era Jesús? ***Judío***
5. ¿De qué nacionalidad son todos los héroes de la Biblia? ***Judíos***
6. ¿De quién depende nuestro futuro como cristianos? ***De los judíos***
7. Dios escogió a Israel para que fuera especial para Él. ¿Qué quería que fuera Israel? ***Su pueblo escogido***
8. ¿Por qué escogió Dios a Israel para que fuera su pueblo escogido? ***Porque lo amó, y quiso cumplir la promesa que había hecho.***
9. ¿Quién fue el padre del pueblo judío? ***Abraham***
10. Dios tenía un plan SUPER-ULTRA-SECRETO para cuyo cumplimiento necesitaba usar al pueblo judío. ¿Cuál era el plan? ***Necesitaba una familia apartada para Él, para que a través de ella Dios pudiera traer a su Hijo Jesús.***
11. Menciona mínimo dos similitudes ente Isaac y Jesús. ***Ambos son hijos únicos. Ambos son bebés milagro.***
12. Ocasionalmente, Dios les soplaba pedacitos de su plan SUPER-ULTRA-SECRETO a ciertas personas. ¿Quiénes fueron esas personas? ***Los profetas***
13. ¿Qué otro nombre tiene Jesús, que significa que rescatará a Israel de sus enemigos? ***Mesías***
14. ¿Quién quería detener el plan SUPER-ULTRA-SECRETOde Dios e impedir que se llevara a cabo? ***Satanás.***
15. ¿Qué creía Abraham que Dios haría si sacrificaba a Isaac en el altar? R***esucitarlo de los muertos***

Lección 3

Esgrima Bíblico

1. Hechos 13:23 — "De los descendientes de éste, conforme a la promesa, Dios ha provisto a Israel un salvador, que es Jesús.

2. Juan 8:39 — Ellos le dijeron: --¡Nuestro padre es Abraham! Pero Jesús les contestó: --Si ustedes fueran de veras hijos de Abraham, harían lo que él hizo.

3. Gálatas 3:16 — Ahora bien, las promesas se le hicieron a Abraham y a su descendencia. La Escritura no dice: "y a los descendientes," como refiriéndose a muchos, sino: "y a tu descendencia," dando a entender uno solo, que es Cristo.

4. Josué 21:45 — Y ni una sola de las buenas promesas del Señor a favor de Israel dejó de cumplirse, sino que cada una se cumplió al pie de la letra.

5. Hebreos 11:13 — Todos ellos vivieron por la fe, y murieron sin haber recibido las cosas prometidas; más bien, las reconocieron a lo lejos, y confesaron que eran extranjeros y peregrinos en la tierra.

6. Levítico 26:12 — Caminaré entre ustedes. Yo seré su Dios, y ustedes serán mi pueblo.

7. Génesis 17:7 — Estableceré mi pacto contigo y con tu descendencia, como pacto perpetuo, por todas las generaciones. Yo seré tu Dios, y el Dios de tus descendientes.

8. Génesis 17:1 — Cuando Abram tenía noventa y nueve años, el Señor se le apareció y le dijo: Yo soy el Dios Todopoderoso. Vive en mi presencia y sé intachable.

9. Romanos 4:11 — Es más, cuando todavía no estaba circuncidado, recibió la señal de la circuncisión como sello de la justicia que se le había tomado en cuenta por la fe. Por tanto, Abraham es padre de todos los que creen, aunque no hayan sido circuncidados, y a éstos se les toma en cuenta su fe como justicia.

10. Hebreos 8:6 — Pero el servicio sacerdotal que Jesús ha recibido es superior al de ellos, así como el pacto del cual es mediador es superior al antiguo, puesto que se basa en mejores promesas.

Lección 3

Tiempo con Dios

***Apoyos**: 1. Música judía de adoración. 2. Planea un tiempo para que los niños hagan sus filacterias durante alguna parte de la reunión, o hazlas de antemano. Necesitas dos cajas de cerillos por niño. Sácales los cerillos y guárdalos o tíralos en un lugar seguro. Pinta las cajas de negro. Corta dos pedazos de estambre negro grueso por niño, de .70 mt. (24 pulgadas) de largo cada uno. Pega, con cinta o con pegamento, la parte media de un estambre a cada caja, para que los niños se las puedan atar a los brazos y a la frente. 4. Imprime promesas bíblicas de los pasajes de la esgrima bíblica de esta semana, u otros pasajes de esta lección. Puedes utilizar cualesquiera de las promesas que Dios nos ha dado a los cristianos. Córtalas en tiras, de manera que quepan una o dos en cada cajita.*

En la primera lección aprendimos que los hombres judíos usan unas cajitas de cuero que se llaman filacterias. ¿Recuerdan qué es lo que les ponen dentro? *(Deja que respondan.)* Les ponen escrituras importantes¿Recuerdan cómo se llama una de esas escrituras?

(Escucha sus respuestas.) Se llama el Shemá. Vamos a repetirlo todos juntos otra vez: (todos lo repiten al unísono) —***Escucha, O Israel: El Señor nuestro Dios, el Señor uno es. Y amarás al Señor tu Dios con todo tu corazón, y con toda tu alma, y con todas tus fuerzas***.

Algunas escrituras contienen promesas que los judíos han creído y esperado por miles de años, y que hasta hoy no se han cumplido. Hoy vamos a tomar algunas promesas y vamos a colocarlas dentro de nuestras filacterias. Luego, vamos a ponernos las filacterias sobre el brazo izquierdo y en la frente. Y aunque las mujeres judías no se ponen filacterias, hoy también las niñas van a usarlas.

(Reparte dos cajitas y dos tiras de papel con un versículo a cada niño. Antes de atárselas, hay que meter un papel con un pasaje de las escrituras dentro de cada caja.)

Ahora, cada quien va a tomar dos o tres de estas promesas que Dios les ha dado a los judíos y a nosotros, y vamos a usarlas para orar. Vamos a —orar las promesas—. ¿Qué significa esto? *(Deja que respondan.)* Quiere decir que vamos a leerle a Dios las promesas para recordarle lo que prometió a los judíos y a nosotros. Luego, en fe, vamos a pedirle que por favor haga que se cumplan estas promesas. Ya que hayamos orado, vamos a meter las promesas en las filacterias; luego vamos a atar las filacterias al brazo y a la frente.

Oraremos de uno por uno. Cada quien va a orar al menos una vez. (Permíteles usar el micrófono; así, probablemente tendrás mejor respuesta de los niños.) Si necesitas ayuda, te vamos a ayudar a orar. Al terminar, vamos a poner música de adoración y vamos a caminar por todo el salón, recordándole nuevamente a Dios Sus promesas, hasta que se termine la canción. Al traer puestas las filacterias y al orar por las promesas a favor de los judíos, estamos siguiendo las instrucciones de Dios, de orar por Israel y bendecirlo. Las filacterias también nos ayudarán a acordarnos de orar por ellos en otros momentos.

(Al final, decide si quieres que se lleven las filacterias o si prefieres que las dejen en el salón.)

Lección 4

Dios Escoge a Abraham

Lección 4

Dios Escoge a Abraham

Para el Maestro

Dios escogió a Abraham como ejemplo y modelo para todo los hombre desde entonces, y hasta nuestros tiempos por su fe puesta en acción. Su obediencia en fe fue el primer paso hacia el establecimiento de Dios en la tierra, en el mundo posterior al diluvio. Como padre de todos los que creen, Abraham obedeció, aún hasta el punto de sacrificar a su único hijo. Y como consecuencia, sus descendientes recibieron la invitación de ser un reino de sacerdotes para Dios (Éxodo 19:6.)

Este acto ilustró proféticamente a Jesús, el hijo de Abraham que obedeció hasta ser sacrificado él mismo, siendo el hijo único de Dios, para que todos los creyentes pudieran ser parte del reino de Dios, y sacerdotes de Él. (Apocalipsis 1:6.) En el libro de Hebreos, en el listado de hombres de la fe, (Hebreos 11), Abraham recibe más alabanzas que ninguna otra persona.

Se nos da la orden de ver a Abraham como una roca, de la cual todos hemos sido cortados (Isaías 51:1-2.) Abraham fungió como testigo de la primera venida de Cristo (Juan 8:56.) En el reino de los cielos, se sentará con nosotros los fieles (Mateo 8:11.) Además, es nuestro modelo de conducta celestial (Juan 8:39.) Abraham es relevante a los cristianos del Nuevo Testamento y a los de la actualidad.

Los Judíos tenían tal confianza en su relación tradicional con Abraham (Juan 8:33), que Juan el Bautista tuvo que sacudirles el corazón para que pudieran ser libres para abrazar la fe en el Mesías. ***Produzcan frutos que demuestren arrepentimiento. No piensen que podrán alegar: 'Tenemos a Abraham por padre'. Porque les digo que Dios es capaz de sacarle hijos a Abraham incluso de estas piedras.*** (Mateo 3:8,9.) Dios envió a Jesús con el objetivo de criar hijos de Abraham.

Somos parte de su linaje y de su herencia, como hijos de fe. Como dice la canción infantil:

> ***"Nuestro padre Abraham tiene muchos hijos; muchos hijos tiene el padre Abraham, y tú eres uno, y yo también, y así... ¡Alabemos al Señor!"***

Dios envió a Jesús con el objetivo de criar hijos de Abraham.

Versículo de Poder

"Yo lo he elegido para que instruya a sus hijos y a su familia, a fin de que se mantengan en el camino del Señor y pongan en práctica lo que es justo y recto."

Génesis 18:19

Comprende el Versículo de Poder

¿Quién es el que está hablando? Dios

¿Qué significa 'los caminos del Señor'? Las instrucciones de Dios en cuanto a cómo vivir la vida.

Preparar con Anticipación

Parte 1: *Apoyos: 1. Un libro de la historia de la Cenicienta, con ilustraciones. 2. Una Biblia.*

Parte 2: *Apoyos: 1. Una venda para los ojos. 2. Un dulce o un premio pequeño.*

Parte 3: *Apoyos: 1. Dos vasos transparentes, de igual tamaño; uno de ellos lleno de agua con colorante; el otro, vacío. 2. Un gotero. 3. Una caja envuelta para regalo.*

Parte 4: *Apoyos: 1. Un globo terráqueo. 2. Tu bolsa o cartera.*

Tiempo con Dios: *Apoyos: 1. Aparato para CD's. 2. Música de adoración. 3. Varias tiras de papel y un lápiz para cada niño. 3. Arma tu Muro de los Lamentos (ver página 253.)*

Lección 4

Parte 1

Una Historia de 'Cenicienta'

Apoyos: *1. Un libro de la historia de la Cenicienta, con ilustraciones. 2. Una Biblia.*

¿Quién me puede contar la historia de la Cenicienta? *(Pídeles que te vayan contando la historia mientras vas mostrando las ilustraciones.)*

Si la Cenicienta hubiera sido mala, como sus hermanastras, ¿creen que el príncipe habría querido casarse con ella? *(Escucha sus respuestas.)* No, creo que no hubiera querido. La Cenicienta era buena y amable, aún en circunstancias difíciles. *(Sigue dando vuelta a las páginas y platicando con ellos.)* La Cenicienta no exigía; al contrario, servía a los demás, independientemente de cómo la trataran o que le hicieran. Además, siempre tuvo esperanza, incluso cuando parecía que no había razón para tenerla. Siempre fue fiel y linda, cuando otros probablemente se hubieran amargado y hecho egoístas. Y fue precisamente eso, —su buena actitud—, que la convirtió en una persona que podría escogerse para cosas grandes y tener una vida feliz para siempre.

(Levanta la Biblia.) La historia de Abraham es verídica y asombrosa. ¡Nos recuerda a la Cenicienta! Dios le dijo a Abraham que se fuera de su país; y en ese largo caminar, tuvo muchas pruebas. Dios le prometió hijos, pero durante muchos años no tuvo ni uno. La Biblia dice que "no se tambaleó ni dudó" de las promesas de Dios. *(Tambaléate mientras dices los siguiente.)* Cuando las cosas no salían bien, no resbalaba, ni tropezaba, ni se separaba de Dios. Se fortaleció y siguió adelante, un paso a la vez, siempre confiando. *(Ponte de pie, bien derecho, y camina.)*

Las pruebas no lo hicieron dejar de confiar en Dios. Al contrario, lo hicieron más fuerte en la fe. De tal manera agradó a Dios, que se hicieron muy buenos amigos. Es importante recordar que esta pudiera ser la historia de cualquiera de nosotros. Así como Abraham le creyó a Dios y vivió feliz para siempre, nosotros también podemos lograrlo (Romanos 4:17-22.)

Jesús dijo: ***Si fueran hijos de Abraham, harían lo mismo que él hizo.***(Juan 8:39), y Él hablaba sobre " tener fe." Después de una larga espera, Dios estuvo muy contento de que Abraham no le pidiera una prueba de su fidelidad. Se dio cuenta que Abraham confiaba en sus promesas porque confiaba en su amor. Más adelante, Dios hizo realidad los sueños de Abraham, ¡le dio un hijo! ¡El anhelado hijo!

Sabemos que Abraham está viviendo feliz para siempre porque Jesús dijo que nos sentaríamos con él en el reino de Dios (Mateo 8:11.) Un día, una multitud de gente, tan innumerable como la arena del mar o como las estrellas del cielo, estará alrededor de Abraham, el amigo de Dios, quien es ***padre de todos los que creen***, (Romanos 4:11.)

A lo mejor cuando lo veamos vamos a sonreír y le diremos: —De tal palo, tal astilla. ¡Creímos, y nuestros sueños también se hicieron realidad!

Lección 4

Parte 2

La Obediencia de Abraham

Apoyos: *1. Una venda para los ojos. 2. Un dulce o un premio pequeño.*

(Coloca el dulce o el premio sobre una mesa que se encuentre lejos de ti, cubriéndolo para que no se vea. Elije a un niño que te tenga confianza. Pídele que esté de pie, a tu lado, con los ojos vendados. Pregúntale: ¿Confías en mí? Si dice 'sí', tómalo de la mano y guíalo a dar algunos pasos.) —Si te tomo de la mano y te guío, sentirás mi contacto y mi cercanía. ¿Te ayuda eso a confiar en mí? *(Deja que responda.)* —En aquella mesa he puesto un premio para ti. Te voy a dar instrucciones para que llegues allá—. *(Suéltale la mano y guíalo hacia el dulce, por medio de instrucciones. [Por ejemplo: "Da tres pasos a la derecha. Voltéate hacia la izquierda].)* El premio está en esa dirección, pero ya no te voy a decir por dónde ir. Si crees en lo que te he dicho, debes seguir caminando en esa dirección hasta que llegues a donde está el premio. *(No permitas que los demás niños lo guíen. Antes de empezar el ejercicio, diles que te prometan que van a estar callados. Si se desvía mucho, dale más pistas. Cuando haya llegado a donde se encuentra el premio, quítale la venda.)*

¿Quién quiere leer Hebreos 11:8? *(Selecciona a un niño.)* Heb 11:8 ***Por la fe Abraham, cuando fue llamado para ir a un lugar que más tarde recibiría como herencia, obedeció y salió sin saber a dónde iba.***

Habrá tiempos en la vida en los que tendremos que confiar en las promesas de Dios, aún cuando las cosas se vean difíciles. Dios permitió que Abraham anduviera por 'fe ciega' durante muchos años. ¿Qué creen que significa 'caminar por fe ciega'? *(Permite que participen.)* Tener fe ciega es como caminar confiando en una promesa, incluso si no podemos ver nada más que a Dios.

Las circunstancias externas tal vez no nos ayuden a creer que obtendremos lo que Dios nos ha prometido. Sólo podemos escuchar la voz de Dios en nuestro interior, y confiar en lo que ya nos ha dicho en su Palabra. Dios escogió a Abraham para que fuera nuestro modelo de fe. Se fue a otro país sin saber dónde estaba ese lugar. Creyó que tendría muchos hijos aunque no los había visto nacer y tenía 90 años. Aceptó poseer la tierra de Israel, cuando la única posesión que tenía era el terreno de su tumba. ***Creyó Abraham a Dios, y ello se le tomó en cuenta como justicia, y fue llamado amigo de Dios***. (Santiago 2:23.) Debemos seguir al Señor con esa misma obediencia.

Lección 4

Parte 3

La Paciencia de Abraham

Apoyos: *1. Dos vasos transparentes, de igual tamaño; uno de ellos lleno de agua con colorante; el otro, vacío. 2. Un gotero. 3. Una caja envuelta para regalo.*

Alguien lea Hebreos 6:12-15 NIV. *(Elije a un niño.)* ***No sean perezosos; más bien, imiten a quienes por su fe y paciencia heredan las promesas. Cuando Dios hizo su promesa a Abraham, como no tenía a nadie superior por quien jurar, juró por sí mismo, y dijo: "Te aseguro que te bendeciré y te daré muchos descendientes." Y así, después de esperar con paciencia, Abraham recibió lo que se le había prometido.***

Abraham tuvo que ser paciente hasta que se cumplieran las promesas. Pasó por algunas pruebas durante su espera para ver lo que Dios le dijo que iba a hacer. ¿A quién le gusta esperar? *(Permite que contesten.)* No es fácil estar esperando.

(Atrae su atención a los vasos: uno debe estar lleno de agua con colorante o pintura, y el otro, del mismo tamaño, vacío.) Aquí tenemos dos vasos: el vaso lleno representa estar lleno de las bendiciones de Dios (Efesios 3:19.) También pudiera representar el tiempo que ha transcurrido hasta el cumplimiento de una promesa (Gálatas 4:4), como por ejemplo, cuando esperas hasta que llegue la fecha de tu cumpleaños, para recibir regalos.

¿Cómo esperó Abraham, mientras se cumplían las promesas de Dios? ¿Extendió la mano y las arrebató? *(Permite que contesten.)* ¡Nooo! ¿Se puso a llorar y a hacer pucheros? *(Permite que contesten.)* ¡Nooo! ¿Se quejó? *(Escucha sus respuestas)* ¡Nooo! Siguió viviendo la vida, tomando las cosas una a una, como iban llegando; algo así como servirse agua con gotero. *(Mientras hablas, ve pasando agua con el gotero, poco a poco, del vaso lleno al vacío.)* ¡Me va a tomar muuucho tiempo llenar el vaso gota por gota. Pero si sigo pasando de esta manera el agua, en algún momento, ¡toda el agua de este vaso estará en el otro! Así es como llegan las promesas de Dios a nuestra vida, ¡poco a poco!

Si Dios decide esperar, y yo trato de hacer algo para que lleguen pronto sus promesas, es como si tomara el vaso del cielo y lo vaciara en el mío. *(Toma el vaso lleno y haz como si fueras a vaciar el agua al otro vaso.)* ¡Es como si te robaras algo que te iban a regalar!

Una vez, Abraham se metió en un problema muy serio por adelantársele a Dios. Cuando Sara y él se cansaron de esperar el hijo que Dios les había prometido, tramaron un plan; Abraham tuvo un hijo de otra mujer, y le pusieron Ismael. Todo lo que sucedió después, es una historia muy larga.

Lección 4

Parte 4

La Fe de Abraham

Apoyos: 1. Un globo terráqueo. 2. Tu bolsa o tu cartera.

Por ahora, es suficiente que sepan que se hizo un problema familiar muy grande, que todavía en nuestros días persiste. Los hijos de Ismael, también conocidos como árabes, odian a los hijos de Isaac —los Judíos. ¡Y entre ellos siempre están en guerra! Más adelante aprenderemos un poco más sobre esto. *(Levanta el globo y señala el país donde vives.)* Vivimos aquí, en______ ______. *(Ahora señala algún país que se encuentre del otro lado del mundo.) ¿Qué país es este? (Permite varias respuestas.)*

¿Cómo lo saben? *(Permite que contesten.)* ¿Cómo saben que así se llama en verdad? *(Escucha sus respuestas.)* Crees que el país que estoy señalando existe, y que se encuentra allí, aunque nunca has estado allí, porque confías en los mapas que trazó alguien a quien no conoces. Podrías tomar un avión y viajar a ese país, o a Japón, o a ______ (menciona otro país.) Todo lo que tienes, por el momento, es la información que te da otra persona; pero estarías dispuesto a pagar un boleto de avión y harías el esfuerzo para viajar a ese país. Bueno, pues así es como funciona la fe.

La Biblia dice que: ***Por la fe se radicó como extranjero en la tierra prometida, y habitó en tiendas de campaña con Isaac y Jacob, herederos también de la misma promesa, porque esperaba la ciudad de cimientos sólidos, de la cual Dios es arquitecto y constructor.*** (Hebreos 11:9-10 NIV.) Al creer Abraham que la nueva Jerusalén ¡sí existía!, toda su vida estuvo buscando la vida eterna en dentro de esa ciudad, a pesar de que no la podía ver. Si nosotros creemos que nos vendrán cosas buenas de parte de Dios, ¡también las recibiremos! (Lucas 11:9) Sin embargo, esto de pedir y creer tiene un secreto.

Dios es amor; sus dones proceden de su amor. Si quieres algo de Dios, tendrás que obtenerlo por amor (Gálatas 5:6.) *(Muéstrales tu bolsa o cartera.)* Aquí está mi bolsa. Dentro de ella están mis cosas personales. *(Dásela a uno de los niños.)* ¿Qué harás con ella? *(Deja que responda.)* Está cerrada, y no puedes abrirla a menos que te de permiso. ¿A quién le voy a dar permiso? ¿A cualquier persona? *(Permite que contesten.)* Sólo le daré permiso a quien tenga necesidad de algo que sé que está en mi bolsa, o, a alguien a quien amo y que esté muy cerca de mí.

Dios anhela que cada uno de sus hijos esté tan cera de Él, que pueda entrar a las profundidades de sus promesas. Incluso dice que quienes estén muy cerca de Él, hasta podrán pedir cosas imposibles. Para ello, tenemos que tenerle plena confianza, amarle y estar muy cerca de Él. Sólo a las personas que me aman y que están muy cerca de mí les permitiré que abran mi bolsa. Abraham amó a Dios y tenía fe en Él. Por eso tuvo fe para creer que las promesas se cumplirían.

Lección 4

Teatro

Nuevas Aventuras

Actores: *Dos niños/as y un/a maestro/a*
Apoyos: *1. Dos sillas y dos escritorios. 2. Un escritorio de maestro. 3. Una hoja con el texto "VUELTA EN AVIONETA, GRATIS," en letras grandes. 4. Una venda para los ojos.*
Disfraces: *Ninguno*

(Antes de empezar, esconde el papel que dice "VUELTA EN AVIONETA, GRATIS" debajo de algo que no llame la atención o que forme parte del salón; por ejemplo, un libro.)

(Entran dos niños, como si anduvieran caminando por el pasillo del colegio.)

Niño #1: Ya tengo ganas de conocer al maestro nuevo.

Niño #2: Yo no. A mí me cae muy bien la Maestra Anita. Ojalá no se hubiera ido.

Niño #1: Me dijo mi mamá, que si se queda en cama, se recuperará y podrá regresar el año que viene.

Niño #2: *(Baja la cabeza y se encoge de hombros.)*

Niño #1: La Maestra Anita nos dijo que escogió a este maestro para sustituirla, y que nos va a caer súper bien. ¡Qué es muy buena onda!

Niño #2: Tal vez.... Tal vez no.

(***Se sientan en las sillas frente nuevo maestro, que está sentado en el escritorio.)***

Maestro/a: *(Se frota las manos.)* Bueno, niños, hoy iniciamos una nueva etapa. Voy a sustituir a alguien que sé que es muy buena maestra.

Niño #2: *(en voz baja.)* Y nunca le vas a ganar.

Maestro/a: ¿Perdón?

Niño #2: No, nada.

Maestro: Vamos a empezar con un juego. Nos ayudará a que los conozca más pronto. Para empezar, quisiera un voluntario.

(Nadie levanta la mano)

Maestro: Muy bien. Este juego tiene un secreto. El voluntario no va a saber lo que va a hacer, pero le voy a ayudar con pistas.

(Nadie levanta la mano. Ambos niños se voltean a ver y luego voltean a ver al maestro.)

Maestro: Y al voluntario... ¡Le daré un premio!

Niño #2: ¿Nos va a decir lo que vamos a hacer?

Maestro: *(Sonríe.)* No. Parte del reto de este juego es que confíen en mí. Si les digo lo que va a suceder, se acabaría el juego antes de empezar.

Niño #2: *(Se sume en la silla y pone cara de fuchi.)*

Niño #1: *(Levanta la mano.)* Parece que nos está pidiendo que confiemos en usted, aun sin conocerlo.

Maestro: Dije que el objetivo del juego es que empecemos a conocernos. Yo tampoco los conozco. ¡Ustedes y yo, vamos a aprender!

(*Ambos niños voltean a ver al maestro. El Niño #2 mueve la cabeza negativamente. El Niño #1 se ve pensativo*)

Niño #1: No sé lo que vaya a pedirme que haga, pero estoy dispuesto a confiar, si me ayuda. *La Maestra Anita lo escogió, y confío en ella.*

(El Niño #2 voltea hacia el otro lado, moviendo la cabeza negativamente.)

Maestro: ¡Muy bien! Pasa al frente.

(El Niño #1 camina hasta donde está el maestro; éste le empieza a vendar los ojos.)

Niño #1: No... Cubierto no,

Maestro: Me dijiste que confiarías en mí si te ayudaba, ¿verdad?

Niño #1: Sí.

Maestro: Si hiciéramos lo que ya sabes que va a suceder, ¿necesitarías confiar?

Niño #1: No.

(El Maestro sigue amarrando la venda.)

Maestro: ¿Ves algo?

Niño #1: No.

Maestro: Muy bien. Te voy a llevar a hacer un viaje por el salón, paso a paso. Al final, sabrás algo especial acerca de mí, y yo sabré algo de ti. ¿Listo?

(*El Niño #1 se ve un poco preocupado, pero asienta con la cabeza. La siguiente parte de la conversación varía, dependiendo de dónde esté escondido el papel*)

Maestro: Da tres pasos a la derecha. Ahora, date media vuelta; vas a quedar viendo en dirección opuesta. Da cuatro pasos al frente. Gira un cuarto de vuelta a la izquierda y da cinco pasos al frente. Extiende las manos y dime si encuentras algo. ¿Qué es? ¿Lo puedes voltear? *(Permite que conteste.)* ¿Lo puedes leer? *(Deja que conteste.)* Con los ojos vendados no, ¿verdad? Bueno, como has llegado a la meta obedeciendo mis instrucciones, puedes quitarte la venda y ver el premio al cual te he guiado.

(El Niño #1 se quita la venda y lee: "VUELTA EN AVIONETA, GRATIS")

Niño #1: ¡Guau! ¡¿Qué significa esto?!

Maestro: Significa que acabas de descubrir dos cosas acerca de mí: que tengo licencia de piloto, y que tengo una avioneta. Confiaste en mí para que te guiara a donde no podías ver. ¿Confiarías en mí para llevarte a dar una vuelta en el aire?

Niño #1: ¡Qué padre! ¡Sí!

Maestro: Yo también aprendí algo de ti.

Niño #1: ¿Como qué?

Maestro: Que eres aventurero. Confiaste en la palabra de la Maestra Anita, pero de todas formas, te la jugaste conmigo.

Niño #2: *(En voz baja)* ¡Oye! ¡Ven! *(Le estira la oreja al Niño #1 y le dice algo en secreto.)*

Niño #1: ¿Puedo invitar a alguien cuando vayamos a volar en la avioneta?

Maestro: *(Sonríe)* Sí. Quisiera que vinieran todos ustedes. Sólo necesitaba que uno se animara y fuera el primero, para mostrarles a todos lo que es la confianza. Porque cuando estés allá arriba, no vas a poder abrir la puerta y bajarte, aunque te dé miedo o te sientas raro."

Niño #1: ¡Me imagino que no!

Maestro: Cuando confías en una persona, sabes que cuidará de ti, incluso cuando estés haciendo algo que nunca has hecho. *(El Maestro voltea a ver al Niño #2.)* ¿Ahora sí, ya estás listo para confiar?

Niño #2: Sí. No quería ser el primero, pero sí puedo ser el segundo. Supongo que no soy tan aventurero como él, pero sí quiero lo que nos estas ofreciendo. ¡Volar en avioneta! ¡Chido!

Maestro: *(Ve al Niño #1 y sonríe)* ¡Has abierto la puerta para tus compañeros! ¡Muy bien!

(El Maestro le da una hoja al niño 1 y al niño 2) Aquí están las hojas de autorización. Las tienen que firmar sus papás. Tráiganlas firmadas, y nos vemos en el estacionamiento del colegio este sábado a las 10.00 AM.

Niño #1 y Niño #2: *(Gritan a la vez.)* ¡Sí, que emocionante!

Lección 4

Preguntas de Repaso

1. ¿Cómo podría ser la historia de Abraham parecida a nuestra historia? *Podemos confiar en Dios, como lo hizo él*
2. ¿Se sorprendió Dios con la buena actitud de Abraham, o ya sabía cómo actuaría? *Ya lo sabía.*
3. ¿Cuáles son algunas de las promesas que Dios puso en el corazón de Abraham? *Un hijo, un país para que sus hijos vivieran en él, una ciudad en el cielo.*
4. ¿Se cumplieron pronto las promesas? *No*
5. ¿Qué hizo Abraham mientras esperaba que se cumplieran? *Tomó las cosas como iban llegando, y esperó.*
6. Cuando Dios nos da sueños, ¿los hará realidad? *Sí.*
7. ¿Qué es la fe ciega? *Es cuando confiamos en lo que Dios ya nos ha dicho, independientemente de que veamos que está sucediendo, o no.*
8. ¿Todos los cristianos deben esperar las respuestas de Dios hasta que lleguen? *Sí.*
9. ¿Por qué se le llama a Abraham 'el padre de todos los que creen'? *Fue el primer ejemplo que nos dio Dios, de alguien que confió plenamente en Él.*
10. ¿Funciona automáticamente la fe sólo por tener fe, o es necesario tener la actitud correcta? *Debemos tener la actitud correcta.*
11. Nombra un ingrediente que hace que la fe funcione. *La paciencia*
12. Nombra otro ingrediente que hace que funcione la fe. *El amor*
13. ¿Cómo llegan a nuestra vida las promesas, en la mayoría de los casos? *Poco a poco.*
14. Si llenamos un vaso con agua de gota en gota, hasta arriba, tendremos que esperar un buen rato. ¿Qué actitud debemos tener mientras esperamos? *Debemos ser pacientes.*
15. Piensa en el ejemplo del regalo de cumpleaños. ¿Cómo sería si tratáramos de tomar las promesas y hacer que se cumplieran por nuestra propia mano? *Sería como robarnos un regalo que, de todas formas, ya iba a ser para nosotros.*
16. ¿Quiénes son los que pueden meterse a la "bolsa" de promesas de Dios? *Las personas que están muy cerca de Él y que lo aman.*

Lección 4

Esgrima Bíblico

1. Mateo 7:11 — Pues si ustedes, aun siendo malos, saben dar cosas buenas a sus hijos, ¡cuánto más su Padre que está en el cielo dará cosas buenas a los que le pidan!

2. Génesis 21:2 — Sara quedó embarazada y le dio un hijo a Abraham en su vejez. Esto sucedió en el tiempo anunciado por Dios.

3. Gálatas 4:4 — Pero cuando se cumplió el plazo, Dios envió a su Hijo, nacido de una mujer, nacido bajo la ley.

4. Juan 15:15 — Ya no los llamo siervos, porque el siervo no está al tanto de lo que hace su amo; los he llamado amigos, porque todo lo que a mi Padre le oí decir se lo he dado a conocer a ustedes.

5. Romanos 4:18 — Contra toda esperanza, Abraham creyó y esperó, y de este modo llegó a ser padre de muchas naciones, tal como se le había dicho: “Así de numerosa será tu descendencia."

6. Génesis 17:7 — Estableceré mi pacto contigo y con tu descendencia, como pacto perpetuo, por todas las generaciones. Yo seré tu Dios, y el Dios de tus descendientes.

7. Hebreos 11:6 — En realidad, sin fe es imposible agradar a Dios, ya que cualquiera que se acerca a Dios tiene que creer que él existe y que recompensa a quienes lo buscan.

8. Gálatas 5:6 — En Cristo Jesús de nada vale estar o no estar circuncidados; lo que vale es la fe que actúa mediante el amor.

9. Juan 4:8 — El que no ama no conoce a Dios, porque Dios es amor.

10. Romanos 5:19 — Porque así como por la desobediencia de uno solo muchos fueron constituidos pecadores, también por la obediencia de uno solo muchos serán constituidos justos.

Lección 4

Tiempo con Dios

Apoyos: *1. Aparato para CD's. 2. Música de adoración. 3. Tiras de papel y un lápiz para cada niño. 3. Arma tu Muro de los Lamentos (ver la página 253.)*

Abraham es un ejemplo excelente de lo que es seguir a Dios por fe, porque creyó en promesas de cosas que aun no veía. ¿Alguna vez te ha sucedido que le has pedido a Dios algo que necesitas, y que pasó mucho tiempo para que Dios contestara tu oración? *(Dales tiempo para que varios den un testimonio. Cuéntales un testimonio de alguna de tus experiencias personales.)* ¿Alguien está creyendo y esperando que Dios conteste sus oraciones por algo que le hayan pedido, pero aun no lo ven? ¿Qué clase de cosas son por las que están orando? *(Permite que contesten.)*

Así como Dios le hizo promesas a Abraham, también te ha promedio que responderá tus oraciones. Alguien lea, por favor, Marcos 11:23: ."..”

Alguien más lea Mateo 21:22: ."..”

Parece que está muy claro. Dice que recibiremos todo lo que pidamos en oración, si no dudamos en nuestro corazón. ¿Crees que esto incluye cosas pecaminosas o egoístas o que no estén de acuerdo con la Palabra de Dios? *(Deja que respondan.)* Claro que no. Dios no puede hacer ninguna cosa que vaya contra sus propias leyes, o contra lo que es honesto, verdadero y de buen nombre. Pero las cosas que nos ha prometido en la Biblia, como salud, paz, seguridad, buena relación con nuestra familia, ayuda financiera, y otras cosas, podemos tener la confianza de pedir y creer, así como Abraham.

Voy a repartir unos papelitos y unos lápices. Quiero que vayan a un lugar a solas; un lugar de oración. Vamos a escuchar música de adoración; al estar adorando a Dios cada quien en su corazón, quiero que escriban las cosas por las que están orando ustedes y su familia, y que están creyendo que Dios contestará. Somos hijos de Abraham, y lo manifestamos cuando actuamos en fe como él, que creyó que Dios cumpliría sus promesas, aun antes de haberlas visto.

Cuando termines de escribir tus peticiones, dobla el papelito y tráelo al muro de oración. *(Señala el muro de oración de cartón, réplica del Muro de los Lamentos que está en Israel.)* En Israel, cuando los judíos tienen necesidades por las que le están pidiendo a Dios, las escriben en papelitos, los meten entre piedra y piedra del muro, y allí las dejan.

Nuestro muro no tiene espacios entre las piedras, así que vamos a pegar las peticiones de oración en el muro. Luego, puedes quedarte de pie o arrodillarte frente al muro, adorar a Dios y darle gracias de antemano por su respuesta.

Lección 5

Nuestro Padre Abraham Tuvo Muchos Hijos

Lección 5

Nuestro Padre Abraham Tuvo Muchos Hijos

Para el Maestro

En esta lección vamos a ver tanto la fidelidad de Dios para cumplir sus promesas, como el hecho de que los Judíos son nuestros padres espirituales en nuestro aprendizaje de caminar en fe.

Un ministro mesiánico preguntó: —¿Les gustaría ser el pueblo escogido para fracasar y tener éxito en público, para ser ejemplo a todo el mundo? Los Judíos han sido tanto un ejemplo de obediencia, como de desobediencia. ***Todo eso les sucedió para servir de ejemplo, y quedó escrito para advertencia nuestra, pues a nosotros nos ha llegado el fin de los tiempos.*** (1 Corintios 10:11NIV)

Dios escogió a los hijos de Abraham Cuatrocientos años antes de haberse presentado a ellos como su Dios. No tuvieron opción de si querían o no a Dios; Él ya los había escogido, por amor a Abraham. Una vez hecha la promesa a Abraham, ya estaba hecho. (Romanos 11:29.) A partir de entonces, el que los hijos de Abraham caminaran o no como elegidos de Dios, decidiendo obedecerle, dependía de ellos. Dios le había dicho a Abraham: ***A ti y a tu descendencia les daré, en posesión perpetua, toda la tierra de Canaán, donde ahora andan peregrinando. Y yo seré su Dios.*** (Génesis 17:8.)

Y a pesar de que no entraron a la Tierra Prometida en el primer intento, eso no cambió el hecho de que la tierra permaneciera reservada para ellos. Dios obró en las siguientes generaciones, para que desearan su voluntad y construyeran un reino sobre la tierra en el que Dios reinara. En esta lección llamaremos a este grupo de gente <u>hijos de Abraham</u>, pero los niños deben saber que tienen otros nombres, como hebreos, israelitas y judíos. Son los padres de nuestra fe, y el objetivo de su historia, tanto pasada como futura es el de animarnos y motivarnos a pelear la buena batalla de fe en nuestro caminar diario con Dios.

Dios escogió a los hijos de Abraham cuatrocientos años antes de haberse presentado a sí mismo como el Dios de ellos.

Versículo de Poder

Pero tú, Israel, mi siervo, tú Jacob, a
quien he escogido, simiente
de Abraham, mi amigo:
Isaías 41:8 NVI

Comprende el Versículo de Poder

Israel: Nombre que se les da a los descendientes de Abraham, el pueblo judío.

Preparar con Anticipación

Parte 1: *Apoyos: 1. Dos bolsas de piedritas para pecera. 2. Tres recipientes o "bowls" de vidrio transparente. En uno, una tarjeta que diga "JACOB." En el otro, una tarjeta que diga "ESAÚ e ISMAEL."*

Parte 2: *Apoyos: 1. Tres o cuatro martillos, dos clavos y un pedazo de madera. 2. Un libro de primaria. 3. Una regla de madera o de plástico. 4. Una hoja doblada, que diga "BOLETA DE CALIFICACIONES." Dentro de ella, un 100 en un lado, y un 50 del otro.*

Parte 3: *Apoyos: 1. Un manojo de plátanos. 2. Cinco o seis listones o estambres de 250 a 300 cm. de largo, de colores. 3. Una corona de rey, de plástico o de papel.*

Parte 4: *Apoyos: 1. Una foto o ilustración del sol. 2. Una silla o una escalera cubiertas con una sábana o cobija café, semejando una montaña. 3. Los Diez Mandamientos. 4. Un rayo de 60 cm. de largo, hecho de cartón y cubierto de papel aluminio.*

Tiempo con Dios: *Apoyos: 1. Aparato para tocar CD/DVD conectado a un proyector de video o a una pantalla grande de televisión. 2. Música de adoración, de preferencia con sabor judío, del Kit de Visuales JNM. 3. Un chal para orar (TALIT) del Kit de Visuales JNM, p. 254. 4. Una tela blanca para cada niño, todas del mismo tamaño, para usarse como talit. En otra sesión, los niños decorarán el talit, dibujando, con marcadores, rallas de colores en la orilla de los mismos, similares a los de la muestra. 5. Un bote con tiras de papel dobladas, todas iguales, exactamente una por niño. 6. Una de las tiras de papel debe tener escrito la frase "EL ELEGIDO." 7. Un mapa del mundo.*

Lección 5

Parte 1

Muchos, Muchos Hijos

Apoyos: *1. Dos bolsas de piedritas para pecera. 2. Tres recipientes o "bowls" de vidrio transparente. En uno, una tarjeta que diga "JACOB." En el otro, una tarjeta que diga "ESAÚ e ISMAEL."*

Abraham determinó que recibiría todo lo que Dios le había prometido. Con el tiempo, tuvo a Isaac, su hijo prometido, en sus brazos. Pero Dios le prometió, además, muchos otros hijos: ***JURO POR MÍ MISMO, AFIRMA EL SEÑOR, que te bendeciré en gran manera, y que multiplicaré tu descendencia como las estrellas del cielo y como la arena del mar. Además, tus descendientes conquistarán las ciudades de sus enemigos.*** (Génesis 22:16b-17.) *(Al estar hablando, vacía las piedritas en el primer tazón.)* Le prometió a Abraham tantos hijos, que serían como la arena del mar o como las estrellas del cielo. Pero para cuando Abraham murió, sólo tenía a Isaac, a quien Dios llamó hijo único de Abraham (Génesis 22:2), y dos nietos. *(Toma tres piedritas y ponlas en la palma de la mano, para que las vean los niños.)* Pero ya conocemos la historia.

Uno de los nietos se llamaba Jacob. Años después, Jacob tuvo doce hijos, que se convirtieron en las doce tribus de Israel. *(Toma doce piedritas y revuélvelas con las tres primeras.)* Otro de sus nietos, Esaú, tuvo catorce hijos, que se convirtieron en catorce naciones. *(Coloca 14 piedritas más en el segundo tazón.)* Con el tiempo, las tribus de Israel llegaron a ser más de un millón de personas. *(Mete la mano en el primer tazón, toma las piedritas y déjalas caer de nuevo en la vasija.)* Todos ellos eran de la línea de la familia *(del árbol genealógico)* de Abraham.

Esaú, como Ismael, tuvo millones de descendientes. *(Vacía más piedritas en el segundo tazón.)* Sus descendientes, a quienes llamamos árabes, aun viven en los países que rodean Israel. Además, la Biblia dice que Abraham es el padre de todo el que cree, sea judío o no. (Romanos 4:11.) ¿A quién se refiere? *(Permite que contesten.)* Se refiere a ti y a mí. (Vacía casi toda una bolsa de piedritas en el tercer tazón.) Hay cristianos en casi cada país del mundo. Somos hijos de Abraham por medio de la fe.

Realmente, son tantos como la arena del mar. Los hijos naturales por medio de Jacob se convirtieron en las doce tribus de Israel. ***Sólo a ustedes los he escogido entre todas las familias de la tierra les dijo Dios.*** (Amos 3:2.) Dios les dio a ellos, como nación, una tarea especial de tres pasos:

1. Serían una nación
2. Tendrían su propia tierra.
3. El Mesías (nuestro Salvador) vendría por medio de ellos y a ellos, en esa tierra. ¡La promesa está tremenda!, pero eso significaba que Israel tendría que aprender muchas cosas nuevas; desde cómo fabricar ladrillos para el faraón, hasta construirle un reino a Dios.

Lección 5

Parte 2

Una Familia Especial

Apoyos: *1. Tres o cuatro martillos, dos clavos y un pedazo de madera. 2. Un libro de primaria. 3. Una regla de madera o de plástico. 4. Una hoja doblada, que diga "Boleta de Calificaciones." Dentro de ella, un 100 en un lado, y un 50 del otro lado.*

¿Qué se necesita para construir una casa? *(Martilla un clavo en la madera. Escucha sus respuestas.)* No sólo necesitaré más herramientas, además del martillo. Lo más importante para construir mi casa son personas que sepan usar el martillo. *(Dales los martillos a varios niños.)* Pudiera tener todas las herramientas del mundo, pero, si soy el único que sabe usarlas, ¡no podré construir mi casa!

Dios quería un lugar en la tierra para Su presencia. Y para ello escogió a Abraham y a sus descendientes por medio de su nieto Jacob, para que le construyeran una casa y una nación en la cual Él fuera bienvenido. Él planeaba mostrarle al mundo a través de esta nación lo que significa que todo un pueblo le siga, salga adelante, y adore a Dios. Él quería que construyeran una cultura donde se pudiera observar Su bondad. Por eso empezó a entrenarlos para vivir y pensar correctamente. Era el único pueblo de toda la tierra que estaba aprendiendo a agradar a Dios.

El haber sido elegidos por Dios los hacía muy especiales. Pero junto con la oportunidad, también venían retos muy grandes. Tenían que construir la Casa de Dios de acuerdo a las instrucciones de la Ley. *(Muestra el libro de primaria y la regla.)* La Biblia llama "LEY" a un maestro de escuela o instructor ***Así que la ley vino a ser nuestro guía encargado de conducirnos a Cristo*** (Gálatas 3:24.) *(pégale al libro con la regla)* En una escuela siempre hay pruebas. *(Levanta la boleta de calificaciones y muestra las calificaciones que hay dentro.)* Los hijos de Abraham pasaron algunas pruebas y reprobaron otras. Cuando les iba bien, Dios los bendecía. Cuando les iba mal, los corregía.

¿Te pasa lo mismo en tu familia? *(Permite que contesten.)* Tus papás están felices cuando tienes éxito, pero deben disciplinarte cuando haces algo equivocado. De la misma manera se siente Dios con los Judíos. Son tan parte de Su vida en la tierra, que en Jeremías 3:14 Dios dice que está "casado" con ellos. A Él le interesa mucho que sean felices. *(Toma el martillo y levántalo.)* Los escogió para que construyeran una nación, una casa de adoración, y un pueblo de carácter, —de acuerdo a los estándares de perfección de la Ley de Dios. El objetivo era, que, cuando las demás naciones del mundo vieran al pueblo hebreo, éste fuera un reflejo de Él, de manera que desearan a Dios más que a sus ídolos. Los Judíos no siempre vivieron a la altura de los estándares de Dios.

Lección 5

Parte 3

Negocio de la Familia

Apoyos: *1. Un manojo de plátanos. 2. Cinco o seis listones o estambres de 250 a 300 cm. de largo, de colores. 3. Una corona dorada, de plástico o de papel, como para un rey.*

Dios escogió a los hijos de Israel para que fueran su pueblo y para que trabajaran en el "NEGOCIO DE LA FAMILIA." ¿Qué negocio crees que es? *(Permite que contesten.)* Dios quería que ellos fueran sus DISTRIBUIDORES. Un distribuidor es la persona que va a la huerta de plátanos y compra muchas toneladas de plátanos. Luego va y las distribuye en las cadenas de supermercados. *(Muestra los plátanos.)* Gracias a esos DISTRIBUIDORES, cuando vamos al supermercado, podemos comprar plátanos. Pero fue el distribuidor quien tuvo que ir a la huerta recoger el plátano y luego lo llevó al supermercado.

Dios quería que los hijos de Abraham trabajaran directamente con Él para que recibieran su santidad y amor, para luego distribuirlos a todo el mundo. Esta es la descripción del puesto que Dios les dijo: ***ustedes serán para mí un reino de sacerdotes y una nación santa.*** (Éxodo 19:6.)

(Llama a dos voluntarios. Ponte de pie junto a ellos.) Los sacerdotes son personas que van a la fuente de vida; es decir, Dios. Escuchan a Dios y le dicen a la gente lo que Él ha dicho. *(Háblale en secreto al niño que está a tu lado, y luego él le habla en secreto al otro niño.)* Luego, escuchan lo que la gente dice y se lo dicen a Dios. *(El niño que está más lejos le habla en secreto al primero, y éste a ti.)*

Ni siquiera les preguntó: —¿Les gustaría ser mis sacerdotes? Sólo les dijo: —Seréis un reino de sacerdotes para mí—. Ese era su plan. Un sacerdote es alguien que conecta a la gente con Dios, y a Dios con la gente. El plan original de Dios era que cada israelita fuera Su sacerdote. Por lo tanto, era Su voluntad que fueran con las personas que no conocían a Dios y los conectaran a Su bondad. *(Escoge un niño para que se ponga la corona.)* Este niño representa a Dios, y yo soy un sacerdote. *(Dale a al niño que representa aDios un extremo de uno de los listones, y el otro extremo, dáselo a un niño del público. Haz lo mismo con cada listón.)*

Ahora pueden declarar la bondad de Dios y compartirla, conectando a las personas con Dios, así como yo acabo de conectarlos con Dios por medio de los listones. Los israelitas eran las únicas personas en todo el mundo que tenían conexión con la fuente de Vida, con el único Dios verdadero. Dios quería que distribuyeran el conocimiento de Él a toda la gente. Por eso les llamó sacerdotes; —gente que conocía a Dios y que luego distribuiría su bondad y amor a otros. *(Toma un plátano, dáselo a alguien y dile, —Prueba y ve que Dios es bueno.)*

Lección 5

Egyptian god of sun Ra

Parte 4

Conocer y Reflejar a Dios

***Apoyos:** 1. Una foto o ilustración del sol. 2. Una silla o una escalera cubiertas con una sábana o cobija café, semejando una montaña. 3. Los Diez Mandamientos. 4. Un rayo de 60 cm. de largo, hecho de cartón y cubierto de papel aluminio.*

¿Sabes qué hacían los hijos de Abraham cuando eran esclavos en Egipto? *(Escucha sus respuestas.)* Hacían ladrillos para el Faraón. Un ladrillo es pesado y duro, y está hecho del barro de la tierra. Cuando Dios llamó a su familia nueva para que saliera de la esclavitud y de Egipto, quería liberarlos de las cosas terrenales y ayudarles a que empezaran a pensar en las cosas celestiales. También quería cambiar su mentalidad en cuanto al mundo espiritual.

Los egipcios adoraban todo lo que había debajo del sol, incluso al ¡mismo sol! *(Muestra la ilustración del sol.)* De todo lo que tenían miedo y de todo lo que pudiera beneficiarles, hacían un ídolo y lo adoraban. Desafortunadamente, cada uno de estos ídolos conectaba a la gente a un demonio del mundo espiritual (1 Corintios 10:20.) Antes de que Dios sacara a su pueblo de Egipto, les demostró su poder por medio de sus líderes, Moisés y Aarón. Las diez plagas que Dios envió a los egipcios les demostraron lo insignificantes, impotentes y faltos de poder que eran sus demonios frente al verdadero Dios. *(Arruga y aplasta la ilustración del sol.)* Posteriormente, guió a su familia, sacándolos de la esclavitud hacia su nuevo hogar.

Ya que estaban en camino, Dios vino a encontrarse con ellos, personalmente, en el Monte Sinaí. Dios descendió a la montaña que humeaba con relámpagos, truenos y el sonido fuerte de una trompeta. *(Pídele al niño que hace el papel de Dios que suba, se siente en la cima, y sostenga el rayo.)* Dios quería que supieran que Él era más poderoso que cualquier enemigo que pudiera venir en contra de ellos. También les dio su LEY *(Dale al niño los Diez Mandamientos)* para que supieran cómo acercársele para adorar. Dependía de ellos el que aprendieran lo asombroso que es Dios, y que mostraran cómo acercarse a Él por medio de sus vidas y su adoración.

LOS HIJOS DE ISRAEL, —otro nombre que se les da a los judíos—, fueron escogidos para cumplimiento del pacto que Dios, había hecho con su padre, Abraham. Y ese pacto SIGUE VIGENTE hasta el día de hoy. Los ojos del mundo entero aún están atentos, viendo cómo se esfuerzan para reconstruir la nación de Israel. Es parte de la razón por la que las noticias hablan de Israel casi todos los días. Parece que Dios se encarga de que todo el mundo esté al tanto de Israel. El drama continuará hasta que Jesús regrese en gloria. Poco a poco, el mundo verá la fidelidad de Dios y el cumplimiento de sus promesas a través de Su pueblo escogido.

Lección 5

Teatro

Mercado de Dios

Actores: *Agente de servicio al cliente, representante de distribución, tres clientes.*
Apoyos: *1. Letrero grande que diga " Mercado de Dios, y en el siguiente renglón "¡Bienvenidos!." 2. Una caja grande con un letrero: "Abraham e Hijos, Distribuidores del Tesoro." 3. Una mesa con un letrero que diga "Servicio al Cliente." 4. Tres mesas para colocar artículos de la caja del Distribuidor. 5. Una Biblia grande. 6. Un teléfono.*
Disfraces: *Ninguno*

(El Distribuidor está ocupado, colocando los artículos de la caja "Abraham e Hijos" sobre las mesas. Entran tres clientes. Los Clientes 1 y 2 van a la mesa de Servicio al Cliente, donde se encuentra el agente de Servicio al Cliente. El Cliente 3 se queda atrás sólo, viendo con curiosidad todo lo que hay.)

Servicio al Cliente: ¡Buenos días! ¡Bienvenidos al Mercado de Dios!

Cliente 1: Buenos días. Nos dijeron que en esta tienda tienen todo lo que necesitemos de Dios. ¿Es así?

Servicio al Cliente: ¡Definitivamente! ¡Nuestro distribuidor es Abraham e Hijos! Tienen acceso directo al productor de todo buen regalo. Entran y salen de la Bodega Celestial de día y de noche…7x24x365 ¡24 horas, todos los días del año!

Cliente 2: Es decir, si no encontramos lo que queremos, ¿lo podemos mandar pedir?

Servicio al Cliente: ¡Claro! A veces podemos conseguir lo que nos solicitan en unas cuantas horas. Otras veces, es más complicado, se tarda un poco más. ¡En el Mercado de Dios estamos aquí para servirles y para informarles de los últimos desarrollos en santidad, sanidad y poder!

Cliente 2: ¡Qué increíble! ¿Tienen catálogo?

Servicio al Cliente: ¡Claro que sí! *(Le da una Biblia grande al Cliente 2.)* ¿Sabe qué está buscando?

Cliente 2: Creo que sí. Pero seguramente el catálogo me ayudará a encontrarlo más rápidamente.

Servicio al Cliente: Bien, *(Voltea a ver al Cliente 1)* ¿En qué puedo ayudarle?

Cliente 1: *(Coloca un celular sobre la mesa)* Fíjese que he estado teniendo interferencia y al marcar el número que tengo, no me contesta Dios. Estoy seguro que estoy marcando el número correcto, pero a lo mejor una de las teclas está fallando.

Servicio al Cliente: *(Toma el celular y lo examina.)* ¿Qué número está marcando?

Cliente 1: 01-800-JC SNGRE

Servicio al Cliente: El número es correcto. A ver, déjeme intentarlo. *(Toma el teléfono, marca, y se lo acerca al oído. De repente mueve bruscamente la cabeza hacia atrás.)* ¡Qué raro! ¿Así se oye cada vez que marcas? Se oye mucha estática. *(Le pone el celular al oído del Cliente 1.)*

Cliente 1: *(Asienta con la cabeza)* ¡Sí, así se escucha! Algo está interfiriendo la señal de mi teléfono. Si a ti te está pasando lo mismo, entonces seguramente no es que esté marcando mal. Debe haber algo en la atmósfera que está interfiriendo, o a lo mejor el celular está descompuesto.

Servicio al Cliente: *(Voltea a ver al Distribuidor y le llama.)* ¡Juan! Esta persona necesita arreglar un problema con sus llamadas. No puede contactarse con Dios ni puede escuchar su respuesta.

Distribuidor: Parece ser un problema de guerra espiritual. Acabo de llenar ese estante. ¡Mándamelo para acá!

Cliente 1: ¡Gracias! *(Camina hacia el Distribuidor, quien lo guía a una de las mesas. El Distribuidor empieza a tomar instrumentos musicales, zapatos de danza, una Biblia, una cruz, unas manos que oran, y cualquier cosa que represente una búsqueda agresiva de Dios, mientras "habla" en silencio, gesticulando exageradamente.)*

Cliente 2: ¡Listo!

Servicio al Cliente: ¡Encontraste lo que buscabas!

Cliente 2: ¿Apoco el fruto del Espíritu es amor, gozo, paz, paciencia, benignidad, bondad, fe, mansedumbre y templanza?

Servicio al Cliente: Exacto... *(Sin entender exactamente.)*

Cliente 2: Tengo el nivel de gozo muy bajo; casi, casi en ceros. Ve lo que dice el catálogo en Efesios 5 y en Colosenses 3:12-16 hay dos listas que son casi iguales. Como escogidos de Dios, santos y amados, vístanse de afecto entrañable y de bondad, humildad, amabilidad y paciencia, ...vístanse de amor, que es el vínculo perfecto. Que gobierne en sus corazones la paz de Cristo, instrúyanse y aconséjense unos a otros con toda sabiduría; canten salmos, himnos y canciones espirituales a Dios, con gratitud de corazón. ¡Eso es lo que necesito! –cantar más, ¡más melodía! Entonces me llenaré más del Espíritu, y la Palabra de Dios estará viva en mí de nuevo.

Servicio al Cliente: *(Señala a la mesa más hacia la izquierda.)* ¡Ya le entendiste! Ve al centro de la tienda. Allí están los CDs, los libros de canciones, libros sobre la alabanza, todo lo que necesitas para poder cantar de nuevo.

Cliente 2: ¡Gracias! *(Señalando la mesa de la izquierda y empieza a ver varios de los artículos que hay.)*

Servicio al Cliente: *(Camina hasta donde está el Cliente 3, que está solo.)* ¿Te puedo ayudar a buscar algo?

Cliente 3: *(Ve por todas partes y señala todo con la mano.)* Hay tantas cosas que no sé; no sé a dónde dirigirme ni qué quiero. Iba pasando, y me metí para ver qué venden en el Mercado de Dios

Servicio al Cliente: Tenemos todo lo que puedas necesitar de Dios.

Cliente 3: No tengo nada de Dios, así que supongo que no necesito nada.

Servicio al Cliente: ¡Ah! *(Levanta la cabeza, estira el brazo y lo pone en el hombro del Cliente 3.)* En ese caso, ¡necesitas el Paquete de Iniciación a la Familia! Ven, pasa para acá. *(Van hacia la mesa del centro, donde el Agente S. C. toma una caja que contiene una cruz, un par de zapatos, una camiseta blanca y un anillo. Los demás actores dejan de hacer lo que estaban hacienda y voltean hacia el Cliente 3.)*

Cliente 3: ¿Qué es el Paquete de Iniciación a la Familia?

Servicio al Cliente: *(Toma cada uno de los artículos, uno por uno, y los va explicando.)* El Paquete de Iniciación a la Familia es lo que se requiere para ser parte de la familia de Dios. Lo primero es el arrepentimiento. *(Toma la cruz)* ¿Estás cansado de ver que tu vida está llena de pecado, invadida así como las cucarachas y las ratas invaden las casas viejas? *(El cliente 3 afirma con la cabeza. Los demás actores se van acercando a la mesa del centro para estar más cerca.)* Dios ya puso tus pecados en Su Hijo, y luego Su Hijo murió en la cruz por ti. Si puedes aceptar esto, entonces lo segundo que hay aquí en el Paquete de Iniciación es este vestido de justicia. *(Levanta la camiseta blanca.)* Una vez le hayas dado a Dios tus pecados, Él te da la cobertura de su familia. Y luego te da otra forma de caminar. *(Levanta los zapatos.) Además del caminar nuevo, te da un anillo. (Muestra el anillo.)*

Cliente 3: ¿Y para qué quiero un anillo?

Servicio al Cliente: Es un anillo de familia, y también es una promesa; algo así como un anillo de compromiso.

Cliente 3: *(Sorprendido)* Si compro este Paquete de Familia, ¿me voy a casar?

Distribuidor: El ser parte de la familia es estar cerca de todos nosotros; ya no te sentirás solo.

Cliente 3: Sí, me siento muy solo. Y tengo muchos pecados.

Cliente 2: Dios se lleva todo el pecado y la soledad cuando compras el Paquete de Iniciación a la Familia. Todos comenzamos con ese paquete.

Distribuidor: Este nos acaba de llegar, ¡está calientito, directo de la bodega celestial; especialmente para ti.

Cliente 3: ¿Y cómo sabes eso?

Distribuidor: Fíjate en la parte de atrás.

Cliente 3: *(Sorprendido)* ¡Tiene mi nombre!

Cliente 1: Hoy es tu día. Dios sabía lo estabas buscando cuando entraste al Mercado de Dios, de hecho, desde antes de que entraras. En verdad esto es un tesoro de la bodega celestial, especial para ti. Dios quiere que seas parte de Su familia, y nosotros también. ¿Te podemos ayudar a usar el Paquete de Iniciación?

Cliente 3: *(Asiente con la cabeza; los tres clientes se van juntos.)*

Servicio al Cliente: *(Ve hacia la audiencia)* Todo lo que necesitamos de Dios, nos ha sido dado. Y tú, ¿tienes todo lo que Dios quiere que tengas? En el Mercado de Dios, te estamos esperando. *(Sonríe y sale del escenario.)*

Lección 5

Preguntas de Repaso

1. ¿Cuántos hijos tiene Abraham? *Tantos como la arena del mar o las estrellas del cielo.*
2. ¿Cómo les llamamos a los hijos de Abraham que vienen de la línea de Isaac? *Judíos o nación de Israel.*
3. ¿Cómo se les llama hoy en día a los descendientes de Esaú? *(También de ISMAEL) Árabes.*
4. ¿Quién escogió a quién primero: los judíos a Dios, o Dios a los judíos? *Dios fue quien escogió primero.*
5. Dios llamó a todos los hijos de Abraham a que fueran un reino ¿de qué? *De sacerdotes.*
6. ¿Qué se les pidió a los hijos de Abraham que construyeran? *Una nación en la cual se pudiera ver la bondad de Dios.*
7. ¿De dónde obtuvieron los estándares y las pruebas para su construcción? *De la ley.*
8. ¿Quién fue el más feliz de todos cuando pasaron la prueba? *Dios.*
9. ¿Cuál es el negocio familiar de Dios? *Distribuir al mundo el conocimiento de Dios.*
10. ¿Cómo hacen su oficio los sacerdotes? *Escuchan a Dios y le dicen a la gente lo que dijo Dios. Luego, escuchan a la gente y le dicen a Dios lo que la gente dice.*
11. Para poder ser sacerdotes de Dios, ¿qué era lo que tenían los israelitas que nadie más tenía? *Conexión con Dios.*
12. ¿Qué tenía de malo la adoración de los egipcios? *Adoraban las cosas en lugar de adorar a Dios.*
13. ¿Por qué fue tan duro Dios cuando se encontró con los hijos de Abraham? *Quería que supieran que Él es más poderoso que cualquiera de sus enemigos y que cualquier otro disque dios.*
14. ¿Qué país es el centro de atención del mundo entero? *Israel*
15. ¿Por qué es Israel el centro de atención? *Porque Dios aún está en vías de cumplir las promesas que le dio a Abraham.*

Lección 5

Esgrima Bíblico

1. Génesis 17:7	Estableceré mi pacto contigo y con tu descendencia, como pacto perpetuo, por todas las generaciones. Yo seré tu Dios, y el Dios de tus descendientes. NVI
2. Corintios 10:11	Todo eso les sucedió para servir de ejemplo, y quedó escrito para advertencia nuestra, pues a nosotros nos ha llegado el fin de los tiempos.
3. Génesis 22:17	que te bendeciré en gran manera, y que multiplicaré tu descendencia como las estrellas del cielo y como la arena del mar. Además, tus descendientes conquistarán las ciudades de sus enemigos.
4. Juan 8:39	—Nuestro padre es Abraham —replicaron. —Si fueran hijos de Abraham, harían lo mismo que él hizo.
5. Romanos 4:11	Es más, cuando todavía no estaba circuncidado, recibió la señal de la circuncisión como sello de la justicia que se le había tomado en cuenta por la fe. Por tanto, Abraham es padre de todos los que creen, aunque no hayan sido circuncidados, y a éstos se les toma en cuenta su fe como justicia.
6. Juan 8:56	Abraham, el padre de ustedes, se regocijó al pensar que vería mi día; y lo vio y se alegró.
7. Génesis 15:13	El Señor le dijo: Debes saber que tus descendientes vivirán como extranjeros en tierra extraña, donde serán esclavizados y maltratados durante cuatrocientos años.
8. Éxodo 19:6	Ustedes serán para mí un reino de sacerdotes y una nación santa. "Comunícales todo esto a los israelitas."
9. Amos 3:2	"Sólo a ustedes los he escogido entre todas las familias de la tierra. Por tanto, les haré pagar todas sus perversidades."
10. 1 Corintios 10:20	No, sino que cuando ellos ofrecen sacrificios, lo hacen para los demonios, no para Dios, y no quiero que ustedes entren en comunión con los demonios.

Lección 5

Tiempo con Dios

***Apoyos:** 1. Música de adoración, de preferencia con sabor judío, del Kit de Visuales JNM. 2. Un chal para orar (talit) del Kit de Visuales JNM, p. 254. 3. Una tela blanca para cada niño, todas del mismo tamaño, para usarse como talits. En otra sesión, los niños decorarán el talit, dibujando, con marcadores, rallas de colores en la orilla de los mismos, similares a los de la muestra. 4. Un bote con tiras de papel dobladas, todas iguales, exactamente una por niño. 5. Una de las tiras de papel debe tener escrito la frase "El Elegido." 6. Un mapa del mundo o Globo terraqueo.*

(Pasa el bote con las tiras de papel para que cada niño tome uno. Instrúyelos a que no lo desdoblen hasta que les des la instrucción. Cuando los abran, diles que se fijen a quién le tocó el que dice "El Elegido".) ¡Wow! Tú eres el elegido de entre todos los que estamos aquí. Es algo muy especial. La gente especial recibe *atención especial. Por favor pasa al frente. (Siéntalo al frente, donde todos puedan verlo/a.)*

Miren, pongan atención, Así es cuando uno es el elegido. Recibes la atención de todos. Todos quieren ver al "**Elegido**"." *(Haz una pausa; el niño o la niña elegido/a debe permanecer sentado/a. Pídeles a todos que se le queden viendo. Espera a que se genere tensión. Si empiezan con risitas, pídeles que guarden silencio y que pongan toda su atención en "El Elegido," y que esperen. Después de un ratito el ambiente se pone tenso. Cuando te des cuenta que la tensión es evidente, pídele al niño/a que pase a su lugar, y explícales lo siguiente.)*

No es fácil ser el elegido. El saber que todos te están viendo, y el pensar si les caes bien o no, no es muy divertido. Cuando los judíos se convirtieron en el pueblo elegido de Dios, se convirtieron en ejemplo y en el centro de atención. Y todavía al día de hoy, los judíos siguen estando en la mira. Al construir su país, Israel, sigue siendo un ejemplo de la forma en que Dios cumple Sus promesas. *(Señala Israel en el mapa del mundo.)* Todo el mundo se está peleando por la tierra de Israel porque hace miles de años, el Señor hizo un pacto con Abraham, y les dijo que esa tierra sería de ellos.

Vamos a leer Génesis 15:18 y lo comentaremos. *(Escoge a un niño para que lo lea en voz alta.)* Vamos a orara por esta promesa de Dios, para que se haga realidad. *(Al orar, aprovecha la oportunidad para mostrarles el talit y hablarles de él; ve la página 248. Pon música judía de adoración, de ser posible. Guía a los niños con oraciones específicas para cada una de las promesas que recibió Abraham, que se encuentran en la página 76. A los que hayan recibido el bautismo en el Espíritu Santo, pídeles que oren en lenguas. También puedes usar las escrituras del Esgrima Bíblico de esta lección como herramientas de oración.)*

Lección 6

Primero a los Judíos

Lección 6

Primero a Los Judíos

Para el Maestro

Las escrituras explican claramente la diferencia que Dios estableció entre judíos y gentiles. —Gentil es cualquier persona que no haya nacido siendo judío—. ***...De ellos son la adopción como hijos, la gloria divina, los pactos***, Dios hizo pactos con ellos, y les dio la Ley; ellos tienen el privilegio de adorarlo y de recibir las promesas que vendrían al mundo a través de ellos. (Romanos 4:9.)

Por otro lado, ***recuerden que en ese entonces ustedes estaban separados de Cristo, excluidos de la ciudadanía de Israel y ajenos a los pactos de la promesa, sin esperanza y sin Dios en el mundo.*** (Efesios 1:12.) Jesús dijo:... excluidos de la ciudadanía de Israel y ajenos a los pactos de la promesa, sin esperanza y sin Dios en el mundo. Es por ello que Cristo pudo decir: ***La salvación es para los judíos*** (Juan 4:22.)

Aunque nosotros, como gentiles, hemos sido adoptados completamente a la familia de Abraham por medio de lo que Cristo hizo en la cruz, debemos reconocer y respetar el rol de nuestros antepasados judíos con respecto a nuestra pertenencia a la familia de Dios.

La historia de la iglesia, en el aspecto de rechazar a la nación judía, nos pone en la posición peligrosa del "HERMANO MAYOR" que rechaza al amado Hijo del Padre, en la parábola del hijo pródigo (Lucas 15:23.) A lo largo de la historia, en muchas ocasiones los crímenes del antisemitismo han venido a través del cristianismo. Por ello es importante entender nuestra deuda para con Israel.

Jesús mismo vino a ministrar exclusivamente a su pueblo. ***...fui enviado sino a las ovejas perdidas del pueblo de Israel*** (Mateo 15:24.) Los primeros gentiles que creyeron en Él, mantenían una distancia de respeto, reconociendo la relación especial entre Dios y su pueblo (Mateo 5:13 y 15:27.) Deberíamos adoptar esta misma actitud de humildad para balancear el gozo de haber sido incluidos en el reino de Dios, recordando que los dones y el llamado de Dios a los judíos nunca cambiarán (Romanos 11:25-36.)

El evangelio, es poder de Dios para la salvación de todos los que creen: de los judíos primeramente, pero también de los gentiles. (Romanos 1:16)

Deberíamos adoptar esta misma actitud de humildad para balancear el gozo de haber sido.

Versículo de Poder

...el Evangelio...es poder de Dios para la salvación de todos los que creen: de los judíos primeramente, pero también de los gentiles. **Romanos 1:16**

Comprende el Versículo de Poder

Evangelio: Las buenas nuevas que enseñó Jesús, en cuanto a que el reino de Dios y la sa ción vinieron al mundo cuando Él vino.

Gentil: Toda Persona que no nació siendo judía.

Preparar con Anticipación

Parte 1: *Apoyos: 1. Actor: Jesús, 2. Dos niños con disfraces bíblicos, que hagan el papel de "discípulos," 3. Dos aros tipo "hula-hula" o dos mangueras negras de jardín, de 60 cm. de largo cada una como mínimo, con conectores en los extremos que permitan formar un aro con cada una de ellas. 4. El árbol de la familia de Abraham, con los nombres colocados sobre él. 5. Dos kipá (yarmulkes) Sombrero circular, sin ala, que cubre sólo la coronilla, para que lo usen los niños judíos, a manera de identificación.*

Parte 2: *Apoyos: 1. Un plato con restos de comida, como las sobras que le darías a tu perro. 2. Los mismos actores y aros de la Introducción.*

Parte 3: *Apoyos: 1. Un cronómetro o reloj con segundero. 2. Un poster de una diana. 3. Los mismos actores y aros de la Introducción.*

Parte 4: *Apoyos: 1. Actor: Abraham. 2. Los Diez Mandamientos del kit de visuales JNM, p. 252. 3. Arco iris de la Promesa, del kit de visuales JNM, p. 252. 4. Actor: Jesús. 5. Una rama pequeña de árbol. 6. Seis hojas, cada una con una de los siguientes leyendas, escrita con letra grande: 1. Pueblo Escogido, 2. La Ley y las Promesas, 3. Jesús, 4. Árbol viviente, 5. Evangelismo, y 6. Juicio final*

Tiempo con Dios: *Apoyos: 1. Un aparato para CDs/DVDs y un proyector de video o pantalla grande de televisión. 2. El CD "La Restauración de Israel," de Joel Chernoff, del kit de visuales JNM, p. 252, la canción "Hermanos, el deseo de mi corazón."*

Lección 6

Parte 1

Recordemos Sus Promesas

***Apoyos:** Actor: Jesús, 2. Dos niños con disfraces bíblicos, que hagan el papel de "DISCÍPULOS," 3. Dos aros tipo "hula-hula" o dos mangueras negras de jardín, de 60 cm. de largo cada una como mínimo, con conectores en los extremos que permitan formar un aro con cada una de ellas. 4. El árbol de la familia de Abraham, con los nombres colocados sobre él. 5. Dos kipá (yarmulkes) Sombrero circular, sin ala, que cubre sólo la coronilla, para que lo usen los niños judíos, a manera de identificación.*

En la Biblia sólo hay dos grupos de personas a los que Dios reconoce: los judíos y los gentiles. ¿Quiénes eran los gentiles? *(Permite que respondan. Coloca los dos aros en el suelo.)* Los gentiles son todas las personas de cualquier país del mundo que no son judíos. *(Dos niños se colocan en el aro de los gentiles y dos en el de los judíos, éstos portando un kipá.)*

Sin embargo, cuando Jesús vino a la tierra, dijo algo muy claramente: ***He sido enviado solamente a las ovejas perdidas de la casa de Israel***, es decir, a los judíos. (Mateo 15:24) *(Entra Jesús y se para dentro del aro de los judíos. Juguetea con los judíos que están en ese mismo círculo, abrazándolos y chocándola.)* Durante su vida en la tierra, Jesús prestó toda su atención a los judíos. Ellos eran la prioridad en su ministerio. Incluso, les dijo a sus apóstoles: *(entran dos discípulos al círculo y Jesús hace como que habla con ellos, señala a los gentiles, y dice "no" con la cabeza.)* Jesús envió a estos doce con las siguientes instrucciones: ***No vayan entre los gentiles ni entren en ningún pueblo de los samaritanos. Vayan más bien a las ovejas descarriadas del pueblo de Israel.*** (Mateo 10:5-6) *(Les da una palmada a los judíos en el hombro.)*

Sabemos, sin lugar a dudas, que Dios ama a toda la gente por igual. Por lo tanto, si pareciera que prefiere a los judíos, recordemos que fue así porque Dios necesitaba que DISTRIBUYERA la promesa; alguien que perteneciera a la familia de seguidores devotos de Él, de la cual vendría el Mesías. *(Señala el árbol de la familia de Abraham, en particular el nombre de Jesús.)* Después de todo, ¡eran parientes! Así nosotros; debemos ocuparnos de la salvación de nuestra familia, antes que de cualquier otra persona.

Pero también debemos tener en mente que Dios estaba recordando las promesas que le hizo a su socio de pacto, Abraham, a toda la descendencia de Abraham y a todos los que a través de los siglos serían también sus socios de pacto. Estaba cumpliendo con las obligaciones del pacto que hizo. ***Porque para el Señor tu Dios tú eres un pueblo santo; él te eligió para que fueras su posesión exclusiva entre todos los pueblos de la tierra*** (Deuteronomio 7:6.)

Dios quería ofrecer su plan de salvación a los judíos antes que a nadie. Después de todo, los judíos estuvieron esperando al Mesías durante miles de años, mientras que los gentiles no. De hecho, ¡los gentiles ni sabían de este Mesías! Por lo tanto, el plan era llevar el evangelio primeramente a los judíos.

Lección 6

Parte 2

Migajas para los Perros

Apoyos: *1. Un plato con restos de comida, como las sobras que le darías a tu perro.*
2. Los mismos actores y aros de la Introducción.

En la Biblia hay muchas historias que cuentan que Jesús iba por todas partes sanando a los enfermos y a los inválidos, abriéndoles los ojos a los ciegos, etc. Pero no pensamos en que casi todas esas miles de personas eran judíos.

De hecho, los judíos tenían mala actitud hacia cualquiera que fuera gentil. Se sentían superiores porque eran LOS PREFERIDOS DE DIOS, y les decían cosas feas y malas a los gentiles. Había un grupo particular de gentiles a los que llamaban Samaritanos. Los judíos los menospreciaban más que a los demás gentiles porque eran MEDIO HERMANOS; es decir, eran medio judíos y medio gentiles.

Sin embargo, Jesús era distinto a los demás judíos; Él trataba a los Samaritanos con amor y les hablaba de manera amable. Pero estaba consciente de las actitudes de los judíos.

Un día, una mujer samaritana se acercó a Jesús rogándole que le ayudara. Su hija tenía un demonio y nadie la había podido liberar. Le pidió a Jesús que sanara a su hijita.

La respuesta de Jesús fue muy impactante. La Biblia nos dice que al principio la ignoró, pero ella no se dio por vencida. Él le dijo: ***Vine a ayudar sólo al pueblo de Israel, a las ovejas perdidas de Dios, no a los gentiles. No está bien quitarle el pan de la boca a los hijos y dárselo a los perros.*** (Mateo 15:21-27) ¡No parece ser el mismo Jesús que conocemos! Pero en realidad, estaba poniéndole una prueba a esta mujer.

Ella le respondió rápidamente: ***Sí, pero aun los perros comen las migajas de la mesa del Amo***. (Muestra las sobras y tíralas dentro del círculo de los gentiles.) La mujer entendió que Jesús debía atender a los judíos, pero también sabía que Él era bueno y misericordioso para con todos. Al Señor le impresionó tanto lo que dijo, que sanó a su hija en ese instante.

La tarea principal de Jesús era alcanzar a sus amigos judíos con el mensaje de que el reino de Dios venía a la tierra. Este mensaje se predicó con libertad a los gentiles hasta después de la muerte y resurrección de Jesús. (Marcos 16:15) Muchos judíos estaban desesperados por que el Mesías viniera a la tierra a reinar, porque sus enemigos los perseguían.

Buscaban con mucha expectativa la palabra profética en las escrituras en cuanto al Mesías. Los judíos que tenían ***ojos para ver y oídos para oír*** reconocieron que Jesús era a quien buscaban.

Lección 6

Parte 3

A los que Lo Recibieron

***Apoyos:** 1. Un cronómetro o reloj con segundero. 2. Un poster para un tiro al blanco (Objetivo hacia el que se dirige un disparo o lanzamiento para ejercitar la puntería) 3. Los mismos actores y aros de la Introducción.*

Mucha gente de Israel había estado esperando durante muchos años poder ver al Mesías. Uno de ellos se llamaba Simeón (Lucas 1:25-26.) Era de edad avanzada, y había estado espere y espere por muchísimo tiempo. Cuando de verdad queremos recibir una respuesta de parte de Dios, muchas veces tenemos que pasar la prueba de la espera. Simeón por fin vio a Jesús de bebé, y estaba tan emocionado que dijo que ahora, ¡su vida ya estaba completa! Treinta años después, muchos jóvenes de aquel tiempo, como Andrés, ya eran hombres maduros, y esperaban ver al Mesías. Sus padres seguramente les dijeron a él y a su hermano Simón Pedro que el Mesías vendría pronto, porque ellos, como Simeón, también lo estaban esperando.

Veamos qué se siente esperar. *(Levanta la diana.)* Cuando diga, "¡En sus marcas, listos, fuera!" todos empiecen a saltar y a moverse sin sentido. Luego, cuando grite "¡Estatuas!," todos se congelan en el lugar y en la posición que tengan en ese momento. Luego voy a tomar el tiempo y durante un minuto nadie se va a mover. ¿Listos? ¡En sus marcas, listos, fuera! *(Deja que se muevan libremente durante 12 o 15 segundos.)* ¡Estatuas! *(Observa que nadie se mueva durante un minuto.)* Muy bien, relájense. *(Dales oportunidad a que se rían y que vayan a sus lugares.)* Pregunta: ¿Quiénes estaban en una pose difícil y sufrieron al estar quietos?

Andrés decidió que no se quedaría sentado esperando. Se puso a buscar. Se fue de su casa para seguir a Juan el bautista, en busca del Mesías. Cuando encontró a Jesús, reunió a todos sus amigos y a su familia para que también creyeran en Él. Un día, Jesús les dijo a Andrés, a Pedro, a Santiago y a Juan: —Síganme. Estaban tan emocionados que dejaron todo para seguir a Aquel a quien habían estado esperando. Ellos siguieron fielmente a Jesús.

Jesús los escogió para que fueran sus apóstoles. Después de que Jesús volvió al cielo, salieron de su país para declarar a los gentiles que Jesús era el Mesías. Pedro y Juan fueron dos de los judíos que escribieron los libros del Nuevo Testamento. La Biblia dice que toda la iglesia está construida sobre la obra de los apóstoles de Jesús y de los profetas del Antiguo Testamento (Efesios 2:20.) Podríamos decir que toda la iglesia cristiana está fundada en las obras y los escritos de muchos judíos. Jesús es la semilla prometida de Abraham que bendeciría a todas las naciones. A los suyos vino, a los judíos primeramente, y luego a todas las naciones. *(Jesús entra al círculo de los gentiles.)*

Lección 6

Parte 4

Por qué Primero a los Judíos

Apoyos: *1. Actor: Abraham. 2. Los Diez Mandamientos del kit de visuales JNM, p. 252. 3. Arco iris de la Promesa, del kit de visuales JNM, p. 252. 4. Actor: Jesús. 5. Una rama pequeña de árbol. 6. Seis hojas, cada una con uno de los siguientes números y leyendas, en letra grande: 1. Pueblo Escogido, 2. La Ley y Promesas, 3. Jesús, 4. Árbol viviente, 5. Evangelismo, y 6. Juicio final.*

Leamos el versículo de poder de esta lección. *(Todos se ponen de pie y lo repasan nuevamente.)* ***...el Evangelio, ... es poder de Dios para la salvación de todos los que creen: de los judíos primeramente, pero también de los gentiles*** (Romanos 1:16.) Podemos encontrar al menos seis aspectos en los que los judíos tienen prioridad sobre los gentiles:

1. *(Levanta la máscara de Abraham o pídele al actor Abraham que pase y tome el póster No.1)* Ellos son el histórico Pueblo Escogido de Dios. Dios invirtió mucho tiempo y esfuerzo buscando un pueblo a través del cual Él pudiera obrar. ***Porque para el Señor tu Dios tú eres un pueblo Santo; él te eligió para que fueras su posesión exclusiva entre todos los pueblos de la tierra*** (Amós 3:2)

2. *(Pídele a un niño que tome La Ley y las Promesas.)* Los judíos son los guardianes de la revelación especial de Dios, la Ley del Antiguo Testamento, y son los que guardaron las promesas. Los judíos han sido los únicos en todo el mundo que escribieron sus creencias religiosas en un libro. De hecho, los gentiles los llamaban "el pueblo del Libro," y a veces se burlaban de ellos llamándolos así. ***el pueblo de Israel. De ellos son la adopción como hijos, la gloria divina, los pactos, la ley, y el privilegio de adorar a Dios y contar con sus promesas*** (Romanos 9:4.)

3. *(El actor Jesús toma el poster No. 3. Jesús)* Los judíos tienen prioridad sobre los gentiles porque el Mesías mismo, Jesús, vino como judío, primero a los judíos. ***De ellos son los patriarcas, y de ellos, según la naturaleza humana, nació Cristo, quien es Dios sobre todas las cosas.*** (Romanos 9:5) Jesús era el Hijo de David, y era judío.

4. *(Un niño toma el póster No. 4 Árbol viviente.)* La Biblia compara a los judíos con un árbol de olivo, y nos dice: ...***Ahora bien, es verdad que algunas de las ramas han sido desgajadas, y que tú, siendo de olivo silvestre, has sido injertado entre las otras ramas. Ahora participas de la savia nutritiva de la raíz del olivo.*** (Romanos 11:17-24.)

5. *(Un niño toma el poster No. 5, que dice Evangelismo)* Cuando iban a evangelizar a una nueva región, primero se evangelizaba a los judíos. Siempre que el Apóstol Pablo iba a un viaje misionero, les predicaba primero a los judíos y después a los gentiles.

6. Los judíos tienen prioridad sobre los gentiles en el juicio final y en la bendición final. ... ***A todo el que se le ha dado mucho, se le exigirá mucho; y al que se le ha confiado mucho, se le pedirá aun más.*** (Lucas 12:48.) Si al final de los tiempos rechazan el evangelio, serán los primeros en recibir el castigo. Igualmente, si reciben a Jesús, serán los primeros en entrar al cielo.

Lección 6

Teatro

El Amor Empieza por la Casa

Actores: *Mamá, Papá, niño (Rogelio) y niña (Susy)*
Apoyos: *Una mesa decorada como para la cena de Navidad con cuatro sillas.*
Disfraces: *Ninguno*

(Una familia está sentada a la mesa para celebrar la cena de Navidad.)

Mamá: ¡Qué bien se siente estar todos juntos un día como hoy!

Rogelio: ¡Sí, hasta los primos traviesos y latocitos están! *(Le hace una mueca a Susy. Ella se la regresa, y los dos se ríen.)*

Susy: Nos vemos tan poco, por lo lejos que vivimos, así que voy que aprovecharé para sacar todo lo travieso que soy antes que se acaben las vacaciones. ¡En casa no tengo a quién molestar! *(Todos se ríen.)*

Papá: Definitivamente es muy especial estar con la familia. Se puede sentir el amor, y se pueden hacer cosas que no te atreverías a hacer con cualquier persona desconocida. *(Voltea a ver a Rogelio y a Susy, y sonríe.)*

Rogelio: Estoy de acuerdo. ¡Susy nunca se hubiera atrevido a embarrar con crema los zapatos de un desconocido!

Susy: Con sólo ver la cara que pusiste, ¡valió la pena! *(Susy se empieza a reír. Rogelio se levanta y camina hacia ella, como si la fuera a ahorcar.)*

Papá: ¡Eit! ¡Eit! ¡Tranquilos!

Rogelio: *(Se sienta y suspira)* ¿Qué onda con esto de la familia, Papá? Nos molestamos mucho más que a nadie, y a la vez nos amamos como a nadie.

Mamá: Tal vez es porque nos pertenecemos. Ustedes dos siempre serán parte de la vida del otro, incluso si no volvieran a pasar Navidad juntos. Son primos, su madre es mi hermana así que: pase lo que pase, siempre estarán unidos.

Papá: Así es. ¡Ni modo! No podemos escoger a la familia. ¡Nacemos en la familia a la que pertenecemos!

Susy: *(Levanta una mano y se pega en la frente.)* ¡De esta no me escapo! ¡Eres mi primo, y mi primo serás!

Mamá: Y es algo muy bueno… ¿a quién acudimos primero cuando tenemos un problema?

Rogelio: ¡A la policía!

Susy: ¡Al hospital!

Rogelio: ¡A soporte técnico!

(Todo mundo se ríe.)

Mamá: ¡No, no, no! A ver, todos juntos, vamos a decirlo. ¿A quién acudimos?

Todos: ¡A la familia!

Papá: Como familia, tenemos la obligación de apoyarnos unos a otros. Aunque la iglesia es como si fuera la familia, y de hecho es nuestra familia espiritual, de todas formas vamos a pensar en la familia natural en primer lugar.

Mamá: Jesús hizo lo mismo.

Rogelio: Leí que tuvo cuatro hermanos y dos hermanas. ¡Wow! ¡Siete hermanos para estarse molestando!

Mamá: Bueno, no estaba pensando en eso precisamente. Aunque la Biblia sí dice que Él experimentó todo lo que pasamos nosotros. *(Todos se ríen.)*

Rogelio: ¿En los tiempos de Jesús había crema? ¿Se les quedaba pegaba en las sandalias?

Mamá: No iba a eso. Estaba pensando en que, cuando vino a la tierra, pensó primero en su familia natural. Fue a ayudarles cuando tenían algún problema.

Susy: ¿Tenían problemas porque los soldados Romanos estaban en su tierra?

Papá: Yo creo que eso era lo que los judíos creían que era su problema. Pero Jesús veía el problema espiritual de los judíos. El mensaje que les dio no fue —¡Peleen!, sino —¡Arrepiéntanse!

Mamá: Se les había olvidado cómo ser una familia.

Susy: ¿Y eso cómo se hace? Acabas de decir que no puedes escoger a tu familia, y que tienes que aguantarlos toda la vida.

Papá: Tal vez estemos en esto para siempre, pero no debemos sentir que estamos atrapados.

Rogelio: *(Hace una señal de "¡bien!" con el pulgar, u otro gesto positivo.)* ¡Vamos, Papá!

Papá: El ser una familia significa amarnos, *(voltea a ver a Rogelio y luego a Susy)* lo cual funciona de acá para allá y de allá para acá. La Biblia dice que Dios amó tanto al mundo, que dio a su…

Susy/Rogelio: ...único hijo, para que cualquier persona que crea en Él no se pierda, sino tenga vida eterna. Juan 3:16.

Papá: ¡Muy bien! Pero conocen el pasaje que habla de la familia exclusiva de Dios?

Susy/Rogelio: *(Ambos niegan con la cabeza.)*

Papá: En Amós 3:2 hay un pasaje en el que Dios dice: ***"Sólo a ustedes los he escogido entre todas las familias de la tierra.*** Dios les estaba hablando al los judíos a través de uno de sus profetas acerca de que Él los había escogido especialmente a ellos.

Susy: Pues me parece que eso nos excluye.

Papá: "De tal manera amó Dios al ¿ ____?" *(Ponen cara de interrogación?)*

Susy: ...mundo. Está bien. Allí entramos nosotros.

Rogelio: O sea que, ¿somos de la "raza buena onda" o de la "raza mala onda"?

Papá: Sí.

(Susy y Rogelio se voltean a ver con signo de interrogación, y Mamá sonríe.)

Mamá: Nunca vamos a ser judíos. Sabemos que nuestros antepasados vinieron del sur de Europa. Pero Dios desde un principio planeó que fuéramos miembros adoptivos de su familia. Ama a los judíos, y los escogió con un propósito particular. Jesús vino a ellos porque eran "suyos."[1]

Papá: Susy y sus papás vinieron a nuestra casa porque "somos suyos," por decir. Somos una misma familia a través de tu mamá y de su hermana.

Susy: ¡Qué raro sería ir a pasar Navidad a casa de alguien a quien no conoces!

Rogelio: ¡No habría regalos!

Susy: ¡No habría a quién molestar! *(Le pica la costilla a Rogelio y se ríen.)*

Mamá: Nade te daría la bienvenida, ni te daría un abrazo, ni te reconocería como su propia familia.

Susy: Entonces, estamos celebrando que Jesús vino en forma de bebé a su nación para que después pudiera venir a los suyos como adulto.

Mamá: Esperaron muuuucho tiempo hasta que llegó el Mesías.

Rogelio: ¿Así como nosotros estamos esperando el postre?

Mamá: ... Está bien... ya entendí. Vamos por el postre. *(Todos se ríen y salen.)*

---

1 "Sólo a ustedes los he escogido entre todas las familias de la tierra.

Lección 6

Preguntas de Repaso

1. Había sólo dos grupos de gente en el mundo a los que Dios reconocía. ¿Cuáles eran? *Los judíos y los gentiles.*

2. La Biblia dice claramente que Cristo vendría a ministrar a uno sólo de estos grupos. ¿A cuál de ellos? *A los judíos*

3. ¿Significa que Dios ama a los judíos más que a los gentiles? *No*

4. Entonces, ¿por qué fue solamente con ellos? *Para cumplir las promesas que le había hecho a Abraham.*

5. ¿Cuál de los dos grupos estuvo esperando al Mesías durante miles de años? *Los judíos*

6. ¿Qué historia bíblica habla acerca de una persona gentil a la cual Jesús le mostró amor? *La de la mujer samaritana que tenía una hija enferma.*

7. ¿Cómo se sentían los judíos con respecto a los gentiles? *No los querían y eran malos con ellos.*

8. ¿Quién fue el hombre viejo que esperó toda su vida para ver al Mesías? *Simeón*

9. Nombra a dos hombres que también estuvieron esperando al Mesías toda la vida, y que luego fueron sus apóstoles. *Andrés y Pedro*

10. Existen por lo menos seis razones por las que Jesús fue enviado primeramente a los judíos. Menciona la primera. 1. *Pueblo Escogido*

11. Menciona la segunda razón. *La Ley y Promesas*

12. Menciona la tercera. *Jesús*

13. Menciona la cuarta. *Árbol viviente*

14. Menciona la quinta. *Evangelismo*

15. Menciona la sexta. *Juicio final*

Lección 6

Esgrima Bíblico

1. Juan 4:22	Ahora ustedes adoran lo que no conocen; nosotros adoramos lo que conocemos, porque la salvación proviene de los judíos.
2. Romanos 9:4	El pueblo de Israel. De ellos son la adopción como hijos, la gloria divina, los pactos, la ley, y el privilegio de adorar a Dios y contar con sus promesas.
3. Mateo 15:24	—No fui enviado sino a las ovejas perdidas del pueblo de Israel --contestó Jesús.
4. Hechos 28:28	"Por tanto, quiero que sepan que esta salvación de Dios se ha enviado a los gentiles, y ellos sí escucharán."*
5. Romanos 11:20	De acuerdo. Pero ellas fueron desgajadas por su falta de fe, y tú por la fe te mantienes firme. Así que no seas arrogante sino temeroso;
6. Romanos 11:25	Hermanos, quiero que entiendan este misterio para que no se vuelvan presuntuosos. Parte de Israel se ha endurecido, y así permanecerá hasta que haya entrado la totalidad de los gentiles.
7. Juan 1:41	Andrés encontró primero a su hermano Simón, y le dijo: --Hemos encontrado al Mesías (es decir, el Cristo.)
8. Mateo 19:28	--Les aseguro --respondió Jesús-- que en la renovación de todas las cosas, cuando el Hijo del hombre se siente en su trono glorioso, ustedes que me han seguido se sentarán también en doce tronos para gobernar a las doce tribus de Israel.
9. Lucas 1:32	Él será un gran hombre, y lo llamarán Hijo del Altísimo. Dios el Señor le dará el trono de su padre David,
10. Efesios 2:20	Edificados sobre el fundamento de los apóstoles y los profetas, siendo Cristo Jesús mismo la piedra angular.

Lección 6

Tiempo con Dios

Hoy vamos a ver qué es un shofar. En la Biblia se refiere a una trompeta. *(Invita a alguien que tenga un shofar y que sepa tocarlo, o consigue un DVD o un CD con música de shofar.)* El tocar el shofar es parte de la vida del pueblo de Dios, Israel. Vamos a leer en las escrituras en qué ocasiones se tocó el shofar:

1. 1 Crónicas 13:8 — Celebración
2. Salmos 150:3 — Adoración
3. Salmos 98:6 — Júbilo
4. Números 10:9 — Batalla
5. Zacarías 9:14 — Es tan importante que Dios mismo lo tocará
6. 1 Tesal. 4:16 — Anunciando de la segunda venida de Cristo
7. Joel 2:1 — Anunciando el Día del Señor

Vamos a escuchar el sonido del shofar de nuevo. ¿A quién le gustaría tocarlo? *(Pasan varios niños a tocarlo.)* ¿Cómo te hace sentir el sonido del shofar? *(Escucha sus respuestas.)* Efectivamente, ¡es para llamarnos la atención! Es un sonido desconocido, al menos en nuestra cultura. Cuando lo escuchas, te hace voltear a ver qué es.

En el Antiguo Testamento, las fiestas y las ocasiones especiales se iniciaban con el sonido de un cuerno de carnero. Como leímos, muchas veces se usaba el shofar en las batallas. Para nosotros, el tocar el shofar se ha convertido en una forma especial de identificarnos con los judíos, cuando adoramos al único Dios verdadero. El shofar es un instrumento de adoración. Cuando se utiliza bien y en el momento adecuado, se siente una fuerte unción al momento de tocarlo.

Cada vez que se toca el shofar en una reunión de cristianos, celebramos nuestra herencia judía. Así que, hoy vamos a usar el shofar para guiarnos en adoración. ¡Podemos celebrar nuestras raíces judías! Vamos a leer los siguientes pasajes; después de cada uno, alguien va a tocar el shofar, seguido de un grito. El Señor traerá su presencia. Sugiero que ores durante todo este tiempo. Aun en la adoración espontánea, el Señor te dará claves en cuanto a la dirección que quiere que tomes.

(Al gritar y responder al shofar, pídeles a los niños que oren por Israel de nuevo. Si desean, pueden ponerse las filacterias y los chales de oración. Pídele al que toca el shofar que guíe a los niños por el salón, a la vez que oran.)

Lección 7

Jesús, el Mesías de Todos

Lección 7

Jesús, el Mesías de Todos

Para el Maestro

Ya estudiamos el llamado de Dios sobre Abraham, para que fundara una comunidad con el llamado de Moisés, que se cimentara sobre la Ley. Además, el propósito de Jesús era borrar la separación que había en la comunidad de Dios. Como si fuera un video en vivo, los judíos representaron en carne propia la dramatización de un pueblo escogido para estar separado de todas las naciones y para servir al Dios santo. Deberíamos considerar a los judíos como ejemplo e inspiración, porque fueron igualitos a nosotros; con sentimientos, fortalezas y debilidades parecidos a los nuestros. (Santiago 5:17)

Durante todo el tiempo que Dios estuvo preparando y entrenando a su pueblo, en realidad tuvo en mente a toda la humanidad. ***De tal manera amó Dios al mundo que dio a Su único hijo***... (Juan 3:16.) A pesar de que Dios envió a Jesús exclusivamente a los judíos, en realidad lo envió para todo el mundo. Él fue fiel al mantener toda su atención en las personas que actuarían en la "película de Dios," sus elegidos, quienes serían los protagonistas en la recepción y el rechazo de Dios por parte del mundo. Sin embargo, profetizó a sus seguidores que muchos vendrían y se unirían a los judíos como si fueran herederos por igual. Él dijo: ***Habrá quienes lleguen del oriente y del occidente, del norte y del sur, para sentarse al banquete en el reino de Dios*** (Lucas 13:29.)

Juan escuchó una canción nueva cerca del trono: ***Eres digno de tomar el rollo y de abrir los sellos, porque fuiste herido y con tu sangre compraste hombres de toda tribu y lengua y pueblo y nación para Dios. Los has hecho reyes y sacerdotes para servir a nuestro Dios, y reinarán en la tierra*** (Apocalipsis 5:9.) Dios prometió que todas las naciones de la tierra serían benditas por medio de la semilla de Abraham (Salmo 24:1, Ezequiel 18:4, Génesis 1:28, Génesis 22:18.) Como dice el canto antiguo, "***Quien quiera venir, que venga; de seguro se refiere a mí...*" *Esto incluye a gentiles así como a judíos***.

A la vez que Dios estaba preparando y entrenando a un grupo específico, tenía en mente a todo el mundo.

Versículo de Poder

Tengo otras ovejas que no son de este redil, y también a ellas debo traerlas. Así ellas escucharán mi voz, y habrá un solo rebaño y un solo pastor.

Juan 10:16 NVI

Comprende el Versículo de Poder

Ovejas:	Las personas que han nacido de nuevo, y cuyo Buen Pastor es Jesús.
¿Quién habla?	Jesús

Preparar con Anticipación

Parte 1: *Apoyos: 1. Un reloj grande al que se le puedan mover las manecillas. 2. Un bote de basura pequeño. 3. Una Biblia. 4. Un mapa donde se vea la carretera más larga de tu país, 5.* ***Una bolsa de plástico con 75 monedas iguales dentro***

Parte 2: *Apoyos: 1. Un pizarrón blanco con marcadores. 2. Una semilla grande, como de aguacate o de ciruelo. 3 Un corazón, 4. Todos los ingredientes necesarios para hacer un pastel de caja (incluyendo caja de harina, los huevos, el bote de aceite, molde, batidora manual etc.*

Parte 3: *Apoyos: 1. Un libro o impresión de algún escrito en un idioma extranjero (del Internet o de la biblioteca.) 2. Un vaso de sangre falsa (agua con colorante vegetal rojo.) 3. Un pañuelo desechable con el texto* MURO DE SEPARACIÓN *4. Una bandeja para recolectar la sangre falsa.*

Parte 4: *Apoyos: 1. Una rama pequeña de árbol. 2. Una rama de vid artificial, con hojas; se pueden adquirir en tiendas de departamentos. 3. Un póster del árbol genealógico y del árbol artificial con los nombres.*

Tiempo con Dios: *Apoyos: 1. Aparato para CDs. 2. El CD "La Restauración de Israel" de Joél Chernoff, del Kit de Visuales JNM, p. 252, la canción "Pon Tus Manos Sobre Mí." 3. Papelitos para que cada niño escriba su nombre en uno de ellos. 4. Una pluma o lápiz para cada niño.*

Lección 7

Parte 1

Un Plan Eterno

***Apoyos:** 1. Un reloj grande al que se le puedan mover las manecillas. 2. Un bote de basura pequeño. 3. Una Biblia. 4. Un mapa donde se vea la carretera más larga de tu país, 5. Una bolsa de plástico con 75 monedas iguales dentro*

Jesús prometió que cualquiera que crea en Él vivirá eternamente. *(Muestra el reloj.)* Les voy a mostrar todo lo que sabemos sobre la frase PARA SIEMPRE. *(Señala las manecillas del reloj.)* Es en algún momento después de ahora. *(Mueve las manecillas una hora más tarde.)* ¿Será después de esta hora? *(Una vez hayan contestado, mueve las manecillas de nuevo.)* Los humanos siempre estamos pensando en puntos para detenernos: días, horas, minutos y segundos. PARA SIEMPRE que es a lo que también llamamos ETERNIDAD, no tiene punto de inicio ni punto de fin.

No es fácil entender la eternidad. *(Muestra la bolsa con monedas)* ¿Quién puede adivinar cuántas monedas hay en la bolsa? *(Deja que respondan)* Son 75. Una persona, en promedio, vive 75 años. *(Ve tomando las monedas, una por una, lentamente, conforme vas hablando.)* Si cada moneda representa un año de vida, podemos darnos cuenta que una persona no vive mucho tiempo. Pero si fuera toda la ETERNIDAD, podríamos llenar este salón de monedas y nunca se acabarían. Siempre habría otro salón lleno de monedas que representan la ETERNIDAD, de manera que la persona seguiría viviendo.

Cuando Dios creó los cielos y la tierra, interrumpió la ETERNIDAD para crear a las personas y luego revelárseles. En el último libro de la Biblia, Dios habla del fin de esta interrupción. Las personas vivirán en el cielo con Dios y con Cristo. Dice que no necesitaremos el sol (Apocalipsis 22:5.) Como todos los relojes miden la rotación de la tierra alrededor del sol, no habrá relojes. *(Tira el reloj al basurero.)*

En este mapa podemos ver la Carretera más larga de tu pais *(menciona el nombre. Muestra el mapa y señala dónde empieza y dónde termina la Carretera xx)* Empieza muy al norte, y termina muy al sur. Imaginemos que la carretera representa mi vida en la tierra. *(Señala nuevamente el inicio y el fin de la Carretera xx.)* Mi vida tuvo un inicio hace mucho, cuando era bebé, y algún día en el futuro se va a terminar.

Al viajar por la carretera, y al vivir mi vida, estaré solamente en un punto a la vez. Pero Dios es como la carretera; está debajo del carro, sosteniéndolo. Eso mismo hace conmigo; me sostiene, está al principio y al final de mi viaje al mismo tiempo. Dios es el Alfa y el Omega, el principio y el fin, el primero y el último. (Apocalipsis 22:13.) Antes de la fundación del mundo, Dios planeó que cada persona tuviera la oportunidad de estar en su reino, aunque haya empezado este plan con los judíos.

Lección 7

Parte 2

Predestinación

Apoyos: 1. Un pizarrón blanco con marcadores. 2. Una semilla grande, como de aguacate o de ciruelo. 3 Un corazón, 4. Todos los ingredientes necesarios para hacer un pastel de caja (incluyendo caja de harina, los huevos, el bote de aceite, molde, batidora manual etc.

(Escribe las palabras PRE-PARAR y PRE-DESTINAR en el pizarrón. Señala las palabras según se requiera durante la clase.) ¿Alguien me puede decir qué significa preparar algo? *(Escucha sus respuestas.)* Significa tener algo listo antes de que se necesite.

Siempre que a una palabra le pones el prefijo PRE, significa ANTES. Como PRE-parar la comida para que te la puedas comer. Dios nos conoce desde antes de haber nacido. Prepara muchas cosas para que tengamos todo lo que necesitaremos en la vida, para ser parte de Su plan para la eternidad.

Escoge a nuestros papás, el país y la ciudad donde naceremos, y luego nos cuida conforme vamos creciendo. Si necesitamos ayuda para tomar buenas decisiones, Dios a veces nos ayuda a través de gente especial o de circunstancias que aparecen en el momento preciso. A esto se le llama PREDESTINACIÓN. El camino se nos PRE-PARA para ayudarnos a alcanzar nuestro destino, nuestro propósito en la vida.

(Muestra los ingredientes para hacer un pastel.) Sé cómo se va a ver y a qué va a saber el pastel cuando salga del horno. *(Haz como si hicieras un pastel; pon la caja de harina, los huevos, el bote de aceite, etc. en el molde.)* Si pusiera los ingredientes en el molde, así como están, y lo metiera al horno, ¿va a salir bien el pastel? *(Escucha sus respuestas.)*

No. Hay que sacar los ingredientes de su recipiente y mezclarlos. Luego, hay que vaciar la masa en un molde y meterlo al horno, a la temperatura adecuada. Nuestra vida es así también. Hay un orden y una forma de vivir la vida, de acuerdo a la voluntad de Dios para nosotros. Dios a veces le agrega ingredientes a nuestro corazón y a nuestra vida para darnos la mejor oportunidad de que todo salga muy bien.

A veces usa a las personas que te rodean, o te da sueños en la noche, para ayudarte a entender lo que Él desea para ti. Puede ser que el mensaje de un sermón o de una plática en el campo de verano te impresione. O tal vez te encuentres de repente en el lugar adecuado para poder ayudar a alguien. En muchas maneras, Dios planta semillas de destino en tu corazón. *(Coloca la semilla sobre tu corazón.)* Estas semillas germinan y crecen, hasta ser una vida de bendición. *(Señala las palabras del pizarrón.)* Él nos prepara el camino, o predestina nuestra vida, para ayudarnos a vencer los problemas. Queremos que al final nos diga, ***Bien, buen siervo y fiel. Entra al gozo de tu Señor.*** (Mateo 25:21.)

Lección 7

Parte 3

Ya No Somos Extraterrestres

Apoyos: 1. Un libro o impresión de algún escrito en un idioma extranjero, del internet o de la biblioteca. 2. Un vaso de sangre falsa (agua con colorante vegetal rojo.) 3. Un pañuelo desechable con el texto "Muro de Separación." 4. Una bandeja para recolectar la sangre falsa.

¿Cómo te sentirías si de pronto tuvieras que ir a vivir a un país donde hablan un idioma que no entiendes? *(Muestra el libro en el idioma extranjero.)* Imagínate que todos los señalamientos de los edificios y de las tiendas estuvieran en ese idioma. ¿Cómo te sentirías? ¿Sentirías que estás perdido, como si fueras extranjero? (Permite que respondan.) Les voy a leer una parte de una de las cartas de Pablo. Se las escribió a algunos de los primeros cristianos que no eran judíos.

"Queridos santos que están en la ciudad de Efeso, recuerden que en ese entonces ustedes estaban separados de Cristo, excluidos de la ciudadanía de Israel y ajenos a los pactos de la promesa, sin esperanza y sin Dios en el mundo. Pero ahora en Cristo Jesús, a ustedes que antes estaban lejos, Dios los ha acercado mediante la sangre de Cristo. Porque Cristo es nuestra paz: de los dos pueblos ha hecho uno solo, derribando mediante su sacrificio el muro de enemistad que nos separaba, Con amor, Pablo. (Efesios 2:11-14.)

Una persona que no tuviera a Abraham de abuelo no estaba incluida en las primeras promesas de Dios. De seguro se deben de haber sentido como extraterrestres ante los judíos. La gente que no era judía no tenía la seguridad de que Dios escuchara sus oraciones, ni de que irían al cielo cuando murieran. Simplemente la idea de tener fe y creer en un sólo Dios les era ajena y extraña. Dios quería acabar con los sentimientos de separación y de que fueran de otro mundo. Por eso envió a Jesús al mundo.

El factor principal que nos separa de Dios es el pecado. *(Pídele a un ayudante que levante el pañuelo sobre el contenedor.)* Cuando Cristo les predicó a los judíos, nunca dijo que una persona va automáticamente al cielo por ser descendiente de Abraham; eso era más o menos lo que creían los judíos. Había que enseñarles a creer en Cristo, para que sus pecados pudieran ser perdonados. (Muestra el vaso con la sangre artificial.)
Esto representa la sangre de Jesús. Cuando derramó su sangre en la cruz, derribó el muro de pecado que separa a todo hombre de las promesas de Dios. (Derrama la sangre sobre el pañuelo. Cuando éste se moje, pídele a tu ayudante que lo rompa a la mitad y que lo deje caer en la bandeja.) Jesús dijo: ***—Esto es mi sangre del pacto, que es derramada por muchos para el perdón de pecados.*** (Mateo 26:26-28 NVI) Millones de personas pueden, junto con los judíos creyentes, unirse como ciudadanos del Reino de Dios – judíos y gentiles por igual.

Lección 7

Parte 4

Arraigados en la Fe

***Apoyos:** 1. Una rama pequeña de árbol. 2. Una rama de vid artificial, con hojas; se pueden adquirir en tiendas de departamentos. 3. Un poster del árbol genealógico y del árbol artificial con los nombres.*

La Biblia dice que ***el justo vivirá por su fe***. (Habacuc 2:4.) Esto significa que todas las personas de Dios de todos los tiempos, han vivido por fe. Han amado y confiado en un Dios al que no han visto.

Veamos detenidamente esta rama pequeña. *(Haz pasar la rama para que todos la vean.)* ¿Creen que algún día vaya a producir más hojas? *(Permite que respondan.)* No. Ya no está conectada al tronco, donde fluye la sabia. Sin sabia no puede vivir. *(Muestra la rama de vid.)* Sin fe en Cristo, nuestra vida espiritual es como esta rama: está cortada y desconectada. Pero con fe en Cristo, somos como las ramas de una vid gruesa, llenas de vida.

Dios inició una vid de la fe con Abraham. Él le creyó a Dios y se convirtió en el padre de todos los que creen. *(Señala la parte inferior del tronco y luego las ramas.)* La vid de la fe siguió con los patriarcas y con muchas otras personas de la familia de Abraham. Son como nuestros antepasados en la fe. Ahora, Dios conecta nuestra vida a esta vid que da mucho fruto. ***Yo soy la vid y ustedes son las ramas. El que permanece en mí, como yo en él, dará mucho fruto; separados de mí no pueden ustedes hacer nada.*** (Juan 15:5)

Pero Pablo nos enseña que esta vid, con todo y las raíces y sus ramas, está arraigada en la obra que Dios empezó con los hijos de Abraham. (Romanos 11:11-12) Las promesas de Dios son como las raíces que sostienen la vid. Los judíos fueron los primeros en proclamar las promesas de Dios tal como las entendieron en el primer pacto. Los apóstoles y otras personas las proclamaron en el nuevo pacto que declaró el Mesías. (Mateo 26:28) Se mantuvieron en su fe, y viajaron como misioneros para hablarnos de la verdad. Debemos honrarlos por habernos traído su fe en el único y verdadero Dios. También debemos recordar que hemos entrado en algo muy grande que empezó mucho antes de que naciéramos nosotros.

Nos hemos unido a una vid muy vieja, y a un árbol genealógico de creyentes muy antiguo. (Gálatas 3:9) *(Señala el árbol artificial.)* En la familia de Dios, todos los hijos son adoptivos. Los creyentes tanto judíos como gentiles han venido al Padre por medio de la fe en Jesucristo. A pesar de que Jesús haya venido primero a su propio pueblo, el nacimiento natural no puede salvar a nadie. Cristo vino a dar un nacimiento nuevo a cada persona, primero a los judíos y luego a los gentiles. (Hechos 3:26) Nos hemos unido a una familia muy grande que empezó con Abraham, Isaac y Jacob, quienes llamaron "Abba" a Dios, que significa "¡Papi!" (Efesios 2:11-13, Gálatas 4:6)

Lección 7

Teatro

La Adopción

Actores: *Dos niños. Selecciona tus nombres de acuerdo a si son niños o niñas*

Apoyos: *Muebles para el orfanato: dos camas (o tapetes, a manera de camas), un escritorio o una mesa de registro, sillas, lámparas, etc., una maleta pequeña para el Niño 2, una Biblia, un señalamiento en la pared que diga "Orfanato Hogar Feliz Juan 14:18"*

Disfraces: *Bata blanca para el ángel*

(***Uno de los niños está sentado en la cama, jugando con un gameboy. El director de admisiones entra con el segundo niño.)***

Director:	Bueno, este es tu nuevo hogar.
Niño #2:	*(Con expresión triste, cargando su maleta.)* Gracias. *(El director se va.)*
Niño #1:	¡Hola! Bienvenido a casa.
Niño #2:	¡Ni de chiste!
Niño #1:	¿Quieres jugar con mi gameboy?
Niño #2:	*(Suspira)* No. *(Se sienta en su cama y ve la habitación en silencio. Luego señala el anuncio de la pared.)* Entiendo lo que significa "Orfanato Hogar Feliz," pero ¿qué significa "Juan 14:18"?
Niño #1:	Es una promesa.
Niño #2:	Con que una promesa, ¿eh? "Queridos todos, ¡Juan 14:18!" *(Niega con la cabeza.)* ¿Es como un código, o qué?
Niño #1:	No. *(Saca una Biblia de debajo de su cama.)* Juan 14:18 es como una dirección de algo que está en la Biblia. Mira, léela. *(Abre la Biblia, señala un versículo y se la da al Niño 2.)*
Niño #2:	"No los dejaré huérfanos, sino que vendré a ustedes." ¿Quién es el que vendrá a ustedes?
Niño #1:	Jesús dijo eso.
Niño #2:	Pues tenemos un problema. Somos huérfanos; al menos yo sí. ¿Tú?

Niño #1:	También. Pero aquí no dice que nunca serás huérfano; dice que no te vas a quedar huérfano. Porque Jesús va a venir con nosotros.
Niño #2:	Tengo otro problema. Jesús está en el cielo; bueno, eso dicen. La única forma para que venga mí es que yo vaya a donde está Él. Eso quiere decir que me voy a morir. *(Niega con la cabeza.)* Esto no me gusta. *(Le regresa la Biblia al Niño 1.)* Ten, guarda tu promesa.
Niño #1:	No quiere decir que tengas que morir.
Niño #2:	Entonces, ¿cómo se va a hacer realidad esta promesa?
Niño #1:	*(Lo ve y menea la cabeza.)* Pues no sé exactamente. ¡Pero no significa morir! *(Se pone a jugar al gameboy de nuevo.)* ¿Seguro que no quieres jugar dobles conmigo?
Niño #2:	Seguro. Es muy tarde. Ya me voy a dormir.
Niño #1:	*(Ve la hora en el gameboy.)* ¡Ah, sí! También me está dando sueño. Me llamo ____________. Bienvenido, y buenas noches.
Niño #2:	Yo me llamo _________________. Gracias. Buenas noches.

(***Los dos se acuestan y se duermen. Durante la noche viene un ángel.)***

Ángel:	*(Voltea al techo.)* ¿Cuál es? *(Escucha a Dios y señala al Niño #2.)* ¿En serio? ¿Nunca ha leído la Biblia? *(Se detiene y afirma con la cabeza.)* Claro, las probabilidades son pocas, supongo. *(El ángel camina hasta donde está el Niño #2, lo ve y sonríe. Le dice algo en voz baja.)* "No te dejaré huérfano; vendré a ti." *(Se lo vuelve a decir más fuerte, y se levanta.)* "No te dejaré huérfano; vendré a ti." *(El ángel se va. Los niños se estiran, se despiertan y se sientan en la cama. Entra el líder adulto.)*
Director:	¡Buenos días! ¡Levántense y resplandezcan, niños! ¡El desayuno está casi listo, y sus libros los esperan!
Niño #1:	¡Sí señor! ¡Me gusta la parte del desayuno! Con los libros, a ver cómo le hago.
Niño #2:	*(Se sienta en la cama, pensativo, apoyando la cabeza entre las manos.)*
Niño #1:	¿Te sientes bien?
Niño #2:	*(Voltea a ver al otro Niño.)* Me siento raro.
Niño #1:	¿Te sientes mal?
Niño #2:	*(Sonríe.)* No, es que se siente diferente. Muchas veces he estado enfermo. *(Hace una pausa, y luego se ríe.)* ¡Creo que me siento contento!
Niño #1:	*(Pone cara de pregunta)* ¿Sabes cómo se siente estar contento?
Niño #2:	*(Dice que no con la cabeza.)* Que yo me acuerde, no.
Niño #1:	¡Bien por eso! ¡Pues agárrate de ese sentimiento porque estar contento es mucho mejor que no estar contento!
Niño #2:	¡Sí…! *(Se pone pensativo de nuevo.)* Tuve un sueño anoche… o algo. No me podía despertar, pero sentí algo. Y ahora en la mañana, me desperté sintiéndome contento sin ningún motivo.
Niño #1:	¡A ver, a ver! Antenoche estabas durmiendo solo, bajo un puente. Anoche dormiste en una cama, con almohada y cobija, ¿y dices que no tienes razón para estar contento?

Niño #2: *(Voltea a ver al otro niño, y luego se pega la cabeza con la mano.)* ¡Claro! ¡Bravo!

Niño #1: Y además, ¡el desayuno nos espera!

Niño #2: ¿Y vamos a ir a la escuela?

Niño #1: ¡Ir a la escuela?

Niño #2: Es que nunca he ido a la escuela. ¿Voy a aprender a leer?

Niño #1: Claro que vas a aprender a leer.

Niño #2: *(se pone a llorar)*

Niño #1: ¡No! ¡Contento! ¡Ponte contento!

Niño #2: Estoy bien. Tengo ganas de llorar, pero sigo sintiéndome contento. ¡Me siento seguro!

Niño #1: *(Lo comprende.)* Sí. Aquí te van a cuidar muy bien. A mí no me gusta la escuela. Pero cuando termine, me voy a poner a trabajar y nunca más voy a volver a vivir en las calles.

Niño #2: Nunca más en las calles… *(Ve con asombro y luego vuelve a ver el anuncio que está en la pared detrás de él.)* Nunca más en las calles; ni solo, ni asustado.

Niño #1: *(Asienta con la cabeza, saca la Biblia y se la pasa al niño nuevo.)* También nos enseñan a hablar con Dios, de manera personal, como si fuera un papá invisible.

Niño #2: *(Toca la Biblia.)* No se leer.

Niño #1: Pero sí puedes hablar, y escuchar. Te voy a ayudar a descubrir cómo se siente oír Su voz.

Niño #2: ¿Cómo se siente?

Niño #1: Sí, cuando Dios te habla, es más como un sentimiento dentro de ti que escuchar con el oído. Ya me entenderás. Podemos hablar con Dios juntos, y luego esperamos a que Él nos responda.

Niño #2: ¿Crees que eso sea lo que me pasó anoche?

Niño #1: *(Apunta al niño nuevo)* ¡Claro! ¡Ve lo que dice Juan 14:18! ***¡Ahora si lo entendió! "¡Vendré a ustedes! ¡No los voy a dejar huérfanos!"*** ¡Qué padre! ¡Dios es nuestro papá!

Niño #2: ¡Y desayunaremos… con platos…¡ya no tengo que buscar el desayuno en los basureros!

Niño #1: ¡Ya se me habían olvidado esos días! *(Se dice a si mismo.)* ¡Aunque sea avena! Gracias, Dios, por la avena.

Niño # 1 *(Pone cara de "fuchi" y luego sonríe y se va caminando con el niño #2.)*

Preguntas de Repaso

1. ¿Qué diferencia hay entre "tiempo" y "para siempre"? *El tiempo está dividido por puntos de inicio y fin. "Para siempre" no tiene principio ni fin.*
2. ¿Por qué puso Dios una interrupción de tiempo a mitad del "para siempre"? *Para poder crear a la gente y revelárseles.*
3. ¿Por qué es que Dios puede decirnos lo que va a suceder en nuestro tiempo en la tierra? *Porque Él lo planeó.*
4. (*Muestra el mapa de carreteras y señala la carretera xx)* ¿Cómo nos habla este mapa sobre Dios y del tiempo? *Dios es eterno, por lo que puede estar en todos lados a la vez. Nosotros sólo podemos estar en un punto a la vez.*
5. Dios nos ha preparado ayuda durante el tiempo que estemos en la tierra. ¿Cómo se llama ese tipo de ayuda preparada? *Predestinación*
6. ¿Cuántas personas que de verdad busquen a Dios lo encontrarán? *Todas.*
7. Menciona lo que Dios usa para ayudarnos a encontrar nuestro destino en la tierra. *Gente, sueños, sermones, estar en el lugar indicado al momento preciso, etc.*
8. ¿Cómo une la sangre de Jesús a judíos y a gentiles como una misma manada de ovejas, bajo un mismo pastor? *Nos limpia a todos de nuestro pecado para que podamos acercarnos a Dios juntos.*
9. ¿Quiénes fueron los primeros en tener la oportunidad de creer en Jesús? *Los judíos.*
10. En qué se parecen la sabia de un árbol y la fe en la sangre de Jesús, en la vida de una persona? *La fe nos conecta a la vida de Dios, como la sabia, y nos permite crecer y producir fruto.*
11. Jesús dijo que Él es como ¿qué parte del árbol de la fe? *El tronco.*
12. ¿Qué parte somos nosotros? *Las ramas*
13. ¿Qué parte son los judíos? *Las raíces*
14. Siguen siendo especiales los judíos para Dios? *Sí*
15. ¿Qué se siente tener un espíritu de adopción? *Como si Dios fuera tu papi.*

Lección 7

Esgrima Bíblico

1. Apocalipsis 22:13 Yo soy el Alfa y la Omega, el Primero y el 'Ultimo, el Principio y el Fin.

2. Juan 1:41 Andrés encontró primero a su hermano Simón, y le dijo: --Hemos encontrado al Mesías (es decir, el Cristo.)

3. Efesios 2:12 Recuerden que en ese entonces ustedes estaban separados de Cristo, excluidos de la ciudadanía de Israel y ajenos a los pactos de la promesa, sin esperanza y sin Dios en el mundo.

4. Apocalipsis 22:5 Ya no habrá noche; no necesitarán luz de lámpara ni de sol, porque el Señor Dios los alumbrará. Y reinarán por los siglos de los siglos.

5. Mateo 26:28 Esto es mi sangre del pacto, que es derramada por muchos para el perdón de pecados.

6. Gálatas 3:9 Así que los que viven por la fe son bendecidos junto con Abraham, el hombre de fe.

7. 1 Juan 4:14 Y Nosotros hemos visto y declaramos que el Padre envió a su Hijo para ser el Salvador del mundo.

8. Juan 15:5 "Yo soy la vid y ustedes son las ramas. El que permanece en mí, como yo en él, dará mucho fruto; separados de mí no pueden ustedes hacer nada."

9. Romanos 8:29 Porque a los que Dios conoció de antemano, también los predestinó a ser transformados según la imagen de su Hijo, para que él sea el primogénito entre muchos hermanos.

10. Juan 6:51 Yo soy el pan vivo que bajó del cielo. Si alguno come de este pan, vivirá para siempre. Este pan es mi carne, que daré para que el mundo viva.

Lección 7

Tiempo con Dios

Apoyos: 1. Aparato para CD's. 2. El CD "La Restauración de Israel" de Joél Chernoff, del Kit de Visuales JNM, p. 252, la canción "Pon Tus Manos Sobre Mí." 3. Papelitos para que cada niño escriba su nombre en uno de ellos. 4. Una pluma o lápiz para cada niño.

Hace algunas lecciones aprendimos que hay dos grupos de gente a los que Dios reconoce: los judíos y los gentiles. Tanto uno como el otro son especiales y particulares, pero tienen una cosa en común. Sean judíos o gentiles, si no han recibido a Jesús como su Mesías personal, van a enfrentar la eternidad sin Dios y sin esperanza.

Todos sabemos de alguna persona que no conoce a Jesús como su Mesías. Voy a repartir unos papelitos y lápices, y mientras escuchan la música de adoración, les voy a pedir que vayan a algún lugar a solas y piensen en sus amigos, compañeros del colegio, primos, abuelos, maestros, papás y otras personas que no conocen a Cristo.

Escribe su nombre en el papelito. Cuando termines, pon el papelito en esta canasta. Cuando todos hayamos terminado, vamos a poner los papelitos en la mesa y vamos a poner las manos sobre ellos. Luego vamos a orar por ellos, y a pedirle al Señor que toque el corazón de cada persona, y que le de hambre de conocerle.

Para los que deseen, podemos mencionar los nombres que anotaron y orar específicamente por cada persona. Recuerden que Dios ha predestinado que cada uno de ellos venga a Cristo. Él está buscando gente que ore por cada una de estas personas, que les hable, y que sea de influencia para que se hagan seguidores de Jesús.

(Reparte los papelitos y los lápices. Indícales que vayan a un lugar a solas para orar. Dales unos 4 o 5 minutos y pon la música. Cuando hayan terminado todos, vacía la canasta sobre la mesa y dirige a los niños a imponerles las manos y a orar.)

(Cuando hayan terminado de pedir en forma general, indica a los que gusten que mencionen el nombre de su familiar o amigo para orar específicamente por ellos. Invita a los demás a que se unan en estas oraciones. Te darás cuenta cuando hayan terminado de orar y haya que seguir con la reunión.)

(Una vez terminado el tiempo de oración, pídeles que compartan lo que Dios les mostró o les dijo sobre estas personas mientras oraban. Hablen de cómo Dios puede usarlos para alcanzar a sus amigos y para que les compartan de Cristo. Estimúlalos a pensar en formas muy creativas.)

Lección 8

Injertados al Olivo

Lección 8

Injertados al Olivo

Para el Maestro

El mandato de Jesús, de ***"Id por todo el mundo y predicad el evangelio a toda criatura"*** (Marcos 16:15), es una meta tan integrada a la iglesia Cristiana, que no alcanzamos a imaginarnos cuán radical les pareció a los primeros discípulos cuando lo escucharon. Su Maestro los había enviado en una ocasión, diciéndoles que no compartieran el evangelio con los gentiles. (Mateo 10:5)

También usó el término GENTIL para referirse a la conducta y, por tanto, a las personas a las que debían evitar. (Mateo 5:47 y 6:7) Los discípulos tuvieron que sobreponerse a sus propios prejuicios y a sus creencias doctrinales tan arraigadas para ahora poder asociarse con gente que no era judía, ya no digamos recibirlos plenamente en el Reino de Dios.

En la actualidad, después de tantas generaciones de que la iglesia está compuesta principalmente de gentiles, debemos prepararnos para recibir con los brazos abiertos a los judíos mesiánicos. Pudiera resultarles difícil a los cristianos el honrar la cultura de ellos, así como identificarse con el judaísmo esencial de la fe en Cristo, rey de los judíos.

Los niños que tenemos en nuestros grupos, sin embargo, van a crecer creyendo que lo que se les enseña es "la norma." Para ellos, lo que es importante es crear un futuro, más que asirse del pasado, de la historia. La iglesia no la establecieron gentiles que tuvieron un encuentro con el Dios vivo, como Abraham, sino que fue fundada sobre el arduo trabajo y las enseñanzas de judíos; es decir, los apóstoles y los profetas, y como piedra angular, Jesucristo (Efesios 2:20) como Piedra angular.

Hemos sido injertados a nuestra familia adoptiva, por lo que hemos recibido también las tremendas promesas y los pactos. Así como la expresión de Cristo en la tierra, nosotros también estamos aprendiendo a expresar la fe que incluye el sabor y la promesa de una iglesia de creyentes tanto judíos como gentiles.

Tenemos el privilegio de aprender a fluir en el Apocalipsis. Así como los judíos fueron por todo el mundo a buscarnos, también nosotros ahora, por medio de la oración y de otras formas, vamos a buscarlos a ellos.

Quienes establecieron la iglesia no eran gentiles que tuvieron un encuentro con el Dios vivo, como Abraham.

Versículo de Poder

[Gentiles] siendo de olivo silvestre, has sido injertado entre las otras ramas. Ahora participas de la savia nutritiva de la raíz del olivo.

Romanos 11:17

Comprende el Versículo de Poder

Gentiles: Gente no judía
Injertado: Insertado o trasplantado

Preparar con Anticipación

Parte 1: *Apoyos: 1. Un niño con la máscara de Abraham, del kit de visuales JNM, p. 252. 2. Cuatro o cinco ramas pequeñas, de árbol o de arbusto. 3. Un letrero que diga: "La Iglesia." 4. Dos niños gentiles que deberán colocarse en el círculo de los gentiles. 5. Los dos aros de la lección 6, en forma de círculo; uno para los gentiles y el otro para los judíos. 6. Una semilla pequeña, de manzana o de naranja. 8. Dos niños con disfraz de los tiempos bíblicos.*

Parte 2: *Apoyos: 1. Tres niños vestidos de judíos, con yarmulkes y filacterias. 2. Los Diez Mandamientos. 3. Dos rollos sagrados (dos palitos de madera, de 50 cm de largo, con papel kraft pegado de cada extremo a uno de los palitos, a manera de rollo. 4. Tres tipos de figuras de juguete para niño, como una tortuga Ninja, luchadores, o monstruos que pudieran servir a manera de dioses falsos. 5. Actores: Jesús.*

Parte 3: *Apoyos: 1. Una licuadora con agua hasta el tope. 2. Dos manzanas, dos naranjas y dos plátanos. 3. Una fruta entera y otra cortada en pedacitos, aparte, en una bolsa de plástico o en un plato hondo. 4. Un plato grande para poner la fruta cortada. 5. Una cuchara para cada niño.*

Parte 4: *Apoyos: 1. Una licuadora llena de agua; una extensión eléctrica para conectarla. 2. Los rollos sagrados. 3. La ensalada de frutas de la reunión anterior.*

Tiempo con Dios: *Apoyos: 1. Dos mangueras para formar aros. 2. Aparato para CD's. 3. Música de adoración.*

Lección 8

Parte 1

Árbol Viejo—Ramas Nuevas

Apoyos: 1. Un niño con la máscara de Abraham, del kit de visuales JNM, p. 252. 2. Cuatro o cinco ramas pequeñas, de árbol o de arbusto. 3. Un letrero que diga: "La Iglesia." 4. Dos niños gentiles que deberán colocarse en el círculo de los gentiles. 5. Las dos mangueras de la lección 6, en forma de aro; uno para los gentiles y el otro para los judíos. 6. Una semilla pequeña, de manzana o de naranja. 8. Dos niños con disfraz de los tiempos bíblicos.

Jesús dijo que el Reino de los Cielos es semejante a una semilla pequeña *(muestra la semillita)* que crece hasta llegar a ser un árbol, en el cual los pájaros se posan y hacen sus nidos. (Mateo 13:32) Entonces, podríamos pensar en esta semillita, pensando en que fuera un hombre. Ese hombre es Abraham, el padre de todos los que creen. *(Dale la semilla a Abraham, que va entrando en ese momento con una rama en cada mano. Abraham debe sostener las ramas una a cada lado de él. Se coloca dentro del aro de los judíos.)*

Su fe en Dios estaba sembrada en lo profundo de su corazón. Abraham les pasó su fe en Dios a sus hijos. La vida de cada uno de ellos creció de la de Abraham, como si fueran las ramas de un árbol, y dieron el fruto de la presencia de Dios en la tierra. *(Entran los dos personajes bíblicos al círculo de los judíos, y Abraham les da las ramas.)* Pero todas esas ramas son las vidas de gente judía que era descendiente de Abraham, de su línea familiar.

Dios siempre tuvo en mente que el reino de los cielos cubriera toda la tierra, y no que estuviera sólo en el corazón de los judíos. Esto significaba que el árbol grande de la fe tendría que tener más ramas en otros lugares. Por ello, Jesús les dio a sus discípulos el mandato de ir por todo el mundo y hacer más discípulos. (Marcos 16:15) Estaba invitando a gente de todas partes a que formaran parte del árbol de la fe, el cual había empezado a crecer muchos años antes de que existiera Israel. A partir de entonces, Dios le llamó a este árbol de la fe SU IGLESIA. *(Cuelga la señal de IGLESIA en el cuello de Abraham.)*

Estas personas de la IGLESIA debían obedecer a Dios y adorarlo. Además, compartirían su fe con otras personas. El reino de Dios ya no iba a depender de un sólo país o de un grupo de personas. Era como si Dios hubiera tomado un cuchillo y le hubiera hecho cortadas al tronco del árbol, y en las cortadas hubiera injertado las ramas nuevas. *(Conecta las dos mangueras, de manera que ambas formen un círculo grande, en el cual estén tanto los judíos como los gentiles.)* Ya había más gente en la IGLESIA, además de los judíos.

Cuando se injerta una rama, con el tiempo, la corteza del árbol crece sobre el corte, lo cubre y lo cierra. Es imposible distinguir entre una rama original y una injertada. Lo que Dios empezó con Abraham y sus hijos se esparció más allá de los judíos, a todo el mundo. *(Abraham entra al fondo del escenario. Los personajes de la Biblia y los gentiles salen del círculo y salen del escenario. Las mangueras permanecen en su lugar.)*

Lección 8

Parte 2

Viviendo Bajo la Ley

***Apoyos:** 1. Tres niños vestidos de judíos, con kipá y chales para orar. 2. Los Diez Mandamientos. 3. Dos rollos sagrados (dos palitos de 50 cm de largo, con papel kraft pegado a cada palito por los extremos, a manera de rollo. 4. Tres figuras de juguete para niño, como una tortuga Ninja, luchadores, o monstruos que pudieran servir como dioses falsos. 5. Actores: Jesús.*

El traer gente no judía a la iglesia no era cosa fácil. En ese tiempo había dos grupos de personas totalmente diferentes. Tenías dos grupos de gente totalmente diferente, y la principal diferencia era que los judíos creían en un sólo Dios, creador del cielo y la tierra, y de sus leyes. *(Entran tres niños judíos portando kipá, chales para orar, y los Diez Mandamientos en las manos. Los tres entran al círculo.)* Por otro lado, los gentiles adoraban a muchos dioses, y no tenían los estándares de Dios para vivir rectamente. *(Entran tres niños gentiles y pasan al frente, cada uno con un muñeco que representa un dios.)*

En otras lecciones aprendimos que los judíos vivían bajo la Ley de Moisés. *(Señala los Diez Mandamientos.)* Para ellos, los Diez Mandamientos eran más que simple reglas; era su ESTILO DE VIDA. El hacer sacrificios de animales, ponerse cierta ropa y comer ciertos alimentos, lo hacían de corazón, en obediencia a Dios.

A las personas que no obedecían la Ley de Moisés incluso les llamaba inmundas, que quiere decir impuros, no limpios. *(Los niños judíos señalan a los gentiles y gritan: "¡Inmundo!" Varias veces; luego se apartan de ellos.)* Los niños judíos no tenían permiso de ir a la casa de un niño gentil, y tampoco lo podían invitar a su casa. Y todavía había algo más profundo. A los gentiles se les consideraba enemigos de Dios porque no lo servían ni le obedecían. Así que, los judíos también los consideraban sus enemigos. Y para acabarla de empeorar, la Ley —no los Diez Mandamientos, sino todas las reglas hechas por hombre que se les habían ocurrido a los líderes religiosos — ***"se decía: ¡Áma a tu prójimo y odia a tu enemigo! (Mateo 5:43) (Un niño judío toma los rollos sagrados y abre uno de ellos, y actúa como si lo leyera.)***

Pero luego vino Jesús, el Mesías, y les dijo: ***Pero yo les digo: Amen a sus enemigos y oren por quienes los persiguen, para que sean hijos de su Padre que está en el cielo.*** (Mateo 5:44-45) *(Jesús entra y reúne a los dos grupos.)* ¡Qué cambio! Les estaba pidiendo que a partir de ese momento, debería de seguir los Mandamientos de la Ley ¡en amor! Para los judíos, era algo muy difícil de entender. Aunque la iglesia primitiva de Jerusalén era muy amorosa, no podían entender que tendrían que amar a los mismos gentiles a quienes habían aprendido a despreciar.

Sin embargo, ellos si creían que Jesús era el tan esperado y prometido Mesías. Cristo lo dijo de muchas formas, ***"Si ustedes me aman, obedecerán mis mandamientos."*** (Juan 14:15) *(Los niños judíos les dan la mano y abrazan a los niños gentiles. Luego salen todos.)*

Lección 8

Parte 3

La Iglesia Crece

Apoyos: 1. Una licuadora con agua hasta arriba. 2. Dos manzanas, dos naranjas y dos plátanos. 3. Una fruta de cada una entera y otra cortada en pedacitos, aparte, en una bolsa de plástico o en un plato hondo. 4. Un plato grande para poner la fruta cortada. 5. Una cuchara para cada niño.

Jesús les dijo a sus discípulos que construyeran Su iglesia; es decir, EL CUERPO DE CREYENTES. Empezaron con el pie derecho, el día de Pentecostés, ya que en un sólo día tres mil judíos se convirtieron en creyentes de Jesús como su Mesías. Con el tiempo se fueron agregando muchos más judíos creyentes. Todos los creyentes que vivían en Jerusalén en aquel tiempo eran judíos. Los primeros creyentes que formaron la IGLESIA, O EL CUERPO DE CRISTO, estaban tan felices y se amaban tanto, que ninguno de ellos quería irse. Las aguas estaban tranquilas. *(Muestra el vaso de la licuadora lleno de agua.)* Pero poco a poco empezaron los problemas. *(Pon el vaso en la licuadora y enciéndela en la velocidad más baja.)*

Los judíos religiosos empezaron a enojarse mucho con ellos, porque habían estado con Jesús. Los líderes judíos celosos apedrearon a un buen creyente judío que se llamaba Esteban. Un hombre judío devoto que se llamaba Saúl empezó a ir de casa en casa, arrestando a los creyentes y metiéndolos a la cárcel. *(Aumenta la velocidad de la licuadora.)* Las cosas se estaban poniendo más difíciles.

Con el tiempo, tuvieron que correr mucho para poder salvar su vida. *(Quítale la tapa a la licuadora y ponla en la velocidad más alta. Deja que salpique parte del agua; luego apágala.)* Huyeron a otras partes de Israel y de Samaria, y en el camino hablaban con otros Judíos de Jesús; —no a los gentiles—, ni siquiera se les ocurrió compartir el Evangelio a los gentiles de las ciudades a donde llegaban.

Los judíos les llamaban PERROS a los gentiles porque no seguían la Ley de Moisés en cuanto a comida y ciertas conductas. En aquellos días, los perros no eran mascotas, como en nuestros tiempos; eran casi salvajes y comían basura y animales muertos. Parecía que la iglesia iba a tener sólo creyentes judíos. *(Muestra la manzana.)*

Sin embargo, Dios quería obtener fruto de toda nación, raza e idioma. Y para ello tendría que cambiar su manera de pensar, para que pudieran ir a llevar las buenas noticias a otros grupos, no sólo a los judíos. *(Muestra la naranja y el plátano.)* Dios quería hacer un coctel de frutas. *(Toma los botes de fruta cortada y viértela en el plato hondo.)* Los judíos y los gentiles de todas las naciones aportan algo especial al Reino de Dios. Cada uno trae su SABOR diferente al Reino de Dios. Él quiere que los niños de todas las naciones se reúnan alrededor de su trono. Así que, por fin, los judíos entendieron, y el muro de prejuicio que separaba a judíos y gentiles fue derribado finalmente. *(Dales a probar fruta a los niños.)*

Lección 8

Parte 4

De Nuevo Bajo la Ley

Apoyos: *1. Una licuadora llena de agua; una extensión eléctrica para conectarla. 2. Los rollos sagrados. 3. La ensalada de frutas de la reunión anterior.*

Pudiéramos pensar que nuestra familia es como un coctel de frutas. *(Revuelve el coctel.)* Porque hay muchas y muy variadas personalidades ¡y todas viven juntas!, de la misma manera que en un coctel de frutas, hay muchas frutas y de muchos sabores diferentes. Pero cuando la gente piensa en tu familia, piensan en todos ustedes. Tal vez digan—¡la familia González es muy lida!

Dios siempre quiso una familia, y así es como siempre ha visto a los judíos y a los gentiles —como una SÓLA familia. Después de todo, Dios era el padre de una familia muuuy numerosa. Todos le pertenecían por su fe, porque ***los que son nacidos de la fe son hijos de Abraham*** (Gálatas 3:29.) Pero después de un tiempo, los judíos creyentes empezaron a darle vueltas a las cosas. —Estos judíos sí creían en Jesús, pero se habían pasado toda la vida obedeciendo las reglas de la Ley. De repente se les estaba dificultando creer que Dios aceptaba a cualquier persona sólo por su fe, sin que tuvieran que obedecer el resto de las 613 leyes de la Ley de Moisés.

Empezaron a decir: *(Abre los rollos y señala. Ve hacia arriba como si estuvieras contando las leyes.)* —Tienen que hacer esto… y esto… y esto… ¡y esto también! Si no hacen todas estas cosas que nos enseñó Moisés, no pueden ser salvos. (Hechos 15:1) ¡Qué? Dijeron los gentiles. Era como si de repente, se hiciera difícil ser cristiano. Les habían dicho que todo lo que tenían que hacer era recibir a Jesús por fe, y que les serían perdonados sus pecados. Ahora les decían que tenían que seguir muchísimas reglas y leyes para poder ir al cielo.

Afortunadamente, el apóstol Pablo se metió. Les dijo que la Ley de Moisés no es lo que nos salva. *(Enrolla los rollos sagrados y guárdalos.)* ¡La fe en la sangre de Jesús es lo que nos limpia el corazón y lo hace puro delante de Dios! Para poner fin a la discusión, Pablo y otros de los discípulos se fueron a Jerusalén a ver a los apóstoles y a los ancianos que estaban como pastores sobre toda la iglesia. Lo que querían es que esta diferencia se aclarara de una vez por todas.

Nos afecta incluso a nosotros, hasta el día de hoy. Ahora que hemos sido injertados en las promesas de Abraham, ¿nos es necesario obedecer la Ley de Moisés para ir al cielo? La respuesta es —¡No!

Lo único que se les dijo a los gentiles es que no comieran carne sacrificada a los ídolos, que se alejaran de los pecados sexuales, y que no comieran ni sangre ni carne de un animal estrangulado, que significaba que no le había sacado la sangre del cuerpo, de acuerdo a su rito. (Hechos 15:1-20) Eso, ¡claro que lo podemos hacer.

Lección 8

Teatro

Pedro, la Piedra que se Movió

Actores: *Dos mujeres, Pedro, un amigo, una voz, dos ancianos.*
Apoyos: *1. Dos bancos. 2. Unas papas. 3. Dos pela papas. 4. Un anuncio grande que diga: Hace Dos Semanas, en el Techo de una Casa de Jope.*
Disfraces: *vestimenta de tiempos bíblicos para todos los actores*

(Dos mujeres están juntas, sentadas en los bancos, pelando papas.)

Mujer1: ¡Mi esposo está enojadísimo con Pedro!

Mujer 2: *(Niega con la cabeza.)* NUNCA habría imaginado que pudiera hacer semejante cosa

Mujer 1: Ya sabes... su mamá lo supervisaba siempre.

Mujer 2: *(Levanta el pela papas hacia la Mujer 1.)* Uno educa a los hijos, pero no significa que van a seguir lo que se les enseña. Qué lástima. *(Menea la cabeza.)* ¡Qué lástima!

Mujer 1: Bueno, ya lo enderezarán los ancianos. Se reunieron todos a junta.

Mujer 2: Yo creía que Pedro era la cabeza de los ancianos.

Mujer 1: Tal vez, pero en esta ocasión, él no va a tener la respuesta. Están enojados porque Pedro fue a la casa de un gentil a predicar el evangelio de Jeshua.

Mujer 2: Nuestro Jeshua, ¡el Rey de los judíos!

Mujer 1: ¡Exacto! ¡Rey de los judíos! Aún los que se han ido de Jerusalén hablan sólo con judíos en cuanto a Jeshua. Jeshua mismo dijo, —He sido enviado a los judíos.

Mujer 2: ¿De dónde sacaría Pedro una idea tan loca, de ir con los gentiles?

(Alguien entra con una señal; las dos mujeres salen. La señal dice: Hace dos semanas, en el techo de una casa de Jope. Entra Pedro. Ve de aquí para allá al hablar.)

Pedro: Tengo muuuucha hambre. *(Se toca el estómago.)* Silencio, no gruñan. Se están apurando para tener lista la comida. *(De repente se detiene y ve hacia arriba.*

Extiende sus brazos como si tratara de mantener el balance.) ¡Ay! ¿Dónde estoy? ¡Ah! Otro trance. Dios me está llevando al plano espiritual de nuevo. ¿Qué me querrá mostrar con la sábana que veo, que viene bajando? ¿Ángeles? ¿Tesoros del cielo? *(Se para de puntitas, como si tratara de asomarse por el borde de una vasija enorme. De repente, hace como si hubiera visto algo y como si estuviera asombradísimo. Inmediatamente se da la vuelta.)* ¡Qué horror! ¡Puercos! ¡Pájaros inmundos! ¡Animales rastreros! *(Mueve los hombros, como si tuviera nauseas.)*

Voz Invisible: ¡Levántate, Pedro! ¡Mata y come!

Pedro: *(Ve alrededor y luego niega con la cabeza.)* ¡No es posible! Es contra la ley comer esos animales. Nunca he comido nada que la ley llame inmundo.

Voz Invisible: Lo que Dios ha hecho limpio, no lo llames inmundo.

Pedro: Señor, ¡Tú eres quien los llama inmundos!

Voz Invisible: Lo que Dios ha hecho limpio, no lo llames inmundo

Pedro: *(Ve hacia el cielo como suplicando y meneando la cabeza.)* Pero es que mi mama me enseñó…

Voz Invisible: *(Interrumpe)* Lo que Dios ha hecho limpio, NO lo llames inmundo

Pedro: *(Pedro voltea como buscando la sábana, que ya no está. Camina de acá para allá al hablar.)* Ya se fue. ¡Fiu! ¡Qué manera de matarte el apetito! ¿Qué rayos significará esa visión? … Nunca quisiera comer un animal espeluznante. *(Se repite a sí mismo la frase, pensativamente.)* —Lo que Dios ha hecho limpio, no lo llames inmundo.

Voz Invisible: Presta atención, Pedro. Tres hombres te buscan. Quiero que vayas con ellos. Levántate y desciende a la planta baja. No te preocupes; yo los he enviado a ti.

Amigo: *(Entra y se dirige a Pedro, susurrando fuertemente.)* ¡Eit, Pedro! ¡Abajo están tres hombres gentiles! Preguntan por ti. ¿Qué les digo?

Pedro: Invítalos a cenar.

Amigo: ¡Cómo? ¿A cenar con nosotros? ¿Gentiles en la casa?

Pedro: Sí; Dios quiere que vayamos con ellos.

Amigo: ¡Pues eso es contra la Ley de Moisés, por si no lo sabías!

Pedro: Ya sé. Ya sé. *(Se van caminando juntos.)* Algo está cambiando, Dios me dijo que no llamara inmundo a lo que Él ha limpiado, y que no me preocupara de ir con estos hombres. Vamos a ver qué trata de decirnos Dios, por lo tanto... ¡a obedecerle!

Narrador: *(Camina hacia el frente, a la vez que Pedro y el Amigo salen de la escena. Luego se dirige a la audiencia.)* Pedro y seis amigos judíos se fueron con los gentiles a casa de un centurión romano que se llama Cornelio. Un ángel lo visitó y le pidió que mandara buscar a Pedro. Este hombre y su familia ya conocían a Dios y le servían de la forma en que sabían. Pero nunca habían sabido cómo se les podían perdonar sus pecados. Al hablarles Pedro de Jesús, creyeron. Antes de que pudieran siquiera orar, el Espíritu Santo vino sobre ellos así como les sucedió a los discípulos en el día de Pentecostés. Era obvio que Dios había limpiado a los gentiles y que los invitaba a unirse a Su reino. *(Al salir del escenario el narrador, voltea y habla sobre el hombro.)* Efectivamente, todo esto causó revuelo en Jerusalén.

(Dos ancianos entran a escena al salir el narrador.) Están de pie, como platicando, esperando que llegue Pedro. Poco después, Pedro y su Amigo entran.)

Anciano 1: *(Camina hacia él.)* Pedro, ¿cómo pudiste haber hecho semejante cosa? ¡Fuiste con unos gentiles y comiste con ellos!

Anciano 2: ¡Además, hemos oído que los bautizaste en el nombre del Señor!

Pedro: ¡Créanme, yo no los bauticé!

Anciano 1: ¡Fiuuuu! *(Ve al otro anciano.)* ¡Te dije que no podía ser verdad!

Pedro: ¡Dios lo hizo!

Anciano 2: ¿Que? ¡Dios lo hizo?

Pedro: ¡Totalmente! ¡Ha hecho limpios a los gentiles, les ha dado el evangelio y los ha hecho socios nuestros —completamente! Les dio el don del Espíritu Santo y todos empezaron a hablar en lenguas mientras yo predicaba. No hice nada más que hablar. ¡Dios fue el que lo hizo todo!

Amigo: En camino de regreso, me acordé de algo que Jeshua dijo cuando aún estaba con nosotros. Dijo: ***Tengo otras ovejas que no son de este rebaño. Debo traerlas también, y ellas oirán mi voz, y serán un solo rebaño y tendrá un sólo pastor.*** Yo creí que hablaba de los judíos que están en otros países. Pero hablaba de los gentiles.

Anciano 1: ¡Bueno, pero van a tener que seguir la Ley de Moisés para ser parte de NUESTRO rebaño!

Pedro: Ya lo iremos descubriendo en el camino. Vamos a la reunión; voy a contarles a todos todo lo que pasó. Te vas a dar cuenta que fue Dios. Había otras seis personas. Ellos te podrán decir lo que vieron. Hermano, Dios se está moviendo.

Anciano 2: De hecho, sí dijo que fuéramos a todo el mundo. ¡Yo creí que se refería a todo el mundo de los judíos!

Pedro: No. Quiso decir al MUNDO. Quién sabe hasta dónde llegará todo esto.

Amigo: ¡Ya me acordé! Nos dijo: **Van a ser mis testigos en Jerusalén, y en toda Judea, y en Samaria, y hasta lo último de la tierra**. ¡Hasta allá va a llegar todo esto!

Anciano 1: ¡Los gentiles y los judíos adorando a Dios juntos? ¿Cómo puede ser?

(Todos se ven uno al otro sorprendidos; se van juntos, meneando la cabeza.)

Lección 8

Preguntas de Repaso

1. ¿De qué manera puede la vida de un hombre ser como la semilla de un árbol? *Su fe puede ser como una rama que crece en la vida de otras personas.*
2. ¿Qué ser humano inició el árbol de la fe en Dios? *Abraham.*
3. ¿Por qué necesitaba Dios que el árbol de la fe tuviera más ramas? *Porque quería hijos de fe en todas las naciones.*
4. ¿Cómo consiguió más ramas? *Compartió de Jesús con otras personas.*
5. ¿Cómo se injerta una rama a otro árbol? *El jardinero le hace una cortada al tronco del árbol y pone la rama nueva dentro de la cortada.*
6. ¿En qué se parece el que los gentiles se estén hacienda creyentes, a una rama de árbol que se injerta a otro árbol? *Dios injertó a los gentiles a su familia.*
7. ¿Por qué les llamaban los judíos PERROS e INMUNDOS a los gentiles? *Porque los gentiles no seguían las leyes de Moisés, ni obedecían las reglas de Dios para vivir correctamente.*
8. ¿Por qué los primeros creyentes aun guardaban la ley de Moisés? *Creían que eso era necesario para agradar a Dios, y como lo habían estado haciendo tanto tiempo, se les había hecho costumbre.*
9. ¿Qué pensaban ellos de los gentiles? *Les llamaban INMUNDOS, y los odiaban.*
10. ¿Dónde vivían los primeros creyentes? *En Jerusalén.*
11. ¿Qué hizo Dios para forzar a los primeros cristianos a que salieran de Jerusalén y fueran a compartir el evangelio a los gentiles? *Los líderes judíos empezaron a perseguir y a matar a los cristianos de Jerusalén. Tuvieron que salir corriendo para salvarse la vida.*
12. ¿Quién fue el primer mártir de la iglesia? *Esteban.*
13. Después de haber sido creyentes en Cristo durante algún tiempo, los judíos empezaron a recordar algunas de las ideas antiguas. ¿Qué ideas eran esas? *El pensar que aun tendrían que obedecer la ley de Moisés para ir al cielo.*
14. ¿A qué grupo de personas trataron de forzar los judíos a que obedecieran esas viejas leyes? *A los gentiles.*

Lección 8

Esgrima Bíblico

1.	Mateo 24:14	Y este evangelio del reino se predicará en todo el mundo como testimonio a todas las naciones, y entonces vendrá el fin.
2.	Gálatas 3:29	Y si ustedes pertenecen a Cristo, son la descendencia de Abraham y herederos según la promesa.
3.	Hechos 10:45	Los defensores de la circuncisión que habían llegado con Pedro se quedaron asombrados de que el don del Espíritu Santo se hubiera derramado también sobre los gentiles,
4.	Hechos 11:1	Los apóstoles y los hermanos de toda Judea se enteraron de que también los gentiles habían recibido la palabra de Dios.
5.	Mateo 5:44	Pero yo les digo: Amen a sus enemigos y oren por quienes los persiguen
6.	Hechos 13:46	Pablo y Bernabé les contestaron valientemente: "Era necesario que les anunciáramos la palabra de Dios primero a ustedes. Como la rechazan y no se consideran dignos de la vida eterna, ahora vamos a dirigirnos a los gentiles."
7.	Gálatas 3:7	Por lo tanto, sepan que los descendientes de Abraham son aquellos que viven por la fe
8.	Hechos 9:15	—¡Ve! —insistió el Señor—, porque ese hombre es mi instrumento escogido para dar a conocer mi nombre tanto a las naciones y a sus reyes como al pueblo de Israel.
9.	Mateo 28: 19	Por tanto, vayan y hagan discípulos de todas las naciones, bautizándolos en el nombre del Padre y del Hijo y del Espíritu Santo
10.	Hechos 11:18	Al oír esto, se apaciguaron y alabaron a Dios diciendo: —¡Así que también a los gentiles les ha concedido Dios el arrepentimiento para vida!

Lección 8

Tiempo con Dios

Apoyos: 1. Dos mangueras para formar un aro con cada una. 2. Aparato para CD's. 3. Música de adoración.

Entremos todos a este círculo. Ahora, hagamos una cadena humana entrelazando los brazos; hagamos un círculo grande continuo. Al acomodarnos así, estamos tocando sólo a dos personas, pero estamos conectados con todas las personas que están en el círculo. Somos UNO. Voy a leer la oración que hizo Jesús justo antes de volver al cielo. Por favor cierren los ojos y traten de imaginar lo que dice.

Querido Papá:

No te pido que los quites del mundo, sino que los protejas del maligno. Ellos no son del mundo, como tampoco lo soy yo. Santifícalos en la verdad; tu palabra es la verdad. Como tú me enviaste al mundo, yo los envío también al mundo. Y por ellos me santifico a mí mismo, para que también ellos sean santificados en la verdad.

No ruego sólo por éstos. Ruego también por los que han de creer en mí por el mensaje de ellos, para que todos sean uno. Padre, así como tú estás en mí y yo en ti, permite que ellos también estén en nosotros, para que el mundo crea que tú me has enviado.

Dios todavía quiere construir una familia para sí, y no va a desistir nunca, hasta que Jesús vuelva a la tierra para establecer su Reino. Conforme la familia de Dios sigue creciendo, es importante que todos seamos de un mismo espíritu y de un mismo sentir.

Vamos a orar ahora mismo unos por otros; por las familias, la iglesia, el estado, la nación, y por los cristianos de todo el mundo —es decir, toda persona que sinceramente cree y sigue a Jesucristo. Todos son nuestros hermanos y hermanas en Cristo, y somos un cuerpo en Cristo. Para Jesús, es de suma importancia que oremos unos por otros y nos apoyemos.

Según escuchamos en la oración, Dios quiere que seamos santos y puros. Por lo tanto, debemos orar unos por otros para poder permanecer santos y puros.

Jesús oró para que estuviéramos a salvo del poder de Satanás. Entonces, hay que orar por que estemos a salvo del poder de Satanás. Cristo oró para que todos los cristianos del mundo fueran de un sólo sentir y un sólo pensamiento, por lo que también nosotros debemos hacerlo. Vamos a orar unos por otros, y por todos los cristianos, uno por uno.

Lección 9

Edificando la Iglesia

Lección 9

Edificando la Iglesia

Para el Maestro

En este programa hemos enseñado la cronología de la verdad. Jesús, nuestro Salvador, nació bajo la Ley como la semilla prometida de Abraham, el amigo elegido de Dios y el padre de todos los que creen. El fue el que pasó las promesas y las bendiciones de Dios a sus hijos. Únicamente ellos llevaron las bendiciones de Dios al mundo, y sólo a ellos vino el Mesías, a quien nosotros llamamos Salvador. Después de haber cumplido las promesas de Dios a los judíos, el Cristo resucitado comisionó a sus discípulos a que llevaran el evangelio a todo pueblo y nación. Al ser injertados los gentiles a los pactos de Dios, se edificó un grupo de personas de todo el mundo, al cual se le llama "la Iglesia." Nosotros somos la Iglesia, y deseamos que nuestros hijos amen a esta familia eterna y se nos unan en ella.

Somos un grupo de personas unidas por la fe, y Apocalipsis dice que Cristo Jesús es el hijo del Dios Viviente. Como nación, los judíos rechazaron esta revelación, lo cual hizo posible que hubiera un tiempo para alcanzar a los gentiles. A este tiempo se le llama: EL TIEMPO DE LA IGLESIA (Romanos 11:11.) Mientras Dios reúne a los gentiles durante la era de la iglesia, ***Parte de Israel se ha endurecido, y así permanecerá hasta que haya entrado la totalidad de los gentiles***. (Romanos 11:25 NIV.) Próximamente hablaremos de las profecías que aseguran que un día los judíos serán re-injertados a su propia vid.

En esta lección sobre la edificación de la iglesia, se mencionan claves que activan la fe, las cuales Jesús nos ha dado, y se explica cómo Él es la piedra angular de la fe y del crecimiento de la iglesia. El rechazo que enfrentó, y su respuesta ante ello, son nuestro ejemplo, y nos muestran que Dios usa las pruebas por las que pasamos. Finalmente, la estabilidad en la vida viene al andar en el fundamento firme de la palabra de Dios.

Desde que los apóstoles empezaron a ir por todo el mundo y a enseñar a todas las naciones, la iglesia ha estado en desarrollo. Como creyentes, nuestros niños son los constructores y el material de construcción; es decir, son parte de la roca misma sobre la cual están de pie. Queremos que se levanten y edifiquen con nosotros.

Como creyentes, nuestros hijos son constructores y material de construcción a la vez; son parte de la roca misma sobre la cual están de pie.

Versículo de Poder

"Miren que pongo en Sión una piedra principal escogida y preciosa, y el que confíe en ella no será jamás defraudado." **1 Pedro 2:6 NVI**

Comprende el Versículo de Poder

Piedra principal: la primera que se coloca – al construir un edificio. Una verdad fundamental importante. Piedra angular

Iglesia: Toda la gente de todo el mundo que confía en Jesús para recibir la salvación.

Preparar con Anticipación

Parte 1: Apoyos: 1. Muñecas de papel en serie (ver instrucciones en la página 132) 2. Una camiseta blanca grande, con la palabra "Jesús" en letra grande, al frente. Escribe el fruto del Espíritu por todo el frente de la camiseta, con marcadores o pintura de colores. (Amor, gozo, paz, benignidad, bondad, fe, mansedumbre, templanza.) 3. Guantes blancos o amarillos de látex, de los que se usan para limpiar. En la parte externa de cada guante, escribe "Jesús" con marcador negro.

Parte 2: Apoyos: 1. Una caja cuadrada envuelta con papel café (que no se transparente lo que está impreso en la caja.) El tamaño de ésta depende del resto de las cajas; se utilizarán para construir un muro. 2. Otras cajas, por ejemplo, de zapatos, todas del mismo tamaño, envueltas con papel café. Se utilizarán a manera de ladrillos. 3. Varias cajas más pequeñas, también forradas con papel café, que se colocarán en la parte superior del muro.

Parte 3: Apoyos: 1. Un lápiz largo, 2. Un par de imanes, del kit de visuales de JNM, página 252. Idealmente, deberán tener agujeros para colocarlos sobre el lápiz. Si no, hacer el ejercicio sin usar el lápiz. 3. Un marcador negro.

Parte 4: Apoyos: 1. Una bolsa de canicas pequeñas. 2. Tres biblias para que tres niños las lean.

Tiempo con Dios: Apoyos: 1. aparato para CD's, 2. Música de adoración, 3. Una caja o estructura sólida, sobre la cual se pueda subir un niño y estar de pie sin peligro.

Lección 9

Parte 1

Nosotros Somos la Iglesia

Apoyos: 1. Muñecas de papel en serie (ver instrucciones en la página 132) 2. Una camiseta blanca grande, con la palabra JESÚS en letra grande, al frente. Escribe el fruto del Espíritu por todo el frente de la camiseta, con marcadores o pintura de colores. (AMOR, GOZO, PAZ, BENIGNIDAD, BONDAD, FE, MANSEDUMBRE, TEMPLANZA.) 3. Guantes blancos o amarillos de látex, de los que se usan para limpiar. En la parte externa de cada guante, escribe JESÚS con marcador negro.

La Biblia dice que Jesús es el primogénito de muchos hermanos (Romanos 8:29.) (Mientras explicas esto, ve recortando las figuras de papel.) Cuando Dios envió a su Hijo único, su intención nunca fue que siguiera siendo hijo único. Él tenía en mente tener muchos hijos e hijas. En lecciones anteriores aprendimos que Dios vio a lo largo del tiempo y observó a todas las personas que un día escogerían a Jesús. A esto se le llama "pre-___" ¿qué? *(Deja que respondan.)* La palabra PREDESTINACIÓN significa que, como Dios sabía que tú y yo íbamos a querer conocerlo, y a lo largo de nuestra vida Él nos ayuda a conocerlo y saber cuánto nos ama. Además, ha puesto a Jesucristo su único Hijo como modelo o ejemplo para nuestra vida. *(Abre las muñecas de papel.)*

Conforme Dios va moldeando tu vida día a día, te ayuda a que lo agrades y ames, como lo hizo Jesús. La Biblia dice: Queridos hermanos, ahora somos hijos de Dios, pero todavía no se ha manifestado lo que habremos de ser. Sabemos, sin embargo, que cuando Cristo venga seremos semejantes a Él, porque lo veremos tal como Él es (1 Juan 3:2 NVI.) Es bueno que no tengamos que adivinar lo que Dios quiere de nosotros; es por ello que al enviar a Jesús Él nos envió el modelo del tipo de vida que quiere ver en nosotros. Jesús es nuestro "álbum fotográfico." Y debemos **VER** el modelo, para **SER** el modelo. Incluso Pablo nos dijo que nos **VISTIÉRAMOS DE CRISTO** *(ponte la camiseta, o pónsela a uno de los niños)* y que dejemos vivir a CRISTO en nosotros (Romanos 13:14.) Es muy importante que no sólo sepamos **¿QUÉ HARÍA JESÚS**? Sino **¿CÓMO SE SENTIRÍA?** Y **¿QUÉ PENSARÍA**? Y sólo así, podremos comparar lo que sentimos, pensamos y hacemos. *(Muestra la serie de muñecas de papel.)* ¿Estamos siguiendo el patrón que nos dio Jesús? Este patrón es el de una buena familia. Debemos andar en unidad y en amor.

A cada uno, Jesús les llama ovejas que van viajando como un rebaño. Voltea con tu vecino y dile, "¡baaaa!" *(Dales unos segundos para que lo hagan.)* Si una de las ovejas se va, nos vamos a sentir tristes, porque son parte de nuestra vida. (Corta una de las muñecas y hazla alejarse. Señala a los niños al decir lo siguiente.) Dios te toma a ti, y a ti, y a ti, y a ti, y a mi y nos llama: LA IGLESIA Nos ve a todos juntos en Jesús, aquí en la tierra. Nosotros somos las manos y los pies de Jesús *(ponte los guantes),* y su corazón y su boca aquí en el mundo. Somos diferentes pero a la vez, iguales. Tanto judíos como gentiles seguimos el ejemplo de amor y obediencia que nos puso Jesús.

Lección 9

Parte 2

La Piedra Angular

***Apoyos:** 1. Una caja cuadrada envuelta con papel café (que no se transparente lo que está impreso en la caja.) El tamaño de ésta depende del resto de las cajas; se utilizarán para construir un muro. 2. Otras cajas, por ejemplo, de zapatos, todas del mismo tamaño, envueltas con papel café. Se utilizarán a manera de ladrillos. 3. Varias cajas más pequeñas, también forradas con papel café, que se colocarán en la parte superior del muro.*

¿Saben qué es una piedra angular? *(Coloca la caja cuadrada sobre la mesa mientras escucha sus respuestas.)* Si tu papá es ingeniero o arquitecto, o tiene algo que ver con construcción, seguramente le has oído hablar de la piedra angular de un edificio. *(Toma una de las cajas de zapatos y colócala al lado de la caja cuadrada.)* Al construir un edificio, se van levantando las paredes. *(Coloca otra caja de zapatos en la otra esquina de la caja cuadrada.)* Pero para que sean resistentes y fuertes, y que no se derrumben, deben tener un **CIMIENTO** fuerte y sólido debajo. *(Ve colocando cajas de zapatos sobre la primera hilera de cajas, posicionándolas para que formen una esquina.)* La piedra o el ladrillo o bloc más importante es el que va en la esquina, en la base de la pared. *(Señala la piedra cuadrada.)* Y es precisamente a esta piedra que se le llama la PIEDRA ANGULAR. Imagínense qué le sucedería a la pared si tratáramos de quitar la piedra angular. *(Saca la caja cuadrada de debajo de la pared, de manera que se caigan las demás cajas.)*

Una piedra angular puede ser cualquier tipo de cimiento o **FUNDAMENTO** sobre el cual construimos nuestra vida o nuestra familia, como, por ejemplo, la verdad, la honestidad, el amor, la bondad, etc. Si quitamos la piedra angular de nuestra vida, seremos un verdadero desastre, y ni nosotros, ni nuestra familia podremos ser fuertes.

La Biblia dice que Jesús es la principal piedra angular de la iglesia. *(Escribe JESÚS en la caja cuadrada, y vuelve a colocarla en su lugar para luego acomodar las demás, formando la esquina de nuevo.)* Él es nuestro fundamento. Sin Él, la Iglesia, que somos nosotros, no tiene en qué sostenerse. Así dice la Escritura: ***"Miren que pongo en Sión una piedra principal escogida y preciosa, y el que confíe en ella no será jamás defraudado"*** (1 Pedro 2:6.) Es decir, sin Jesús, el evangelio no tiene fundamento. Sin Jesús, nuestra esperanza de salvación, de sanidad, de prosperidad, de felicidad se desmorona. Él es el que hace posible todo.

Somos la "IGLESIA" de Jesucristo. Pero somos un edificio vivo, hecho de personas, no de ladrillos ni piedras. La Biblia dice que cada uno somos como piedras que se acomodan para ser real sacerdocio al Señor (1 Pedro 2:5.) *(Coloca las cajas más pequeñas en el muro.)* Voltea con tu vecino y dile "Hola, piedra." *(Dales unos segundos para que lo hagan.)* Cuando Jesús, la piedra angular sólida, es la base de tu vida, puedes tener la confianza de que aunque nos suceda cualquier cosa —una enfermedad, una tragedia, un divorcio, o problemas económicos—¡ÉL ES NUESTRA ROCA!

Lección 9

Parte 3

La Piedra Rechazada

***Apoyos:** 1. Un lápiz largo, 2. Un par de imanes del kit de visuales de JNM, página 252. Idealmente, deberán tener agujeros para colocarlos sobre el lápiz. Si no, hacer el ejercicio sin usar el lápiz. 3. Un marcador negro.*

¿Qué es el rechazo? *(Escucha sus respuestas.)* Rechazo es, por ejemplo, cuanto eres al único que no aceptaron para el equipo de fútbol del colegio, cuando todos tus amigos fueron aceptados en el equipo. O cuando no te invitan a una fiesta de cumpleaños a la que van a ir todos tus compañeros del salón. *(Muestra dos imanes, uno en cada mano.)* Cuando somos rechazados es una de las cosas más duras de enfrentar en la vida. Nadie quiere que lo rechacen. Es como estos dos imanes. Todos queremos que la gente nos quiera, y acepte y en especial nuestros amigos. Queremos estar con ellos y que juntos hagamos cosas divertidas. *(Junta los imanes hasta que se peguen.)* Pero cuando nos rechazan *(despega los imanes y coloca uno sobre el lápiz)* es como si una fuerza invisible nos empujara, alejándonos de ellos. *(Deja caer el segundo imán sobre el lápiz, volteado hacia el otro lado, de manera que repela al otro imán.)*

La Biblia dice que a Jesús lo rechazaron los líderes religiosos de aquel tiempo (Isaías 53:3.) Incluso fue rechazado por su propia familia, y hasta algunos de los que lo seguían. Pero era parte del plan de Dios. Las escrituras dicen que tenía que suceder así, pero la piedra que rechazaron los constructores sería después la principal piedra angular —la más importante de todas (Mateo 21:42.)

Cuando Jesús regresó al cielo, llevaron a los apóstoles ante los mismos líderes que exigieron que crucificaran a Jesús. Los golpearon. En lugar de enojarse, se pusieron muy felices porque fueron hallados dignos de sufrir vergüenza por Cristo (Hechos 5:26-41) y así, sus vidas también se convirtieron en piedras del fundamento de la iglesia (Efesios 2:20.)

(Con un marcador negro, escribe los nombres de los apóstoles sobre las cajas.) Los líderes judíos no podían darse cuenta que Jesús era el Hijo sobrenatural del Dios Viviente. Por eso, se les fue la oportunidad de acercarse a Dios a través de Cristo.

Debemos sentir compasión por ellos, porque su corazón estaba cegado; no podía ver. En parte era plan de Dios, como ellos rechazaron a Jesús, Dios envió su Palabra a nosotros los gentiles. Hoy, la iglesia está formada principalmente de personas no descendientes de los Judíos. Hermanos, quiero que entiendan este misterio para que no se vuelvan presuntuosos. Parte de Israel se ha endurecido, y así permanecerá hasta que haya entrado la totalidad de los gentiles. (Romanos 11:25.) Hasta el día de hoy, los judíos no han podido recibir a Cristo como su Mesías.

Es algo por lo que debemos orar continuamente; pedir a Dios que les sean abiertos los ojos, y que puedan ver claramente quién es Él.

Lección 9

Parte 4

El Fundamento Sobre la Roca

Apoyos: *1. Una bolsa de canicas pequeñas. 2. Tres biblias para que tres niños lean un pasaje cada uno.*

Todo mundo cuéntese los pies. ¿Cuántos tienen? *(Escucha lo que responden.)* Les gustaría *mostrarle al grupo cómo estar de pie en dos pies? (Llama a un voluntario a que pase al frente.) Muy bien, ahora ponte de pie. Qué fácil, ¿verdad? (Saca las canicas y ponlas a los pies de los niños.)* Ahora, párense sobre las canicas. *(Tómalos de las manos, si se van a caer.)* No es fácil estar de pie cuando no tienes un fundamento firme sobre el cual pararte. *(Pídele al voluntario que pase a su lugar.)*

El fundamento de la iglesia es la verdad de que Jesucristo es el Hijo sobrenatural del Dios viviente. Si creemos otra cosa, o algo menos que esto, nos vamos a tropezar y podemos caer o resbalar, como si estuviéramos parados sobre canicas. *(Pídele a un niño que lea 1 Corintios 3:11.)*

Por favor, pongan ambos pies en el suelo, ahora intenten empujarlo con toda la fuerza posible. ¡Más fuerte! ¿No pueden? De la misma manera, es imposible que alguien pueda destruir el fundamento de la iglesia. Mucha gente ha tratado de hacerlo en el pasado, y aún hoy hay muchos que tratan de hacerlo constantemente. Para la gloria de Dios, nada nos podrá quitar la piedra angular de JESUCRISTO, ¡NUNCA! Podemos pararnos sobre la verdad de que Jesús es Señor— independientemente de cualquier problema que podamos enfrentar. *(Pide a un niño que lea Mateo 7:24-25)*

Incluso ahora que ustedes son niños, es importante saber que en la vida siempre vamos a tener tormentas. Jesús dijo: ***Yo les he dicho estas cosas para que en mí hallen paz. En este mundo afrontarán aflicciones, pero ¡anímense! Yo he vencido al mundo.*** (Juan 16:33.) Él tiene todas las respuestas. Debemos caminar con cuidado y confiar en Jesús, independientemente de lo que suceda. Debemos creer no sólo que es el hijo del Dios viviente que vive para siempre. También debemos creer que somos hijos del Dios viviente, y que también viviremos para siempre. Eso es lo que significa —pertenecerle— a Jesús. ***Porque tanto amó Dios al mundo, que dio a su Hijo unigénito, para que todo el que cree en él no se pierda, sino que tenga vida eterna.*** (Juan 3:16)

Un día, habrá paz en todo el mundo (Isaías 11.) Pero ahora, el mundo está en un tiempo de estremecimiento. *(Pídele a un niño que lea Hebreos 12:25-19. Toma la lata de soda y agítala; haz como si la fueras a abrir.)* La Biblia dice que todo lo que pueda agitarse, será agitado. Dice que en los últimos días, justo antes de que regrese Jesús, los hombres desmayarán de temor y de la expectación de las cosas que están por venir sobre el mundo; porque los poderes de los cielos se sacudirán. Van a suceder cosas que nos van a sacudir; cosas que no entendemos, ¡ni aún siendo cristianos! Pero, si confiamos en nuestro fundamento seguro —Jesús, ¡Eso no nos afectará a nosotros los Cristianos!

Lección 9

Teatro

Firme e Inamovible

Actores: Padre, hijo, tres soldados militantes
Apoyos: 1. Tres palos largos, 2. Teléfono
Disfraces: Pantalones de camuflaje, camisas negras, bandas para la cabeza en colores que combinen, para los tres soldados. Padre, hijo, tres soldados militantes

(El hijo está sentado en la mesa, leyendo. El teléfono suena.)

Hijo: ¿Bueno? *(Pausa)* Sí, es la casa del pastor. *(Pausa)* No, no se encuentra en este momento. *(Pausa)* Fue a apoyar a una de las familias de la iglesia. *(Pausa)* Acaba de llamar y dijo que llegaría en diez minutos. *(Pausa.)* OK. Le diré que le llame. *(Pausa.)* De nada. Adiós. *(El hijo ve el reloj.)* Más vale que salga a esperarlo y le abra la reja para ayudarle. *(Camina hacia la "reja." Tres soldados con "armas" (palos) van caminando por esa zona, se acercan a una puerta imaginaria; alguien fuera de la escena hace un sonido como si tocaran a la puerta.)*

Hijo: ¡Ya voy, papá! *(Se detiene, con cara de confusión.)* ¡A ver! ¡Aún no he escuchado el carro! ¡Debe llegar a la reja de la entrada para meter el carro! *(Estira el cuello como si tratara de ver a través de algo, para ver quién está tocando la puerta.)* ¡Los soldados! ¡Le van a hacer daño a mi papá! ¡Nooo! *(Se pone de rodillas y ora.)* Señor, ¡ayúdame! ¡No permitas que mi papá llegue ahorita, y dame valor a mí! Soy un niño, pero mi papá está ayudando a la gente. Tiene que vivir para seguir ayudando a muchas personas más. *(Se pone de pie y camina con pasos firmes hacia la puerta, asustado.)* Todo lo puedo en Cristo que me fortalece.

(Los soldados vuelven a tocar, ahora más fuerte.)

Hijo: *(Hace como si abriera la puerta, saliera y la cerrara.)* ¿Qué desean?

Soldado: ¿Dónde está tu papa?

Hijo: ¿Para qué quieren verlo? ¿Qué mal les ha hecho?

Soldado:	¡Mira, niño chiflado! Estamos aquí para hablar con él, no contigo.
Hijo:	No está aquí, y espero que no venga a la casa. Déjenle el mensaje y cuando llegue se lo doy.
Soldado:	*(Menea el arma y dice con tono sarcástico:)* El mensaje no está en palabras. *(El hijo se pone de pie con valentía y lo ve fijamente. El soldado lo ve con severidad, a los ojos, durante unos segundos, y luego le da la espalda y hace como si hablara con los otros dos soldados, como si hablaran sobre la situación. Por fin, se endereza, y sin voltear a ver al niño, los tres soldados se van.)*
Hijo:	*(Los ve alejarse, hasta estar seguro que ya se fueron, y luego se pone de rodillas.)* ¡Gracias, Dios! ¡Gracias, Jesús! ¡Gracias, Espíritu Santo! *(Su papá se le acerca. El hijo, que tiene la cabeza hacia abajo y está orando, no lo ve)* ¡Gracias, gracias, gracias!
Padre:	¿Por qué estás aquí afuera? ¿Y por qué le estás dando gracias a Dios?
Hijo:	¡Papá! *(Lo abraza.)* ¡Dios me escuchó! ¡No permitió que llegaras, y me dio valentía para enfrentar a nuestros enemigos!
Padre:	*(Voltea alrededor.)* ¿Cuáles enemigos?
Hijo:	¡Los soldados! Eran tres. Querían hacerte daño. Pero los enfrenté. ¡Por fin se fueron! ¡Se acaban de ir!
Padre:	*(Le pone la mano en el hombro a su hijo.)* Acabas de comprobarte a ti mismo que verdaderamente eres hijo de Dios. Esa valentía sólo viene de la Roca de nuestra salvación —Jesús! Estoy orgulloso de ti.
Hijo:	Gracias, Papá. *(Ve hacia todos lados.)* ¿Dónde está tu carro?
Padre:	Venía por la loma y se reventó la manguera del radiador. *(Señala con el dedo.)* Dejé el carro allá para ir a arreglarlo mañana, durante el día.
Hijo:	¡Wow! ¡Les cayó chamba a los ángeles! *(Exagera la voz como si estuviera citando la Biblia.)* "Y EL ÁNGEL DEL SEÑOR DESCENDIÓ, Y REVENTÓ LA MANGUERA DE AGUA DEL CARRO!" *(Ambos se ríen y se van de donde está la puerta, hacia dentro de la casa, donde está el teléfono. Están de pie, dando la espalda al público.)*

(Sale un cartelón que dice "UNA SEMANA DESPUÉS." Los soldados vuelven a venir; están a la puerta. La ropa está sucia y rota, y tienen heridas en la cara. Tocan la puerta con insistencia y fuerte. El papá y su hijo se voltean a ver preocupados. Caminan hacia la puerta.)

Hijo:	¿Quién será? ¡Parece que están asustados! *(Ambos se asoman para ver quién es, y voltean a verse.)*
Padre:	Sé fuerte.
Hijo:	Pero... pero…
Padre:	¿Cómo puedo predicar sobre el amor y el perdón si no tengo misericordia de mis enemigos? *(Abre la puerta y habla con los soldados.)* ¿Qué es lo que buscan?

Soldado 1: ¡Escóndannos! ¡Por favor! ¡Protéjannos! ¡Nos están tratando de matar!

Padre: *(Se hace a un lado para dejarlos entrar.)* ¡Entren, rápido! *(Se vuelve hacia el hijo.)* Trae agua y medicinas para sus heridas. Dile a tu mamá que les traiga comida. ¡Apúrate! *(El hijo se va de prisa. El papá lleva a los soldados a un lado de la bodega.)* ¡Aquí estarán a salvo!

(Los soldados le dan la espalda al auditorio y se ponen en cuclillas. El papá se voltea de espaldas al auditorio, de pie. Se muestra una señal que dice "Cinco horas después." El hijo entra y se para junto al padre. Todos se ponen de pie y voltean hacia el auditorio, aun de pie.)

Soldado #1: *(Dirigiéndose al padre.)* Nos salvaron la vida.

Soldado #2: Incluso nos abrió las puertas de su iglesia para escondernos.

Soldado #3: Y nos curaron las heridas y nos dieron de comer. ¿Por qué?

Padre: La violencia —NUNCA— cambia las cosas, sólo el AMOR lo logra. Jesús, nuestro salvador, manifestó amor ante la violencia y cambió el mundo. A Él le gustaría que cada uno cambiara su mundo.

Los tres soldados: *(Se voltean a ver entre ellos y luego voltean hacia el suelo.)* Gracias. *(Empiezan a caminar hacia la puerta.)*

Soldado #1: *(Se detiene y ve al hijo.)* Joven, eres un hombre muy valiente, porque enfrentaste a un grupo enojado, de noche, y tú sólo. Eres un hombre bueno. *(Salen de escena los tres soldados.)*

Hijo: ¡Papá! ¡Uno de ellos es el que vino a matarte aquella noche!

Padre: *(Afirma con la cabeza.)* Sí, así es. Lo único que conoce esta gente es matar y odiar. Esperan que nosotros también los odiemos. Si les tenemos odio, estaremos traicionando a Cristo. El amor y el perdón son una elección que debemos tomar para mostrarles que nuestro Dios es real.

Hijo: ¿Crees que vayan a recibir al Señor, ahora que han sentido Su amor?

Padre: No lo sé. Lo que sí sé es que ahora tienen una oportunidad.

(Salen ambos del escenario,)

Preguntas de Repaso

1. ¿Era el plan de Dios que Jesús fuera su Hijo único? *No*
2. ¿Qué debemos conocer en cuanto a su vida, para seguir su ejemplo? *Lo que hizo, sintió y pensó.*
3. ¿Cómo debemos actuar y pensar? *Como Jesús.*
4. ¿Qué es una piedra angular? *Es una piedra o un ladrillo que coloca el constructor en la esquina de un edificio sobre el cual se apoyan las paredes al edificar.*
5. La Biblia menciona que Jesús es cierto tipo de piedra angular. ¿De qué tipo es? *La Principal piedra angular.*
6. Una piedra angular puede ser algo más que una piedra o un ladrillo. ¿Qué cosa podría ser? *El fundamento de ideas o conceptos.*
7. La Biblia dice que los cristianos somos un edificio que no está hecho de ladrillos ni de piedra. ¿Qué somos, entonces? *Somos piedras vivas.*
8. ¿Qué es el rechazo? *Que tus amigos te hagan a un lado*
9. ¿Quién rechazó a Jesús? *Los líderes religiosos, sus amigos y sus parientes.*
10. ¿Qué pasó con los doce discípulos y los demás cristianos cuando Jesús murió y volvió al cielo? *La misma gente que rechazó a Jesús, los rechazó a ellos también.*
11. ¿Qué hicieron, en lugar de enojarse? *Se regocijaron.*
12. Hoy en día, ¿quiénes constituyen la mayor parte de la iglesia – los gentiles o los judíos? *Los gentiles*
13. ¿Por qué? *La mayoría de los judíos de este tiempo aun rechazan a Jesús como su Mesías.*
14. Cuando Dios sacuda los cielos y la tierra, ¿qué tipo de cosas son las que van a permanecer? *Las cosas inconmovibles; las que tienen fundamento sólido.*
15. Jesús dijo que tendremos problemas, pero que no debemos sentirnos atribulados. ¿Por qué? *Él tiene todas las respuestas a nuestros problemas.*

Lección 9

Esgrima Bíblico

1. Isaías 28:16	Por eso dice el Señor omnipotente: "¡Yo pongo en Sión una piedra probada!, piedra angular y preciosa para un cimiento firme; el que confíe no andará desorientado.
2. 1 Corintios 3:11	porque nadie puede poner un fundamento diferente del que ya está puesto, que es Jesucristo.
3. Romanos 8:29	Porque a los que Dios conoció de antemano, también los predestinó a ser transformados según la imagen de su Hijo, para que él sea el primogénito entre muchos hermanos.
4. 1 Juan 3:2	Queridos hermanos, ahora somos hijos de Dios, pero todavía no se ha manifestado lo que habremos de ser. Sabemos, sin embargo, que cuando Cristo venga seremos semejantes a él, porque lo veremos tal como él es.
5. Romanos 11:25	Porque no quiero, hermanos, que ignoréis este misterio, para que no seáis arrogantes acerca de vosotros mismos; que la ceguedad en parte aconteció en Israel, para que entre tanto entrase la plenitud de los gentiles; RV2000
6. Mateo 7:24	"Por tanto, todo el que me oye estas palabras y las pone en práctica es como un hombre prudente que construyó su casa sobre la roca.
7. 1 Pedro 2:5	también ustedes son como piedras vivas, con las cuales se está edificando una casa espiritual. De este modo llegan a ser un sacerdocio santo, para ofrecer sacrificios espirituales que Dios acepta por medio de Jesucristo.
8. Isaías 53:3	Despreciado y rechazado por los hombres, varón de dolores, hecho para el sufrimiento. Todos evitaban mirarlo; fue despreciado, y no lo estimamos.
9. Hechos 5:41	Así, pues, los apóstoles salieron del Consejo, llenos de gozo por haber sido considerados dignos de sufrir afrentas por causa del Nombre.
10. Juan 16:33	Yo les he dicho estas cosas para que en mí hallen paz. En este mundo afrontarán aflicciones, pero ¡anímense! Yo he vencido al mundo.

Lección 9

Tiempo con Dios

Apoyos: *1. Aparato para CD's, 2. Música de adoración, 3. Una caja o estructura sólida sobre la cual se pueda subir un niño en incluso tú para dar el ejemplo y estar de pie sin peligro.*

(Cada niño se pondrá de pie sobre la caja y compartirá una cosa que les haga sentir inseguridad. Podrían ser cosas como que su papá está a punto de quedarse sin trabajo, el abuelo que está por morir, haber sacado malas calificaciones en el colegio, la inseguridad de tu país, los narcotraficantes, un papá que tuvo que irse a la guerra, etc. Debes explicarles muy claramente que la caja representa a JESÚS, LA ROCA FIRME *sobre la cual ponemos nuestra vida. Recuérdales que cuando Jesús es nuestro Señor y Salvador, Él se convierte de manera automática en nuestra Roca Fuerte, pero cada quien debe acercarse a Él en oración, cuando necesitemos ayuda.)*

(Luego, los demás niños lo rodean, le imponen las manos y oran por ese niño o niña. Uno por uno, pasan todos los que tienen una necesidad por la cual quieren que se ore.)

(También podrían orar por familiares o gente de la iglesia o cristianos de otras iglesias que están pasando por situaciones difíciles.

La oración principal que se debe repetir en cada caso es que están de pie sobre la Roca Firme, y que están confiando en Él como su fundamento.)

(Es importante enseñarles a usar las escrituras como parte de la oración. Dales algunos pasajes con los cuales puedas mostrarles cómo convertirlos en oraciones. Por ejemplo:)

"Señor, dijiste que eres la piedra angular que está firmemente colocada, y que quien crea en ti no será desestabilizado ni perturbado. Por eso te pedimos ahora por ____, que no esté preocupado(a) por la enfermedad de su abuelito." *(Basada en Isaías 28:16)*

"Padre, tú dices que quien ponga en práctica tu palabra será como un hombre sabio que construye su casa sobre la roca. Yo sé que la familia _______ obedece tu palabra; por lo tanto, dales la sabiduría que necesitan para confiar plenamente en tus promesas." *(Con base en Mateo 7:24)*

"Dios, tú sabes que no le es fácil a _________ enfrentar a los niños del salón cuando les dice que no debemos usar tu nombre en vano, y cuando se burlan de él. Pero estamos orgullosos de él, que ha sufrido vergüenza por tu nombre." *(Con base en Hechos 5:41)*

(Usa estos pasajes como ejemplos para hablar con los niños sobre otros pasajes que pueden usar cuando oren. Es un ejercicio que se puede hacer frecuentemente, aplicándolo a situaciones muy variadas, sobre temas muy diversos.)

Lección 10

Un Nuevo Hombre

Lección 10

Un Hombre Nuevo

Para el Maestro

Hay quienes enseñan y sugieren que Dios ha abandonado al pueblo judío, y que se ha olvidado del llamado personal que les ha hecho a los judíos, de vivir según las promesas de Abraham. Esta línea de pensamiento es tan vieja como la Biblia misma. Pablo responde a esta crítica en Romanos 11:11-12: ***Ahora pregunto: ¿Acaso tropezaron para no volver a levantarse? ¡De ninguna manera! Más bien, gracias a su transgresión ha venido la salvación a los gentiles, para que Israel sienta celos. Pero si su transgresión ha enriquecido al mundo, es decir, si su fracaso ha enriquecido a los gentiles, ¡cuánto mayor será la riqueza que su plena restauración producirá!***

Nos encontramos a orillas de esta bendición, esperando ver la verdad profética convertida en verdad presente. En la actualidad, Dios está enfocado en la salvación de los judíos, que son la semilla de la promesa de gracia (Romanos 11:25-26.) El simple hecho de que sientas que este programa es relevante para los niños, es una pista que apunta a que Dios está preparando tu corazón para abrazar al pueblo con el que originalmente hizo su pacto. ***Hermanos, quiero que entiendan este misterio para que no se vuelvan presuntuosos. Parte de Israel se ha endurecido, y así permanecerá hasta que haya entrado la totalidad de los gentiles.*** (Romanos 11:25)

Cristo, ***pues anuló la ley con sus mandamientos y requisitos. Esto lo hizo para crear en "Él mismo," de los dos pueblos "una nueva humanidad" al hacer la paz*** (Efesios 2:15.) Ahora, los gentiles son coherederos con los judíos; son miembros del mismo cuerpo, y comparten la misma promesa divina en Cristo (Efesios 3:6.) Sin embargo, la iglesia gentil debe ajustar su corazón para aceptar el propósito inmutable de Dios, de hacer "un hombre nuevo."

Probablemente los niños de tu grupo verán que muchos judíos mesiánicos reciben dones sobrenaturales del favor y la bienvenida de Dios. El conocer el corazón de Dios y su plan original nos salvaguarda del celo que nos impediría disfrutar el gozo del Señor a su regreso. Así como nosotros fuimos salvos por gracia, así será para ellos también.

La iglesia gentil debe ajustar su corazón para aceptar el propósito inmutable de Dios, de hacer "un hombre nuevo."

Versículo de Poder

"Pues anuló la ley con sus mandamientos y requisitos. Esto lo hizo para crear en sí mismo de los dos pueblos una nueva humanidad al hacer la paz."
Efesios 2:15 NVI

Comprende el Versículo de Poder

Sí mismo:	Se refiere a Jesús
Un hombre nuevo:	El cuerpo de Cristo; todos los creyentes judíos y gentiles
Dos:	Judíos y gentiles

Preparar con Anticipación

Parte 1: *Apoyos: 1. Una estrella de David, del kit de visuales JNM, p. 252, 2. Una corona, 3. Una foto familiar, cortada o rota en dos partes; entrega en secreto una de las dos mitades a un niño del grupo. 4. Actor Jesús.*

Parte 2: *Apoyos: 1. Los Diez Mandamientos, 2. Una tela roja grande, de 1.2 x 1.2 mts., con un corte pequeño en la parte superior, 3. Niño judío vestido con yarmulke y chal de oración, portando una cruz de cartón en la mano, 4. Niño gentil, sin disfraz, sosteniendo una cruz de cartón, 5. Actor Dios, 6. Actor Jesús.*

Parte 3: *Apoyos: 1. Tres niños vestidos de judíos, con yarmulkes y chales de oración. 2. Dos de los niños sostienen una cruz grande de cartón en la mano.*

Parte 4: *Apoyos: 1. Actor Dios, 2. Los Diez Mandamientos, 3. Actor Jesús, 4. Dos figuras humanas sencillas, de plastilina (o Play doh), aun suaves y maleables, 5. Un niño judío, 6. Un niño* ***gentil.***

Tiempo con Dios: *Apoyos: 1. Una bandera de Israel, del kit de visuales JNM, p. 252. 2. Una Menorah, como la del kit de visuales JNM, p. 252. 3. Filacterias hechas de cajas de cerillos. 4. Chales de oración. 5. Un shofar, como el del kit de visuales de JNM, p. 252, 6. Yarmulkes para los niños, 7. La lista de versículos bíblicos de la página 240 impresa, una por niño. 8. Aparato para tocar CDs. 9. El CD "La Restauración de Israel," de Joel Chernoff, del kit de visuales JNM, p. 252, la canción "Judío y Gentil."*

Lección 10

Parte 1

Un Reino Bajo la Autoridad de Dios

Apoyos: *1. Una estrella de David, del kit de visuales JNM, p. 252, 2. Una corona, 3. Una foto familiar, cortada o rota en dos partes; entrega en secreto una de las dos mitades a un niño del grupo. 4. Actor Jesús.*

(Muestra la estrella de David.) ¿Qué simboliza esto? *(Escucha sus respuestas.)* Es una "estrella de David." En todas partes del mundo, este símbolo representa el país de Israel. El ángel Gabriel le dijo a María, "[Tu hijo, Jesús] será grande, y lo llamarán Hijo del Dios Altísimo... *(Ponle la corona al actor Jesús.)* (Lucas 1:32) Como cristianos, esperamos un reino que no tendrá fin, que vendrá desde Jerusalén, y cuyo rey será el hijo de David, el Rey Jesús.

Hemos aprendido que Jesús seguirá siendo judío cuando venga a reinar sobre la tierra. Antes de que enviara a sus discípulos a buscar a los gentiles que habrían de creer en Él, Jesús les dijo a sus hermanos judíos, "Tengo ovejas que son de otro redil..." (Juan 10:16) ¿Encontraron ellos gente que creía en Jesús en otros países, fuera de Israel? *(Escucha sus respuestas.)* ¡Sí¡ La mayoría de los libros del Nuevo Testamento son cartas escritas por judíos, dirigidas a los creyentes gentiles de otros países.

A través de los siglos, la mayoría de las personas que han creído en Cristo no son judíos; son quienes han constituido "la Iglesia." A lo largo de la historia, que cuando los cristianos piensan en la iglesia, No es común que incluyan a los judíos creyentes. *(Muestra una mitad de la foto rota. Explícales que esta mitad representa a los gentiles cristianos.)* De nuevo, la mayoría de los judíos no ha aceptado a Jesús. Sin embargo, ahora Jesús está a punto de traerlos de todas partes del mundo.

En el pasado, los judíos han tenido que ajustar su idea en cuanto a que los gentiles son los seguidores de Cristo. Ahora, nosotros los creyentes gentiles tenemos que ajustar nuestro pensamiento en cuanto a que los judíos son los seguidores de Yeshua. Él tiene otras ovejas que no son del rebaño de los gentiles, y su deseo es que ambos sean sólo un rebaño, bajo un sólo Pastor. Serán parte de la familia de la iglesia. *(Muestra ambas mitades de la foto y únelas.)* Si junto las dos mitades, ¡podemos ver la foto completa! Dios ve a todos sus hijos como un sólo cuerpo, escondido en Cristo (Colosenses 3:3.) También dice que la iglesia es un cuerpo con muchos miembros o muchas partes. Si me faltara la mitad del cuerpo, ¿podría funcionar plenamente? *(Escucha lo que responden.)* ¡No! Necesitamos a los judíos para que llegar a ser el cuerpo de Cristo —¡COMPLETO!, en plenitud.

Parte 2

El Muro de la Ley

Apoyos: *1. Los diez mandamientos, 2. Una tela roja grande, de 1.2 x 1.2 mts, de antemano, haz un corte de 3 cms. en el borde superior de la tela a la mitad, 3. Niño judío vestido con yarmulke y chal de oración, portando una cruz de cartón en la mano. 4. Niño gentil, sin disfraz, sosteniendo una cruz de cartón, 5. Actor Dios, 6. Actor Jesús.*

Dios les dio a los Israelitas la Ley para guiarlos a hacer el bien y para protegerlos de ser dañados. En cierta manera es similar a los que hacen tus papás cuando te dicen que te laves los dientes. ¿Por qué? *(Escucha sus respuestas.)* Para protección tuya. Un buen papá guía y protege a sus hijos. Las leyes de Dios son para proteger a su pueblo de la influencia del pecado.

Dios sabía que si los judíos se hacían amigos de gente que adora ídolos, muy pronto ellos también harían lo que sus amigos; es decir, pecar con los ídolos. En el Libro de Deuteronomio 7:3-4 la Biblia dice que Dios les dijo: ***Tampoco te unirás en matrimonio con ninguna de esas naciones; no darás tus hijas a sus hijos ni tomarás sus hijas para tus hijos, porque ellas los apartarán del Señor y los harán servir a otros dioses. Entonces la ira del Señor se encenderá contra ti y te destruirá de inmediato.*** *(Muestra los Diez Mandamientos y haz como si te escondieras detrás de ellos.)*

La Ley de Dios es como una protección para alejar a su pueblo de la tentación del pecado, y para protegerlos de la ira de Dios en contra del pecado.

Con la muerte de Jesús en la cruz, tanto judíos como gentiles pueden ser perdonados y venir juntos ante Dios. *(Entran un niño judío y un gentil. Jesús levanta la tela roja entre ellos y Dios.)* Ahora sólo hay una cortina rota entre Dios y nosotros —es el cuerpo quebrantado de Jesús. La biblia dice: ***Así que, hermanos, mediante la sangre de Jesús, tenemos plena libertad para entrar en el Lugar Santísimo,*** (Hebreos 10:19, 20) *(Jesús rompe la tela roja a la mitad, colocando una mitad sobre el judío y la otra sobre el gentil.)*

La Ley nos dice lo que es el pecado, pero sólo la sangre puede borrarlo. Sea que seamos judíos o gentiles, todos venimos a nuestro Padre celestial, el Dios Altísimo de la misma forma: a través de la sangre de Yeshua. La Ley ya no puede separarnos de Dios. *(Con las telas rojas aún sobre ellos, el niño judío, el gentil y el que representa a Dios Padre se abrazan en grupo.)*

Lección 10

Parte 3

Caminos Separados

Apoyos: 1. Tres niños vestidos de judíos, con yarmulkes y chales de oración. 2. Dos de los niños tienen una cruz grande de cartón en la mano.

Recordemos que el primer grupo de creyentes fue gente judía que recibió a Jesús como su Mesías. *(Un niño judío da un paso al frente.)* Cuando los gentiles empezaron a creer en Cristo, no hicieron congregaciones propias, sino que se unieron con los judíos creyentes para adorar a Dios. *(El segundo niño da un paso al frente y se coloca al lado del primero. Ambos oran, inclinándose hacia el frente y hacia atrás, de la cintura para arriba.)* La iglesia estaba formada por judíos y gentiles que adoraban a Dios juntos. Ese era y sigue siendo el deseo de Dios, quien envió a los judíos para que hicieran discípulos de entre los gentiles. Debían ser una iglesia en la que la gente no viera diferencias, sino que se regocijaran por ser todos una familia en Cristo Jesús (Gálatas 3:28.)

Sin embargo, se desarrollaron dos problemas. Los judíos que no creían en Yeshua (Jesús) no querían que sus primos judíos creyentes se identificaran con ellos ni con su herencia judía. *(Entra el tercer niño y le quita de un jalón el yarmulke al niño judío. Este se lo arrebata. Ambos niños salen de la escena.)* Al pasar de los años, y conforme aumentaba la cantidad de gentiles creyentes, los líderes de las iglesias empezaron a enseñar que los cristianos no debían identificarse con ninguna cosa judía. *(El segundo niño se quita el yarmulke y el chal de oración, los deja caer al suelo, y se aleja del primer niño.)* Cambiaron el día del Señor de sábado a domingo. *(Se aleja más del primer niño.)* Dejaron de celebrar las Fiestas del Señor e inventaron otros días festivos para sustituirlos. *(Se separa aún más del primer niño.)* En muchas otras formas hicieron el esfuerzo de diferenciarse de su identidad judía.

Parecía ya no tener importancia el que los gentiles hubieran empezado unidos con los creyentes judíos. Y debido a que la mayoría de los judíos de hoy en día no aceptan a Jesús como su Mesías *(el primer niño deja caer la cruz al suelo)*, existe una gran división entre dos grupos de personas que buscan a Dios de dos formas distintas. Sin embargo sabemos que esto no será así para siempre, porque la Biblia nos promete que muchos judíos serán uno con nosotros de nuevo. Llegará un día en que se acabarán las diferencias. Dios tiene a los judíos en un lugar muy especial en su corazón (Juan 1:11) y Él está velando por ellos, para darles todo lo que le prometió a Abraham. Para Él, son ovejas que esperan que se les traiga a Su redil. Para nosotros, son como hermanos y hermanas que un día compartirán un lugar en nuestra mesa, como parte de la familia. *(El primer niño y el segundo caminan uno hacia el otro, y "la chocan" {juntan sus manos, en señal de regocijo}.)*

Lección 10

Parte 4

UNA Familia en Dios

***Apoyos:** 1. Actor Dios, 2. Los Diez Mandamientos, 3. Actor Jesús, 4. Dos figuras humanas sencillas, de plastilina (o Play doh), aun suaves y maleables, 5. Un niño judío, 6. Un niño gentil.*

Dios ama a los judíos de manera muy especial. Siempre ha querido ser amigo de ellos. Les dio la Ley para protección de ellos, pero ésta los separó de los gentiles. *(El actor Dios entra y se pone de pie detrás de los demás. Coloca los mandamientos entre el judío y el gentil.)* La ley también tenía reglas específicas sobre cómo acercarse a Dios adecuadamente. *(Los dos niños se voltean y extienden los brazos hacia Dios. Dios extiende los brazos, sosteniendo los mandamientos entre él y los dos niños.)* Dios quería estar cerca tanto de los creyentes judíos como de los gentiles, pero la Ley se interpuso entre ellos. Por lo tanto, Dios envió a Jesús. *(Entra Jesús, con una tela roja grande.)* Jesús dio su vida para librarnos de los juicios que había contra nosotros en la Ley (Efesios 2:15.) *(Jesús envuelve los mandamientos con la tela roja, y luego los carga él.)* Cristo extendió los brazos para unir a judíos y a gentiles en sí mismo. *(Jesús coloca un brazo sobre el judío y otro sobre el gentil, llevándolos hacia Dios.) Los trae hacia Dios Padre unidos, como hermanos. (Salen los actores.)*

Antes de que viniera Jesús, la Ley separaba a los dos hermanos, y Dios los consideraba como si fueran dos familias independientes. *(Muestra las dos figuras de plastilina, una en cada mano.)* Cuando Cristo los reunió, se unieron como una sola familia. *(Con las manos, moldea las dos figuras de plastilina, uniéndolas en uno de los lados, de manera que se peguen en ese punto. Moldea ambas figuras, haciendo una sola.)* Se convirtieron en lo que Dios llama "UN HOMBRE NUEVO." Los creyentes judíos y gentiles que son hombres nuevos concuerdan en confiar en la GRACIA DE CRISTO, en lugar de confiar en la LEY DE MOISÉS. Tal vez tengan formas distintas de alabar y adorar a Dios, pero adoran al mismo Padre por medio de Jesús , o Yeshua Ha Machiach, que es su nombre judío.

Esperamos que cada día más judíos crean en la cruz de Cristo. *[Nota: Los judíos que han creído en Cristo no se llaman a sí mismos "CRISTIANOS," sino "CREYENTES EN YESHUA," o "JUDÍOS MESIÁNICOS." El nombre "CRISTIANO" pertenece exclusivamente a los creyentes gentiles].* Actualmente, Dios nuevamente está buscando a su pueblo, de una manera agresiva. Ha prometido esperarlos, incluso darles la tierra que le prometió a su padre Abraham. Ya casi es hora de que Jesús venga de nuevo, y quiere que toda la familia le dé la bienvenida. Nosotros, los creyentes gentiles, debemos orar fielmente por nuestros amigos judíos, para que vengan al Mesías.

Lección 10

Teatro

Los Dos Hermanos

Actores: *Una mamá, un papá, una mujer misterio, un hijo adulto.*

Apoyos: *1. Dos muñecos bebé de igual tamaño, 2. Una cuna, 3. Dos sillas y una mesa, 4. Un reloj despertador, 5. Un caballete para mostrar los siguientes letreros: a. "Tres meses después," b. "Después de muchas semanas," c. "21 años después"*

Disfraces: *1. Ropa de todos los días, 2. Una capa negra para la mujer misterio.*

(Coloca la mesa y las sillas hacia un lado del escenario, y la cuna en el lado opuesto. Mamá y Papá entran cargando a uno de los bebés cada uno, envueltos en una cobija. Ambos están sonriendo y balbuceando con el "bebé" que traen en brazos.)

Mamá: ¡Pero si están idénticos! ¿Cómo los vamos a diferenciar?

Papá: A pesar de que son gemelos idénticos, con el tiempo alguna característica los va a diferenciar. ¡Cómo nos ha bendecido Dios! ¿Verdad?

Mamá: ¡Doble bendición! ¿Cómo les pondremos? ¿Qué tal dos nombres que empiecen con la misma letra, como Rogelio y Ricardo?

Papá: A mí se me ocurre algo así como Julio y Tulio.

Mamá: Nos vamos a volver locos con dos nombres tan parecidos.

Papá: Pero valdrá la pena. Porque cada vez que oigan su nombre, les estaremos recordando que se llaman casi igual porque son casi iguales. Es importante que sepan que deben cuidarse mutuamente y estar cerca uno del otro.

Mamá: Está bien; que sea Julio y Tulio. Pero es hora de que estos dos niñitos se vayan a la camita.

Papá: *(Ambos llevan a los bebés a la cuna y los acuestan.)* Señor, nos has dado dos niños hermosos. Te pedimos que siempre estén unidos —uno al otro, y contigo. Te los entregamos para tu reino. Amén. *(Salen ambos papás. En el caballete se exhibe el letrero que dice, "Tres meses después.")*

Mamá: *(Entra bostezando y estirándose.)* Ha sido un buen día, pero muy ocupado. Por fin, a las 8, ya estaban los bebés en la cuna. Pero uno de ellos no quería dormirse; se estaba riendo.

Papá: Bueno, parece que será muy alegre.

Mamá: Ambos son maravillosos. Los amo con todo el corazón.

Papá: Yo también, mi amor. Nuestra vida no estaría completa sin ellos dos. Ve a dormir; te alcanzo en unos minutos. Buenas noches. *(La mamá asienta con la cabeza y se va.)*

(***El papá sigue leyendo un libro o el periódico. Al fondo aparece la mujer misterio. Cuando se da cuenta que el papá está allí, desaparece rápidamente para que no la vean. El papá se levanta y se va. La mujer vuelve a aparecer y se para junto a la cuna para ver a los bebés. Inclina la cabeza a un lado, mientras los admira. Con cuidado, levanta a uno de ellos, lo envuelve con la cobija, y se va con él en brazos.)***

(***Suena el despertador. La mamá, somnolienta, camina hacia la cuna.)***

Mamá: Qué bueno que durmieron toda la noche, pero ya es hora de su lechita para empezar nuestro día. *(Se detiene y voltea a ver la cuna, luego se da la vuelta y corre hacia la mesa.)* Mi amor, ¿tienes a Julio?

Papá: No… yo no le puedo dar lo que necesita.

Mamá: ¡No está en la cuna!

Papá: ¡Qué? *(Ambos corren a la cuna.)* ¡No! ¡Lo raptaron! Voy a ir a buscarlo. ¡Lo voy a encontrar! ¡Tengo que encontrarlo!

(El papá sale corriendo. La mamá levanta al otro "bebé," lo carga y lo mece de un lado al otro. Se sienta al lado de la mesa. Cruza el escenario alguien con el letrero "Después de muchas semanas." El papá entra y se sienta, desanimado, junto a la mamá.)

Papá: No quiero darme por vencido, pero ya lo intentamos todo. Hemos buscado en todas partes y por todos los medios. *(Menea la cabeza y la apoya en una de sus manos.)* Nuestro bebé ha desaparecido.

Mamá: Nada me podría entristecer más, excepto que también perdiéramos a Tulio. Debemos evitarle esta tristeza. Nunca vamos a contarle de su hermano ni del secuestro. ¿Estás de acuerdo?

Papá: Está bien; estoy de acuerdo. Debe crecer sin esta tristeza.

(Exhibir el letrero "21 años más tarde." La mamá se pone un chal o algo que indique que ya son mayores. Entra el hijo, ya todo un joven adulto.)

Hijo: ¡Hola, Mamá! ¡Hola, Papá! ¡Ya regresé del trabajo!

Mamá: ¡Hola! ¡Qué gusto verte!

Hijo: Les tengo buenísimas noticias. Encontré una casa para rentar. Como ya lo hemos platicado muchas veces, y como ya tengo 21 años, quiero irme a vivir solo. *(Voltea a ver a su mamá.)* No te preocupes, Mamá. Está en una colonia muy bonita, y está dentro de mi presupuesto. *(Voltea a ver a su papá.)* Casi tengo todo lo que voy a necesitar para amueblarla.

Papá: Tulio, estamos orgullosos de ti.

Hijo: *(El hijo ve muy seriamente a los papás.)* Quiero decirles algo a ambos. He estado pensando en esto durante mucho tiempo. Quiero agradecerles a ambos por ser mis papás. Y quiero que sepan que aunque me vaya a vivir por mi cuenta, ustedes son mi familia. Nosotros tres somos una sólida y amorosa familia completa. *(La mamá empieza a llorar. El papá baja la cabeza.)*

Hijo: ¿Qué pasa? *(Ninguno de los dos responde.)*

Hijo: No me voy a vivir muy lejos. Voy a venir a visitarlos. Se los prometo.

Papá: No es eso, hijo. Es que mencionaste la palabra "completa." Nos acordamos de nuestra familia… cuando estaba verdaderamente "completa."

Hijo: Tú, mi mamá y yo, ¿verdad?

Papá: Y Julio.

Hijo: ¿Quién?

Papá: *(Respira hondo.)* Tienes un gemelo. Alguien lo sacó de la cuna y se lo llevó cuando tenían tres meses de edad. Nunca te lo dijimos porque no quisimos entristecerte, ni que desearas que tu vida fuera diferente. Pero ahora que eres todo un hombre, es bueno que lo sepas.

Hijo: ¿Y cómo era?

Papá: Igual a ti. Son gemelos idénticos.

Hijo: ¿Por qué hasta su nombre es casi idéntico al mío?

Papá: No es igual. Tienen una letra diferente. Él es Julio, y tú, Tulio. Quise que fueran muy buenos amigos; así que les pusimos nombres muy parecidos para que se acordaran de ello.

Hijo: Órale… Mi papá tiene DOS hijos. Yo tengo un hermano. ¿Y dónde está?

Padre: No sabemos. Lo buscamos por todas partes, con todos los medios, pero no pudimos encontrarlo. Finalmente tuvimos que darnos por vencidos.

Hijo: *(Muy emocionado)* ¡Yo lo voy a encontrar!

Mamá: ¿Cómo?

Hijo: ¡Somos gemelos! ¡Voy a ir a muchos lugares y voy a preguntar si me han visto por allí!

Papá: Se va a parecer a ti físicamente, pero no en su forma de pensar. Su vida ha sido diferente a la tuya.

Hijo: Sí, pero somos del mismo Padre. ¡Seguramente querrá conocerte!

Papá: ¿Y dónde vas a ir a buscarlo?

Hijo: No sé todavía. Voy a orar. ¡Es toda una aventura!

Papá: Aun que has estado muy cerca de mí todos estos años, no he olvidado que tengo dos hijos. Voy a estar feliz de que vuelva a casa.

Hijo: ¡Manos a la obra, Papá! Tengo un hermano, y es hora de que estemos todos juntos" *(Salen todos.)*

Lección 10

Preguntas de Repaso

1. ¿En qué piensa la gente cuando ve la estrella de David? *En Israel*
2. ¿A quién se le dijo que su hijo se sentaría en el trono de su padre David? *A María, la madre de Jesús.*
3. ¿Cuánto tiempo le prometió Dios al Rey David que duraría su trono? *Para siempre.*
4. Jesús les dijo a los judíos que tenía otras ovejas que debía traer al redil. *¿A quiénes se refería? A los gentiles.*
5. Cuando la gente piensa en la iglesia, ¿en quién piensa: en gentiles o judíos? *Gentiles*
6. ¿Por qué no debían permitir los judíos que sus hijos se casaran con idólatras? *Porque con el tiempo se volverían adoradores de ídolos.*
7. ¿Qué representa la cortina rota, a través de la cual podemos pasar para acercarnos a Dios? *El cuerpo de Cristo (o su sangre)*
8. Completa esta oración: La ley nos dice lo que es el pecado, pero sólo la sangre puede _______. *Quitarlo / Borrarlo / Limpiarlo / Perdonarlo*
9. Cuando los gentiles empezaron a creer en Jesús, ¿abrieron una iglesia para gentiles? *No. Iban a adorar a Dios junto con los judíos.*
10. Si judíos y cristianos leen el mismo Antiguo Testamento, ¿por qué no están de acuerdo? *No están de acuerdo en que Jesús sea el Mesías.*
11. ¿Cómo volveremos a reunirnos con ellos? *Muchos judíos volverán a oír hablar de Jesús, y van a creer.*
12. Menciona dos cosas que hace una pared. *Te protege del peligro, y te separa de tus amigos.*
13. ¿Qué fue lo que distanció a judíos y gentiles? *La Ley de Moisés.*
14. ¿Cuándo los volveremos a ver juntos? *Cuando los judíos crean en Jesús.*
15. ¿Qué podemos hacer para que esto suceda? *Orar por Israel, para que pueda creer en Jesús*

Lección 10

Esgrima Bíblico

1. Romanos 11:25 — Hermanos, quiero que entiendan este misterio para que no se vuelvan presuntuosos. Parte de Israel se ha endurecido, y así permanecerá hasta que haya entrado la totalidad de los gentiles.

2 Samuel 17:16 — Tu casa y tu reino durarán para siempre delante de mí;[1] tu trono quedará establecido para siempre. "

3. Efesios 2:15 — Puso fin a la ley que consistía en mandatos y reglamentos, y en sí mismo creó de las dos partes un sólo hombre nuevo. Así hizo la paz.

4. Juan 1:11 — Vino a lo que era suyo, pero los suyos no lo recibieron.

5. Juan 10:16 — Tengo otras ovejas que no son de este redil, y también a ellas debo traerlas. Así ellas escucharán mi voz, y habrá un solo rebaño y un solo pastor.

6. Juan 17:11 — Ya no voy a estar por más tiempo en el mundo, pero ellos están todavía en el mundo, y yo vuelvo a ti. "Padre santo, protégelos con el poder de tu nombre, el nombre que me diste, para que sean uno, lo mismo que nosotros.

7. Gálatas 3:28 — Y si ustedes pertenecen a Cristo, son la descendencia de Abraham y herederos según la promesa.

8. Efesios 4:3 — Esfuércense por mantener la unidad del Espíritu mediante el vínculo de la paz.

9. Colosenses 3:14 — Por encima de todo, vístanse de amor, que es el vínculo perfecto.

10. Gálatas 3:29 — Y si ustedes pertenecen a Cristo, son la descendencia de Abraham y herederos según la promesa

Lección 10

Tiempo con Dios

***Apoyos:** 1. Una bandera de Israel, como la del kit de visuales JNM p. 252, 2. Una Menorah, como la del kit de visuales JNM p. 252, 3. Las filacterias de cajitas de cerillos, 4. Chales de oración, 5. Un shofar, como el del kit de visuales JNM p. 252, 6. Suficientes yarmulkes para los niños, 7. La lista de pasajes bíblicos de la página 240; una copia por niño, 8. CD player, 9. El CD "La Restauración de Israel," de Joel Chernoff, Kit de visuales JNM, p. 252, la canción "Judío y **gentil.**"*

La Biblia dice: ***Y si ustedes pertenecen a Cristo, son la descendencia de Abraham y herederos según la promesa*** (Gálatas 3:29) ¿Quiénes de los que estamos aquí le pertenecemos a Cristo? *(Escucha sus respuestas.)* Esto significa que somos hijos espirituales de Abraham, así como los judíos son hijos naturales de Abraham. Podemos orar por los judíos como si fueran nuestros hermanos y hermanas porque, ante los ojos de Dios, lo somos.

Sin ellos en el cuerpo de Cristo, es como si nos faltara un hermano o una hermana. Si a tu hermano o hermana se los llevaran de tu familia, y te dijeran que ya no vas a poder verlo/a, ¿cómo te sentirías? *(Escucha sus respuestas. Haz broma con ellos si algunos dicen que les gustaría deshacerse de uno de sus hermanos/as. Luego vuelve a ponerte serio/a.)* Vamos a orar en este momento. Piensa cómo te sentirías si uno de tus hermanos fuera apartado de ti y de tu familia. Así es como se siente Jesús en cuanto a los judíos.

Vamos a orar, utilizando las filacterias, los yarmulkes y los chales de oración. *(Dales tiempo para que se los pongan.)* Ahora, vamos a sentarnos alrededor de la menorah. *(Ver la información sobre las menorahs en la p. 246 y explicárselas.)*

Algunos de ustedes, pónganse de pie alrededor de la Menorah. Los demás van a sujetar las orillas de la bandera de Israel. Y el resto, uno por uno, pasen al micrófono y diríjannos en oración.

Les voy a repartir una lista de pasajes bíblicos que vamos a usar para orar. Vamos a convertir los versículos en oraciones; por ejemplo:

- Gálatas 3:28 "***No hay judío ni griego, esclavo ni libre, hombre ni mujer, porque todos son uno en Cristo Jesús.***"
- (Oración: ***Señor, haznos uno en Cristo Jesús. Gracias. Amén***.)
- Isaías 56:8 ***Y si ustedes pertenecen a Cristo, son la descendencia de Abraham y herederos según la promesa***
- Juan 1:11 "A los suyos vino, y los suyos no lo reci***bieron."***
- (Oración: ***Padre, ayuda a los judíos a cambiar de manera de pensar, para que puedan recibir a Cristo.)***
- Romanos 11:25 ***Algunos judíos tienen el corazón endurecido; esto va a cambiar cuando todos los gentiles hayan conocido a Cristo.***
- (Oración: P***adre, por favor ablanda los corazones endurecidos de los judíos para que puedan recibir a Jesús*** como su Mesías.)

Lección 11

Estrellas y Cicatrices

Lección 11

Estrellas y Cicatrices

Para el Maestro

Aunque los judíos como nación no abrazó o recibió a su Mesías, y nosotros como los gentiles, nos fue dado un lugar en sus promesas, el pueblo judío ha seguido siendo crucial e importante en la historia del mundo. Debido a que todas las promesas de Dios se han de cumplir, también son éstas significativas en el destino del reino de Dios en la tierra. Esta lección nos da una visión panorámica de la historia judía, que ayudará a nuestros niños a tener empatía y compasión por la constante lucha que tienen los judíos. Será una versión "suavizada" de la persecución que han enfrentado a lo largo de la historia.

Ellos aún esperan que su Mesías les libere. "...Las aflicciones de la derrota y del exilio sólo se atenuaron por la promesa mesiánica; el tener una esperanza de la protección divina y de la liberación, de la próxima venida de el Mesías. Esta confianza absoluta en la divina providencia ha sido clave para la 'fortaleza' judía..." (Resumen del editor de El Judaísmo y su Poder, [1]. Los Judíos nos han legado un gran acervo histórico, ellos han escrito un gran parte de nuestra historia. Dios les ha bendecido con inteligencia, talento y poder personal de muchas maneras. Ellos han indagado continuamente sobre su historia y su identidad.

Los judíos saben que son únicos y especiales de entre todos los grupos sociales y religiosos del mundo. Esto se debe a que son únicos en el plan y el destino de Dios. "No ha existido otro pueblo que haya insistido con tanta firmeza como los judíos en que la historia tiene un propósito, y que la humanidad tiene un destino... por lo tanto, ellos se mantienen firmes en la postura incesante de esforzarse por asignar a la vida la dignidad de un propósito" [2].

Es pues nuestra meta que nuestros niños entiendan su historia para que tengan compasión por sus luchas, y puedan orar por la paz de esta nación.

---

1. Ruth R. Wisse.- ***Profesora de Yiddish y de Literatura Comparada en la Universidad de Harvard; por Jerome E. Copulsky, profesor asistente de Filosofía y Religión, y Director de Estudios Judaicos en Goucher College)***

2. Paul Johnson.- ***A History of the Jews (Una historia de los judíos), Harper Collins, New York, ©1987, p. 2)***

El tener compasión por sus luchas aumenta nuestra fe de que verdaderamente recibirán la venida del Mesías.

Versículo de Poder

Pidamos por la paz de Jerusalén:
"Que vivan en paz los que te aman."
Salmos 122:6 (LBLA)

Comprende el Versículo de Poder

Una enseñanza con promesa: señala que si oramos por la paz de Jerusalén, seremos nosotros los que prosperaremos y seremos bendecidos por nuestra obediencia

Preparar con Anticipación

Parte 1: Apoyos: 1. Una copia de una revista que contenga información sobre personajes famosos como: Hola, Gente u otra. 2. Una Biblia.

Parte 2: Apoyos: 1. Un póster pegado a un palo, que pueda mostrarse por ambos lados. Un lado debe tener una CARITA FELIZ, grande, y el otro, una CARITA TRISTE, grande.

Parte 3: Apoyos: 1. Una lupa, 2. Una cinta de medir

Parte 4: Apoyos: 1. Una bandera de Israel pequeña (puede ser de papel), para cada niño, 2. La bandera de Israel que se encuentra en el Kit de visuales JNM, p. 252, 3. Un periódico con encabezados sobre Israel. 4. Un mapa del mundo o un globo terráqueo. 5. Seguritos para sujetar una bandera a la camisa de cada niño.

Tiempo con Dios: Apoyos: 1. Si no tienes el mural de cartón de "El Muro de los Lamentos" que se muestra en la p. 253, prepara una muralla en el salón con papel kraft. Dibuja, con marcador, rectángulos y cuadrados irregulares que representen los ladrillos o blocs. Esto será una réplica del "Muro de los Lamentos" de Jerusalén. Para efectos especiales, pega o grapa algunas ramas naturales o artificiales en ciertos puntos de la pared, a manera de representación del pasto y la hierba que crecen naturalmente en el muro de Jerusalén. 2. Un yarmulke para cada niño, y una bufanda o pañoleta para cada niña. 3. La presentación en PowerPoint de "El Muro de los Lamentos," 4. Música sugerida: "Ninguna arma forjada contra ti prosperará," Joel Chernoff, del CD Restoration of Israel, del Kit de visuales JNM p 252.

Lección 11

Parte 1

Estrellas de la Biblia

Apoyos: 1. Una copia de una revista que contenga información sobre personajes famosos como: Hola, Gente u otra. 2. Una Biblia.

¿Quién quiere ser famoso? *(Muestra la revista de famosos, mientras responden.)* La mayoría de las revistas ponen en sus portadas a una persona famosa; la gente paga por leer acerca de ella. Y como estas personas están en la mira de todos, la gente comienza a opinar sobre si están bien o mal. Piensan en cómo se visten y en cómo se les ve el pelo.

Hay reporteros cuyo trabajo es investigar los detalles de su vida personal y tomar fotos de sus errores. La gente juzga lo que están haciendo. ¿ESTÁN SEGURO DE QUE QUIEREN SER FAMOSOS? ¿Les gustaría que cada cosa que hagan sea noticia del dominio público, por más pequeña que ésta sea? *(Permite que respondan.)* Las personas famosas no tienen descanso; constantemente los están juzgando; Y esa parte de ser famoso, la verdad ¡que no es divertida!

Este es otro tipo de 'Revista de Gente' *(Levanta la Biblia en alto.)* Esta revista está llena de historias de los miembros de la familia más famosa de la tierra—LOS JUDÍOS. Algunos de ellos, como Abraham e Isaías, fueron noticia importante. Si vivieran el día de hoy, los entrevistarían en los programas y shows de televisión para que dieran su testimonio en los canales cristianos. Hasta quizás pudieran ir a tu Iglesia a dar conferencias.

Otras personas de la familia de Abraham hicieron cosas muy malas y de seguro saldrían en los encabezados de noticias 'rojas'. La Biblia dice que el Rey Manasés fue muy malo. Definitivamente, él estaría en las portadas por sus malas acciones.

Todo el Antiguo Testamento y gran parte del Nuevo tratan sobre los ACTORES ESTRELLA de la Biblia: LOS JUDÍOS. Aún el drama de Jesús, cuando anduvo por la tierra, se escenifica en Israel, y lo protagoniza Jesús, el Mesías judío, con un elenco de judíos como actores secundarios. Como en muchos hogares hay Biblias, la historia familiar judía se lee diariamente por muchas familias. ¿Qué te parecería si diariamente tus vecinos se sentaran a ver tu álbum de fotos, y se pusieran a comentar lo que hiciste bien y lo que hiciste mal en cada foto? *(Da espacio a que comenten.)*

Los judíos también son una familia asombrosa. La mayoría del pueblo judío vive en Estados Unidos o en Israel; pero hay muchas comunidades de judíos en más de cien países. Son vistos como una nación que vive en muchas naciones. Sin embargo, cada movimiento que hacen es observado por el resto del mundo, y muchos observan con ojos críticos lo que hacen y dicen. Ser la famosa nación de Israel ¡NO siempre es divertido!

Parte 2

Elegido por Dios

Apoyos: ***1.*** *Un póster pegado a un palo, que pueda mostrarse por ambos lados. Un lado debe tener una carita feliz grande, y el otro, una carita triste, grande.*

Hemos aprendido que cuando Dios eligió a Abraham, también eligió a los hijos de Abraham. Y cuando por fin se encontró Dios con ellos en el Monte Sinaí, fue un momento muy importante tanto para Dios como para ellos. Para Dios fue muy significativo el que los hijos de Abraham se convirtieran en SU PUEBLO, por lo que les habló de una manera muy personal. Para poder comprender cuan personal era la relación entre Dios y los Israelitas, debemos, nosotros también, pensar de manera personal. *(Sustituye el nombre de cada niño en el siguiente pasaje de Éxodo 19: 3-6.)*

"...***Subió Moisés para encontrarse con Dios. Y desde allí lo llamó el Señor y le dijo: "Anúnciale esto al pueblo de _________; declárale esto al pueblo de*** ___________ (nombre niño/a.)

Ustedes son testigos de lo que hice con Egipto, y de que los he traído hacia mí como sobre alas de águila. Si ahora ____________ (nombre niño/a.) ***me eres del todo obediente, y cumples mi pacto, serás mi propiedad exclusiva entre todas las naciones. Aunque TODOS LOS NIÑOS me pertenecen, tú serás MI REY (O REINA) MI AMIGO SANTO PARA QUE LES PLATIQUES DE MI A TODOS TUS AMIGOS Y ALGUNOS QUE NO CONOCES."***

¡Wow! ¿Te das cuenta cómo esto hace que los judíos sean especiales, dedse aquellos tiempos? *(Permite que respondan.)* Dios los había elegido para que le pertenecieran. ¡Qué increíble! (MUESTRA LA CARA FELIZ.) Pero después lo desobedecieron, y anduvieron peregrinando cuarenta años en el desierto. (MUESTRA LA CARA TRISTE.)

Después, el rey David los llevó, como nación, hacia la victoria y el descanso. (MUESTRA LA CARA FELIZ.) Después de varios años difíciles, tuvieron que abandonar su tierra y vivir en cautiverio en la tierra de sus enemigos. (MUESTRA LA CARA TRISTE.)

Entonces, algunos de ellos regresaron a Israel y reconstruyeron el templo para adorar de nuevo a Dios en su propia tierra. (MUESTRA LA CARA FELIZ.)

Sin embargo, no tenían rey. Cuando nació Jesús, los romanos gobernaban en Israel. (MUESTRA LA CARA TRISTE.) Algunos creían en Yeshua, el Mesías (MUESTRA LA CARA FELIZ), pero otros no (MUESTRA LA CARA TRISTE.)

Lección 11

Parte 3

Comienza la Batalla

***Apoyos:** 1. Una lupa, 2. Una cinta de medir*

Ciento treinta años después de que crucificaran a Jesús, los romanos forzaron a los judíos a abandonar su tierra y a irse a otros países. No fue sino hasta 1948, después de la Segunda Guerr

Mundial, que las Naciones Unidas votaron para que le fuera devuelta su tierra natal a Israel. (Muestra la cara feliz.) Sin embargo, Israel ha tenido que luchar continuamente para poder mantenerla. (Muestra la cara triste.) Pero ¡Dios tiene un plan de victoria! (Muestra la cara feliz.)

Y fue precisamente en el Monte Sinaí, el lugar donde Dios escogió a los hijos de Abraham de entre todas las naciones para ser Su preciada posesión, su nación santa (Éxodo 19: 5-6.) Cuando escucharon su llamado, ***y todo el pueblo respondió a una sola voz: "Cumpliremos con todo lo que el Señor nos ha ordenado." Así que Moisés le llevó al Señor la respuesta del pueblo,*** (Éxodo 19-8.) Dios aceptó su acuerdo y bajó al Monte Sinaí para entregarles la Ley de Moisés. Era tan poderoso el acuerdo, que les asustaba; pero Moisés les dijo que no tuvieran miedo. El pueblo hizo un pacto de sangre con Dios, y le prometieron que le seguirían. Éste pacto era del mismo tipo que el que Dios había hecho con Abraham. Recuerden que un pacto NO puede romperse NUNCA. Eso significaba que ninguno de los dos podía cambiar de opinión.

Los israelitas estaban muy contentos porque habían sido elegidos por Dios. Sin embargo, el agradar a Dios tratando de seguir ciertas reglas y leyes era algo nuevo para ellos. Fueron esclavos durante cuatrocientos años en una nación que adoraba ídolos. Su historia está llena de luchas y victorias que muestran cuán especiales son ellos ante los ojos de Dios.

Es igual que cuando ustedes andan con sus papás en un centro comercial y se encuentran en medio de una gran multitud; aunque estén rodeados de tantas personas, ¿a quién creen que le están poniendo atención sus papás? *(Permite que respondan.)* Sus ojos están sobre sus hijos (as.) *(Saca la lupa.)* No importa lo que cualquier otro niño esté haciendo; los ojos de tus papás están puestos checando dónde estás tú, y cómo te comportas. *(Ve con la lupa a uno de los niños)* Así era Dios con los israelitas.

Cuando las naciones de los gentiles pecaban, Dios lo veía. Pero la historia de los gentiles no era el tema de la Biblia. Dios tenía en mente a Su pueblo; le prestaba especial atención a ese grupo particular para ayudarle a no pecar.

Lección 11

Parte 4

La Batalla Continúa

Apoyos: 1. Una bandera de Israel pequeña (puede ser de papel), para cada niño. 2. La bandera de Israel que se encuentra en el Kit de visuales JNM, p. 252. 3. Un periódico con encabezados sobre Israel. 4. Un mapamundi o un globo terráqueo. 5. Seguritos para sujetar una bandera a la camisa de cada niño.

El diablo también les prestaba atención a los israelitas, haciendo todo lo posible para que desobedecieran las leyes de Dios. Antes de que tuvieran la LEY DE MOISÉS, el diablo hacía lo que quería, y engañaba a la gente como quería. No había nadie que les dijera que la idolatría estaba mal. Nadie señalaba que la hechicería y el adorar ídolos era, en realidad, adorar al diablo mismo. *(Saca la cinta de medir y mide una puerta o una pared.)*

Antes de que llegara la LEY, no había vara de medir para ver lo que era un buen o mal comportamiento, ...hasta que llegó la Ley. En ese momento empezó la verdadera batalla. Si todo este pueblo tan especial, formado por tantas familias, lograba adorar a Dios, todo el mundo dejaría de adorar al diablo y le darían la espalda.

El enemigo ha tratado de vencer a Israel desde el momento en que Dios los señaló para que fuera Su pueblo escogido. Y en todos los lugares donde los Judíos se han esparcido, han tenido que luchar por su vida, ya sea por racismo por genocidio *(matanzas masivas)* o por guerras. A los judíos los odian por ser la niña de los ojos de Dios.

Esta es la bandera de Israel. *(Con la ayuda de alguien, levanta la bandera grande.)* Ya dijimos que el emblema del centro se llama "Estrella de David." Ésta ha representado a los judíos y a Israel desde hace muchos años. *(Repártele a cada niño una banderita de Israel e indícales que se la coloquen en la camisa.)*

Así como la Estrella de David está en el centro de la bandera, la nación de Israel está en el centro del mundo. *(Sostén el mapamundi y señala a Israel en el centro.)* También es el centro de atención de todo el mundo. *(Levanta el periódico.)* Todos los días hay noticias acerca de pleitos y peleas de este país tan pequeñito, o en otros países por causa de los judíos.

Hay pueblos que reclaman que es su tierra; otras naciones simplemente no quieren que Israel la tenga. Algunos líderes están forzando a Israel a que ceda su tierra a otro país. Tratan de convencer al mundo de que Israel les tiene que dar su tierra a otros pueblos para poder tener paz. ¿Por qué creen que haya tanta lucha por un país tan pequeño? *(Permite que respondan.)* Una buena razón es por la promesa que Dios le hizo a Abraham: ***"A ti y a tu descendencia les daré, en posesión perpetua, toda la tierra de Canaán, donde ahora andan peregrinando. Y yo seré su Dios."*** (Génesis 17:8)

Y es precisamente Canaán, lo que hoy conocemos como Israel desde que los israelitas la conquistaron de acuerdo al el Antiguo Testamento. Sin embargo, en muchas ocasiones la perdieron ante sus enemigos. Una de esas veces, hace cientos de años, los Romanos le cambiaron el nombre a Israel por el de "PALESTINA," que es una palabra griega que se refiere a los filisteos. ¿Recuerdan la historia de David y el gigante Goliat? Goliat era filisteo. Cuando las Naciones Unidas finalmente le regresaron la tierra a los judíos, le volvieron a poner "ISRAEL."

Sin embargo, la batalla también tiene que ver con la promesa de la segunda venida de Jesús. La Biblia nos dice claramente que cuando Él vuelva a la tierra, establecerá Su reino justo en Jerusalén. El diablo cree que si logra quedarse con esa tierra, ¡podrá impedir el regreso de Jesús! Pero nada puede detener las promesas de Dios.

Lección 11

Teatro

Las Audiciones

***Actores:** Director, Director de casting, tres niños, una niña*
***Apoyos:** 1. Una silla, 2. Varias hojas de papel que parezcan un guión. 3. Un cayado (un palo largo), 4. Una pandereta, 5. Una espada de juguete, 6. Un pergamino de papel. Disfraces: disfraces bíblicos.*

(Dos personas van caminando juntas; una es un director extravagante, y la otra es alguien muy serio y práctico.)

Director: ¡Luces! ¡Cámara! ¡Acción! (Hace un movimiento con la mano, recorriendo todo el escenario.)

Director de Audiciones: (Mirando al director) Ejem... ¡No puede haber acción sin los actores!

Director: (volviéndose hacia el Director de Casting) ¿Qué quieres decir? ¿Que todavía no has escogido a los actores para esta película?

Director de Audiciones: Apenas recibí el libreto hoy en la mañana. Danos un ratito, en este momento estamos con las audiciones. Puedes quedarte a observar. Y cuando haya elegido a los actores, entonces podrás tener tu acto.

Director: Muy bien. (Se sienta.) Por cierto, ¿cómo se llama la película que estamos haciendo?

Director de Audiciones:Mmm... (Ve entre los papeles que trae en las manos) "Niños Escogidos."

Director: Creo que tendremos que pensar en el título porque no va a caber en los pósters. ¡Ahí vienen! (Entran cuatro personas que van a participar en la audición. Uno se adelanta hasta llegar con el director de casting.)

Director de Audiciones: Su nombre, por favor.

Niño 1: ____________________ (Dice su nombre.)

Director de Audiciones: ***(Camina alrededor del niño, mirándolo de arriba abajo. Después le da el cayado.) Sostenlo así. (Le enseña cómo hacerlo, extendiendo el brazo.)***

Niño #1: ***(Hace lo mismo, imitándolo.)***

Director de Audiciones: No está mal. ¿Qué tal eres para caminar sobre el agua?

Niño #1: Pues, la verdad es que me sale mejor nadar que caminar en el agua.

Director de Audiciones: Bueno, no importa. Párate allá, con todo y el cayado.

(El Niño #1 camina hacia el otro lado y se queda parado. La niña #1 se acerca al Director de Casting.)

Director de Audiciones: ¿Sabes bailar?

Niña #1: (Brinca un poquito.)

Director de Audiciones: (Le entrega una pandereta.) A ver, prueba con esto.

(La niña #1 brinca un poco y mueve la pandereta.)

Director de Audiciones: (Suspira profundo) ¡Muuuuuuy bieeeen! Vete para allá y párate junto al muchacho del cayado. ***(La Niña #1 se para junto al Niño #1)***

Niño #2: ***(Se acerca al Director de Casting)***

Director de Audiciones: ***(Se agacha un poco y se pone en posición de pelea con los puños cerrados, tanteándolo.)*** ¿Qué tal eres para pelear?

Niño #2: ***(Le lanza un puñetazo y le pega al Director de Casting. Verifica que sea un golpe simulado.)***

Director de Casting: ¡AAY! ***(Retira las manos hacia sí.)***

Niño #2: ***(Se encoge de hombros.)***

Director de Audiciones: Está bien, me la busqué. ¡Ten! (Le da una espada.) Ve y párate allá. (Señala ***a los otros dos niños.)***

Niño #3: ***(Se acerca al Director de Casting.)***

Director de Audiciones: ***(Inclina la cabeza hacia un lado y camina alrededor del niño 3.)*** Me imagino que si estás aquí es porque eres muy bueno para hablar en público.

Niño #3: Sí, creo que sí soy bueno.

Director de Audiciones: Ten, trata de leer esto con emoción en la voz y en los gestos. ***(Le da una hoja del "libreto," que en realidad tiene el siguiente discurso escrito.)***

Niño #3: (Lee el discurso de Ezequiel 36:6-20 con dramatismo y mucho entusiasmo.) Ezequiel 36:6-20 (NVI)

6 ***»Por eso, profetiza contra Israel, y adviérteles a los montes y a las colinas, a los torrentes y a los valles, que así dice el SEÑOR omnipotente: "En mi celo y en mi furor he hablado, porque ustedes han sufrido el oprobio de las naciones.7 Por eso, así dice el SEÑOR omnipotente: Juro con la mano en alto que las naciones vecinas también sufrirán su propia deshonra.***

8 » " Ustedes, en cambio, montes de Israel, echarán ramas y producirán frutos para mi pueblo Israel, porque ya está por regresar.9 Yo estoy preocupado por ustedes, y los voy a proteger. Ustedes, los montes, volverán a ser sembrados y cultivados,10 y multiplicaré al pueblo de Israel. Las ciudades serán repobladas, y reconstruidas las ruinas.11 Sobre ustedes multiplicaré a los hombres y animales, y ellos serán fecundos y numerosos. Los poblaré como en tiempos pasados, y los haré prosperar más que antes. Entonces sabrán que yo soy el SEÑOR.12 Haré que mi pueblo Israel transite por el territorio de ustedes. Él te poseerá, y tú serás parte de su herencia, y ya nunca más los privarás de sus hijos.

13 » Así dice el SEÑOR omnipotente: "Por cuanto te han dicho que tú devoras a los hombres y dejas sin hijos a tu propio pueblo, 14 el SEÑOR omnipotente afirma: Ya no devorarás más hombres, ni dejarás sin hijos a tu pueblo. 15 Nunca más te haré oír el ultraje de las naciones; no tendrás que volver a soportar los insultos de los pueblos, ni serás causa de tropiezo para tu nación. Lo afirma el SEÑOR omnipotente." »

16 El SEÑOR me dirigió otra vez la palabra: 17 «Hijo de hombre, cuando los israelitas habitaban en su propia tierra, ellos mismos la contaminaron con su conducta y sus acciones. Su conducta ante mí era semejante a la impureza de una mujer en sus días de menstruación. 18 Por eso, por haber derramado tanta sangre sobre la tierra y por haberla contaminado con sus ídolos, desaté mi furor contra ellos. Los dispersé entre las naciones, y quedaron esparcidos entre

diversos pueblos. Los juzgué según su conducta y sus acciones. Pero al llegar a las distintas naciones, ellos profanaban mi santo nombre, pues se decía de ellos: "Son el pueblo del SEÑOR, pero han tenido que abandonar su tierra."

Director de Audiciones: ¡Muy bien! A ver, ponte esto. (Le da una túnica y un pergamino de papel.) Ve y párate allá. (Los cuatro candidatos están en fila, con cayado, pandereta, espada y pergamino al frente.)

Director de Audiciones: ***(Camina de un lado a otro diciendo lo siguiente)*** Esto es una película de acción—la trama más grande de la tierra. Queremos que el líder (señala al niño que tiene el cayado) conduzca a una gran cantidad de gente al desierto, a adorar (señala a la niña con la pandereta) y después pelear batallas grandes contra toda adversidad para ganar su tierra. (Señala al niño con la espada.) (El Director de Casting lanza sus brazos hacia arriba.) ¡Es dramático! ¡Habrá un enrome elenco para apoyar a los actores! (Se vuelve hacia ellos.) Sólo que, una vez que estén en la tierra, ¡habrá intrigas! ¡Engaños! ¡Peligros! ¡Traición! (Señala al niño que tiene el pergamino.) Es ahí donde tú entras, con palabras de trueno y de reproche. ¡Y después, finalmente, les dices, (el Director de Casting grita, a la vez que los cuatro niños se encogen de hombros.) ¡FUERA¡ ¡Todos ustedes! ¡Váyanse! ¡Largo de aquí!

Niño #3: (Levanta la mano.) ¿Puedo decirlo de manera más educada?

Director de Audiciones: ¡No!¡ ¡Esto debe ser dramático! (Continúa, ignorándolos.) El pueblo acaba, nuevamente, merodeando... Esperando al líder prometido que finalmente los salvará de todos sus problemas. ¡Gran trama!.... Después, vivirán muy felices para siempre.

Niña #1: ¿Cómo?

Director de Audiciones: (Se encoge de hombros.) Todavía estamos trabajando en ello. Tengo una cita con los que escribieron el guión mañana. (Voltea hacia el director.) Bueno, ¿crees que puedes trabajar con este elenco?

Director: Creo que sí (mirando a los cuatro actores.) Vayan a mi oficina y recojan sus guiones. El maquillaje es a las 6 AM. Estén en escena a las 8. Tengan memorizada su parte para mañana. (Se van los cuatro actores.)

Director de Audiciones:: ¿En verdad cree que se puedan memorizar su parte para mañana?

Director: No, pero cuando lo digo como ley, la gente hace todo lo posible y le echa muchas ganas.

Director de Audiciones: Muy bien. Tenemos mucha planeación por delante. Es una producción muy grande.

Director: Créeme, ¡esta película va a exhibirse en todo el mundo! (Ambos salen de escena.)

Maestro: Esto es sólo un vistazo de cómo Dios arma su obra de teatro con los judíos. Han andado como peregrinos en muchas más ocasiones, además de cuando tuvieron que ir de Israel a Babilonia. Los judíos han tenido que sufrir en muchos países del mundo. Los Romanos, o los echaron fuera de su propia tierra, o los mataban (135AC.) Los echaron de Inglaterra (1020) y del Francia (1306.) Los expulsaron de España (1492) y de Portugal (1498.) Los expulsaron de Rusia y de Ucrania, y mataron a muchos (1939-1945.) Y, aún así, milagro de milagros, han sobrevivido como nación. Esto es porque Dios tiene todavía un plan... un propósito para ellos. ***"Vivirán en la tierra que yo les di a sus antepasados, y ustedes serán mi pueblo y yo seré su Dios."*** (Ezequiel 36:28) **¡HABRÁ UN FINAL FELIZ, INDEPENDIENTEMENTE DE QUE LOS GUIONISTAS DE ESTA PRODUCCIÓN LA CONCLUYAN O NO!**

Lección 11

Preguntas de Repaso

1. ¿Qué problema existe cuando todo mundo está pensando y escribiendo de ti? *Te están juzgando constantemente.*
2. ¿Quiénes son los protagonistas de las historias de la Biblia? *Los judíos*
3. ¿Cuáles son los dos países con mayor población de judíos? *Estados Unidos e Israel*
4. Cuando Dios les habló a los israelitas en el Monte Sinaí, ¿fue una reunión de negocios o personal? *Personal*
5. Menciona algo que Dios les prometió. *Serán mi amigo especial (mi sacerdote), para que hablen de mí.*
6. Nombra otra cosa que Dios les prometió. *Serán mi posesión preciada.*
7. ¿Qué les pidió Dios a ellos? *Que lo obedecieran y guardaran sus mandamientos.*
8. Dios les pide que sean como Él. ¿Cuál es esa cualidad? *Santo*
9. ¿Quién los observaba para ver si eran santos? *Dios*
10. ¿Cómo fue puesto en evidencia el diablo cuando Dios escogió un pueblo en la tierra? *Con la Ley de Moisés ahora sabían que la idolatría y la hechicería eran malos.*
11. (Levanta la estrella de David) ¿Qué simboliza esta estrella? *A los judíos.*
12. ¿En dónde la vemos siempre, en Israel? *En su bandera.*
13. ¿Por qué hay tantas guerras en Israel? *El diablo no quiere que se lleven a cabo las promesas de Dios.*
14. ¿Cuánto dura una promesa que es "para siempre"? *Para siempre.* ¿Eso incluye hoy? *Sí.*
15. Cuando Jesús venga en las nubes para reinar sobre la tierra, ¿en dónde aterrizará? *En el Monte de los Olivos que está a las afueras de Jerusalén, en Israel.*

Lección 11

Esgrima Bíblico

1. Éxodo 19:5 — Si ahora ustedes me son del todo obedientes, y cumplen mi pacto, serán mi propiedad exclusiva entre todas las naciones. Aunque toda la tierra me pertenece,

2. Romanos 11:26 — De esta manera todo Israel será salvo, como está escrito: "Vendrá de Sión el libertador, que apartará de Jacob la impiedad.

3. Ezequiel 36:28 — Vivirán en la tierra que les di a sus antepasados, y ustedes serán mi pueblo y yo seré su Dios.

4. Éxodo 23:31 — "Extenderé las fronteras de tu país, desde el Mar Rojo hasta el mar Mediterráneo,y desde el desierto hasta el río Éufrates. Pondré bajo tu dominio a los que habitan allí, y tú los desalojarás.

5. Números 14:33 — Durante cuarenta años los hijos de ustedes andarán errantes por el desierto. Cargarán con esta infidelidad, hasta que el último de ustedes caiga muerto en el desierto.

6. Zacarías 8:7 — "Así dice el Señor Todopoderoso: "Salvaré a mi pueblo de los países de oriente y de occidente.

7. Zacarías 12:10 — Sobre la casa real de David y los habitantes de Jerusalén derramaré un espíritu de gracia y de súplica, y entonces pondrán sus ojos en mí. Harán lamentación por el que traspasaron, como quien hace lamentación por su hijo único; llorarán amargamente, como quien llora por su primogénito.

8. 2 Corintios 3:15 — Hasta el día de hoy, siempre que leen a Moisés, un velo les cubre el corazón.

9. Juan 10:10 — El ladrón no viene más que a robar, matar y destruir; yo he venido para que tengan vida, y la tengan en abundancia.

10. Éxodo 19:6 — Ustedes serán para mí un reino de sacerdotes y una nación santa. "Comunícales todo esto a los israelitas."

Lección 11

Tiempo con Dios

Apoyos: 1. Si no tienes el mural de cartón de "El Muro de los Lamentos" que se muestra en la p. 253, prepara una muralla en el salón con papel kraft. Dibuja, con marcador, rectángulos y cuadrados irregulares que representen los ladrillos o blocs. Esto será una réplica del "Muro de los Lamentos" de Jerusalén. Para efectos especiales, pega o grapa algunas ramas naturales o artificiales en ciertos puntos de la pared, a manera de representación del pasto y la hierba que crecen naturalmente en el muro de Jerusalén. 2. Un yarmulke para cada niño, y una bufanda o pañoleta para cada niña. 3. La presentación en PowerPoint de "El Muro de los Lamentos."

Hay un muro enorme de blocs de piedra en Jerusalén; es un monumento gigante del pueblo judío. *(Mostrar la filmina 18 de la presentación PowerPoint "El muro".)* El muro tiene miles de años. Algunas personas creen que es lo único que queda del Templo que fue destruido por los Romanos después de que Cristo murió. Los libros de historia registran cómo el pueblo judío llega a este muro desde hace siglos para adorar, orar, llorar y lamentar la pérdida del hermoso Templo. Dice la tradición que era el muro en donde se guardaba el arca del pacto, en el lugar Santísimo; Para los judíos es un lugar sagrado.

Hoy, miles de judíos aún van a este muro a adorar y a orar y a leer las Sagradas Escrituras. Incluso escriben sus oraciones en pedacitos de papel y los meten en las grietas y hendiduras del muro. Muchas son oraciones personales por sus familias; pero muchas otras son para pedir por la paz, y por que ya venga el Mesías y establezca su reino.

Hemos hecho un Muro de los Lamentos en nuestro salón de clase. Hoy vamos a ir al Muro de los Lamentos a orar por Israel, y para que se cumplan las Escrituras. Tomaremos algunos pasajes de la Biblia que vimos la semana pasada, pero esta vez los llevaremos al muro y oraremos juntos por cada uno de ellos. Todos vamos a hablar al mismo tiempo, aunque estemos citando distintos pasajes de las escrituras.

Pero, antes de que cada uno comience a orar por su lado, oremos el "Shema" sobre Israel, tal como lo hicimos hace unas semanas. Esta vez vamos a orar proféticamente. Esto quiere decir que vamos a orar como si en verdad estuviéramos hablando y llamando en espíritu al pueblo judío que está por todo el mundo, para que "escuchen y pongan atención." Vamos a ponernos de pie y a levantar al unísono esta oración por Israel.

(Guíalos en oración, recitando el "Shema" al menos cinco o seis veces, cada vez, haciéndolo más fuerte. espués, dales hojas con pasajes de oraciones por Israel. Con la música de fondo, envía al Muro a orar. Pon la música en un volumen que les permita orar en voz alta, sin temor a que sus amigos los estén escuchando. Anímales a que oren en voz alta con valentía.

Cuando hayan orado unos diez o quince minutos, pídeles que se sienten en el suelo junto al muro y comenten lo que vieron, escucharon o sintieron durante este tiempo. Pide a alguien que anote lo que comparten y que lo pegue al muro con alfileres o con cinta adhesiva para poder hacer referencia a ellas de vez en cuando, hasta terminar este programa.)

Lección 12

Abatido y Despreciado

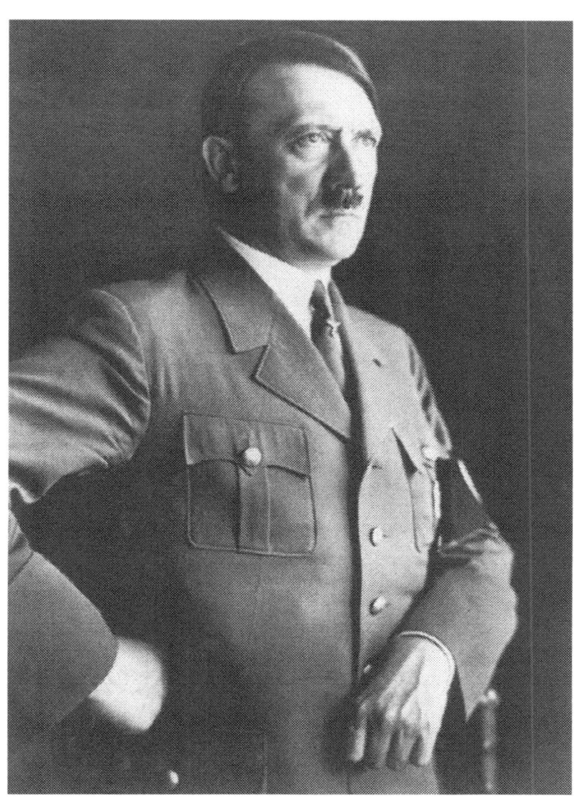

Lección 12

Abatido y Despreciado

Para el Maestro

Hay un dicho que dice: Si quieres saber lo que está pasando en el mundo, no le quites la vista a Israel. Al tiempo que escribo este programa, Israel está en el corazón y en la atención de los eventos del mundo diariamente. Sin embargo, esto ha sucedido a lo largo de la historia.

La semana pasada empezamos un breve repaso de la historia judía desde una perspectiva bíblica, que terminó con una "suave" versión de algunos de los problemas de la historia moderna que ha enfrentado Israel a lo largo de su existencia. Cuando se trata de comentar sobre eventos mundiales, entendemos la necesidad de procurar no ser demasiado gráficos por el bienestar de los niños. Pero no estaríamos contando la historia completa si no profundizáramos un poco más en este tema.

La mayoría de los programas tienen trece lecciones, sin embargo al editar éste, se decidió complementar con tres lecciones. Esta lección por su contenido es fuerte, podrías excluirla del curso si sientes que es demasiado intensa para tu grupo de alumnos.

Si decides usar la lección y la presentación de PowerPoint que viene con ella, puedes avisar a los papás, y darles la opción de no llevar a sus hijos a esta lección. La decisión es tuya; si decides excluirla, no perderás el impacto de esta serie de enseñanzas. En el 2008 utilizamos estas lecciones en la conferencia para niños, "Los Niños bendicen a Abraham" sin ningún problema, incluso con la presencia de algunos padres de familia.

Ten cuidado de no fomentar el odio por los enemigos de Israel. Recuerda, Jesús murió por ellos también, y la gente nunca será nuestro enemigo – son los espíritus que los mueven los que son nuestros enemigos. Es bueno recordar a los niños que , como Cristianos, debemos Amad a vuestros enemigos, bendecid a los que os maldicen, haced bien a los que os aborrecen, y orad por los que os calumnian y os persiguen; (Mateo 5:44.) Dios está llevando a una cantidad asombrosa musulmanes a creen en Cristo. A la vez que oramos para que los ojos de Israel se abran para recibir a su Mesías, debemos también orar por la salvación de sus enemigos.

Si quieres saber lo que está pasando en el mundo, no quites la mirada de Israel.

Versículo de Poder

"Bendeciré a los que te bendigan y maldeciré a los que te maldigan; ¡por medio de ti serán bendecidas todas las familias de la tierra!"

Génesis 12:3 NVI

Comprende el Versículo de Poder

Bendecir: Hablar bien de; tratar amablemente
Maldecir: Hablar en contra de; tratar cruelmente

Si deseas contactarte con organizaciones que ayudan a los creyentes a apoyar a Israel ve información en página 184 sobre:

Christians United for Israel
Fondo de Emergencia KIkk, A.C.

Preparar con Anticipación

Parte 1: *Apoyos: 1. La presentación en PowerPoint titulada "Una Historia Judía," del CD de este programa, 2. Un mapamundi o globo terráqueo en el que se pueda encontrar Israel, 3. Una caja con las palabras "Nuestros Pecados" escritas en letras grandes a un costado, 4. Una tela roja que represente la sangre de Jesús, suficientemente grande para cubrir la caja.*

Parte 2: *Apoyos: 1. Presentación en Power Point titulada "Una Historia Judía," diapositivas 2 - 5.*

Parte 3: *Apoyos: 1. Presentación en Power Point titulada "Una Historia Judía," diapositivas 6 - 9.*

Parte 4: *Apoyos visuales: 1. Presentación en Power Point titulada "Una Historia Judía," diapositivas de 10 a 15.*

Tiempo con Dios: *1. Suficientes banderas de Israel en papel para que cada niño lleve una, 2. Seguritos, 3. El CD "La Restauración de Israel," de Joel Chernoff, del Kit de visuales JNM p.252, canción "With God, We'll Gain the Victory" (Con Dios Tendremos la Victoria.) Sería apropiado ir una vez más al muro de los lamentos a orar por la paz de Jerusalén. Podría usar también las herramientas de oración: los chales, los yarmulkes, las filacterias, etc.*

Lección 12

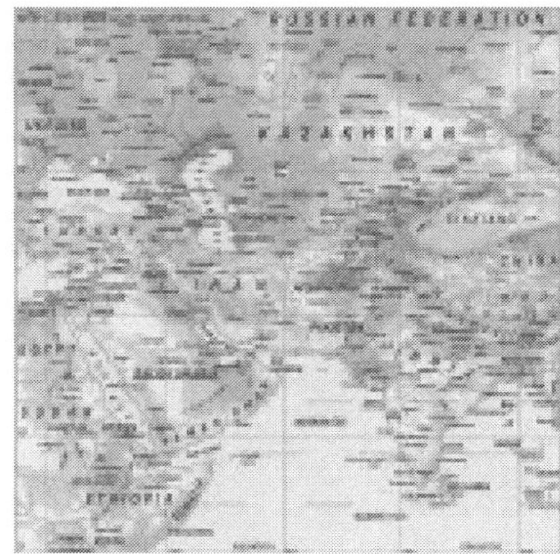

Parte 1

Una Nación Despreciada

Apoyos: *1. La presentación en PowerPoint titulada "Una Historia Judía," incluida en el CD de este programa, 2. Un mapamundi o globo terráqueo en el que se pueda encontrar Israel, 2. Una caja con las palabras "Nuestros Pecados" escritas en letras grandes a un costado, 3. Una tela roja que represente la sangre de Jesús, suficientemente grande para cubrir la caja.*

El pueblo judío de la Biblia no era perfecto. De hecho, durante mucho, Dios tiempo estuvo muy molesto con los judíos por ser rebeldes e ir tras los dioses de sus vecinos gentiles. Continuamente rompían EL PACTO CON DIOS, a pesar de que lo conocían perfectamente. En una ocasión, Dios estaba tan molesto con su pueblo, que le dijo a Moisés que iba a matarlos.

Pero Moisés salió al rescate y dijo: ***¡Oh SEÑOR! ¿Por qué se encenderá tu furor en tu pueblo, que tú sacaste de la tierra de Egipto con gran fortaleza, y con mano fuerte? ¿Por qué han de hablar los egipcios, diciendo: Para mal los sacó, para matarlos en los montes, y para raerlos de sobre la faz de la tierra? Vuélvete del furor de tu ira, y arrepiéntete del mal de tu pueblo.*** (Éxodo 32:12.) Así que, Dios se arrepintió y no los mató, a pesar de que tenía todo el derecho de hacerlo, ya que habían roto el pacto.

El profeta Abdías ya había hablado acerca de su futuro, cuando Dios dijo: "¡TE HARÉ INSIGNIFICANTE ENTRE LAS NACIONES, SERÁS TREMENDAMENTE DESPRECIADO!" (Abdías 1:2) Cuando miramos a lo largo de la historia, tanto en la Biblia como en los libros de historia mundial, podemos observar que esto siempre ha sido así. *(Permite que los niños encuentren Israel en el mapa y comenten cuán pequeño es, comparado con otros países.)*

Pudo haber sido todo lo contrario, porque Dios les dio promesas como: ***"Ahora pues, si en verdad escucháis mi voz y guardáis mi pacto, seréis mi especial tesoro entre todos los pueblos, porque mía es toda la tierra" (Éxodo 19:5.)***

Tengamos cuidado de no criticarlos demasiado, porque la única razón por la que Dios no está enojado con nosotros es porque Jesús pagó nuestros pecados. *(Muestra la caja con las palabras "Nuestros Pecados" hacia los niños.)* Cuando Dios nos ve, Él no ve nuestros pecados; sino, la sangre de Jesús que cubrió, limpió y perdonó ***TODOS*** nuestros pecados. *(Coloca la tela roja sobre la caja.)*

El ver la relación tan tambaleante entre Dios y los judíos nos permite entender muchas cosas que les han sucedido. Desde las primeras historias de la Biblia, hemos oído que los judíos han sido "perseguidos." ¿Sabe alguien qué significa eso? *(Permite que comenten. Proyecta la diapositiva 1, título.)* Persecución significa lastimar a la gente físicamente o verbalmente, burlarse de ellas, ser cruel, castigarlas e incluso matarlas por sus creencias religiosas. La gente de muchas religiones ha sido perseguida a lo largo de la historia; pero parece que a los judíos les ha ido peor que a otros.

Lección 12

Parte 2

Un vistazo a la historia

Apoyos: 1. Presentación en PowerPoint titulada "Una Historia Judía," diapositivas 2 - 5.

Hoy, vamos a "echar un vistazo" por la historia, para ver si podemos identificar rápidamente algunas de las historias bíblicas que ya conocemos y nos percataremos de cuándo ha sido perseguido Israel. *(Muestra la diapositiva PPT 2- Esclavos en Egipto.)* ¿Recuerdan cuando eran esclavos en Egipto? Esa es la primera ocasión que la Biblia registra en donde toda la nación de Israel fue tratada con crueldad. *(Permite que respondan.)* José, un judío, tuvo gran favor delante del Faraón de Egipto, por lo que los judíos estaban protegidos y el Faraón les trató bien.

Sin embargo, cientos de años después, ya muerto José, a los judíos los convirtieron en esclavos del Faraón. Faraón tuvo temor, porque de repente se percató de que había muchos judíos viviendo en Egipto, así incrementó su trabajo. ¡Eso es persecución! ¿Quién puede contar la historia de la fabricación de ladrillos? *(Permite que respondan.)* Faraón aumentó la cantidad de ladrillos que debían fabricar cada día y, además, les quitó las herramientas. ¡Eso fue cruel!

Algo más que sucedió durante el tiempo que Faraón estaba temeroso de tantos judíos fue que decidió matar a todos los bebés varones menores de dos años, con el fin de controlar la población Judía. Yo diría que eso es ¡una persecución muy fea! Pero hubo un bebé muy especial, al cual escondió su mamá. ¿Quién era? ¿Qué fue lo que pasó? *(Muestra la diapositiva 3 – Moisés, mientras comentan.)* El niño era Moisés, y la hija de Faraón lo encontró en el río y lo rescató. Esa es la parte buena de la historia. La parte mala es que mataron a miles de bebés varones sin tener una buena razón.

¿Quién recuerda a la hermosa Reina Esther? *(Muestra la diapositiva 4 mientras comparten.)* Ayúdenme a contar la historia. Amán odiaba a los judíos; Esther era una bella judía, pero nadie lo sabía. Dios convirtió milagrosamente a Esther en reina; ella tenía el favor del rey. Pero Amán engañó al rey para eliminar a los judíos, y Esther se dio cuenta de sus planes malévolos. Secretamente llamó a todos los judíos a orar y a ayunar por su liberación. Y Dios respondió sus oraciones, con un gran milagro.

En lugar de matar a los judíos, mataron a Amán, y se modificó la ley. Estuvieron muy cerca de morir todos los judíos, pero en esa ocasión les fue posible escapar; fue una de las pocas veces que ocurrió.

El pueblo judío todavía recuerda ese evento y lo celebra con la fiesta de Purim. Una y otra vez, a lo largo de la Biblia encontramos que el pueblo judío ha sido perseguido por varios gobernantes, e incluso en el tiempo en que Jesús vivió, Roma había conquistado a los judíos, y los dominaba. *(Muestra la diapositiva 5 - Romanos.)*

Lección 12

Parte 3

Empieza la Lucha

Apoyos 1. Presentación en Power Point titulada "Una Historia Judía," diapositivas 6 - 9.

Setenta años después de la muerte de Jesús, los romanos incrementaron la persecución en contra de los judíos. Conquistaron Jerusalén y destruyeron por completo su amado templo. *(Muestra la diapositiva 6 – Roma.)* El templo en el que Jesús y los discípulos habían ido tantas veces a predicar y a enseñar, y donde Jesús sanó al hombre de la mano lisiada, ése templo en el que Jesús se enojó porque había personas vendiendo cosas y volteó la mesa de los cambistas, ese templo donde discutió con los Fariseos. Y ahora los romanos lo destruyen por un odio creciente los judíos.

Posteriormente viene un tiempo terrible en la historia, del cual deberíamos de sentirnos avergonzados como cristianos. *(Muestra la diapositiva 7- Cruzadas.)* Durante el tiempo histórico al que llamamos la "Edad Media," los cristianos se multiplicaron y llegaron a ser muchísimos. ¿Recuerdan que dijimos que al principio los cristianos gentiles y los judíos creyentes adoraban a Dios juntos, pero con el tiempo se separaron? Bueno, pues con el tiempo empezó a crecer más el número de los cristianos gentiles que el de los judíos creyentes.

Tenemos que recordar que en esos días la gente no tenía Biblia para estudiar la palabra de Dios, aprenderla y tenerla como una guía para saber cómo vivir como cristianos. Desafortunadamente, no conocían las escrituras como lo que aprendimos hoy en génesis 12:3 ***Bendeciré a los que te bendigan, y al que te maldiga, maldeciré. Y en ti serán benditas todas las familias de la tierra.*** Quisiera creer que si ellos hubieran sabido esta escritura, no habrían hecho las cosas tan malas terribles que les hicieron a los Judíos.

Sin embargo todo fue ¡de peor, en peor! La persecución se fortaleció y avanzó a otras naciones Europeas y se extendió hasta España. En 1942, en el mismo año en que Cristóbal Colón estaba por descubrir América, *(Muestra la diapositiva 8 -España)* en España se perseguía a los Judíos que vivían en ese país. Era simple, tenían opciones: o se iban a otro país, o se convertían al Catolicismo Romano, ¡o morían! ¡Guau! A esta persecución se le conoce como "La Inquisición."

La verdad es que por miles de años en un lugar u otro, el odio al pueblo Judío siempre resurge en algún lugar del planeta, y en esa época estaba más vivo que nunca. No tenemos tiempo de contarles sobre todos los eventos de persecución al pueblo Judío, pero al menos sólo como dato les contamos que uno más se dio a principios de 1900 *(Muestra la diapositiva 9 Rusia)* en Rusia. Miles de Judíos fueron asesinados no sólo por el gobierno, sino también por gente que se amontonaba en las calles para atacar y matarlos con la anuencia del gobierno Ruso. ¡Fue una gran tragedia!

Lección 12

Parte 4

La Lucha Continúa

Apoyos visuales: 1. Presentación en Power Point titulada "Una Historia Judía," diapositivas 10-15

Sin embargo, lo peor estaba aún por llegar. Una de las mayores tragedias de la historia moderna es tan horrible, que los detalles no se pueden contar en su totalidad a los niños. *(Muestra la diapositiva 10 – El holocausto.)* Sucedió durante la Segunda Guerra Mundial. Lo van a estudiar más adelante, cuando lleven Historia de Europa. A ese evento se le llamó "el Holocausto," que quiere decir "destrucción total." Fue maquinado por un perverso dictador de Alemania llamado Adolfo Hitler *(Muestra la diapositiva 11 – Hitler.)* Se considera uno de los hombres más malos y perversos del mundo y era presidente de Alemania. Él hizo meter a miles de hombres y mujeres, ancianos y niños judíos en prisiones horribles, llamadas campos de concentración, de donde muy pocos salieron con vida. *(Muestra la diapositiva 12 —Niños.)*

Ojalá pudiéramos decirles, que el Holocausto fue la última persecución de los judíos. Pero la verdad es que sigue vigente hoy en día. Sigue siendo el fundamento de la guerra en el Medio Oriente. Tal vez conozcan a alguien que tiene un conocido o familiar en las guerras que hay allá. *(Muestra la diapositiva 13— Soldados.)* Son guerras muy complicadas; los adultos hacen todo muy complicado. Pero cuando vamos al fondo del problema, la cuestión sigue siendo el odio hacia Israel y hacia los judíos. ¿Por qué creen que es así?

Es porque Dios siempre ha tenido un plan para Jerusalén y para su pueblo escogido. El mismo Monte de los Olivos, donde Jesús estuvo con sus discípulos el último día que estuvo aquí en la tierra, y desde donde subió al cielo, es exactamente el mismo monte que sus pies tocarán cuando regrese en su segunda venida. *(Muestra la diapositiva 14 – Monte de los Olivos.)* Dios ha usado al pueblo judío para traer su plan eterno a la tierra. El diablo lo sabe, y va a hacer todo lo que pueda para evitar que esto suceda. Pero ¡el diablo ya está derrotado!

Por ahora, es extremadamente importante que nosotros, como personas que hemos nacido de nuevo en Cristo, recordemos a nuestros amigos judíos, oremos por ellos, los ayudemos como podamos, e incluso los respaldemos políticamente. Dios dijo claramente: ***"Bendeciré a los que te bendigan, y maldeciré a los que te maldigan."*** Entonces, ¿vamos a bendecir o a maldecir a los judíos? *(Permite respuestas.)* Por supuesto que vamos a bendecirlos. Incluso el día de hoy, los judíos están luchando por su vida en su propia casa. Además, en países de todo el mundo, incluyendo el nuestro, existe una ola de gente que odia a Israel. *(Muestra la diapositiva 15 – Neo Nazis.)* Debemos amar a los Judíos, orar para que pronto se cumpla el plan perfecto de Dios ¡Y que Jesús regrese pronto! ¡Necesitamos orar!

Lección 12

Teatro

Un Judío llamado Jesús

Actores: *Cuatro niños*
Apoyos: *1. Un bate de béisbol, 2. Un guante y una pelota de béisbol, 3. Una bolsa de papitas fritas*
Disfraces: *Un Yarmulke*

(Entran cuatro niños, uno con el bate de béisbol, otro con el guante y la pelota. El tercero trae un yarmulke en la cabeza, que lo identifica como judío. El cuarto entra atrás de los otros tres, escuchando casualmente su conversación.)

Niño molesto: *(Toma el bate como si intentara pegarle al niño judío.)* ¡Vete de aquí, cerdo! ¡Ya sabes que no eres bienvenido! No te queremos en nuestro equipo. *(El niño judío sólo se queda parado, sin decir nada.)* Piérdete, te digo. ¡Márchate! *(El niño judío baja la cabeza, camina hacia la orilla del salón y se detiene. Sigue escuchando la conversación.)*

Niño molesto 2: *(Se ríe mientras arroja la bola a su guante varias veces.)* Qué bueno lo que le dijiste a ese judío sucio. No necesitamos a gente como esa aquí.

Juanito: ¿Por qué tratas a David de esa manera? A mí me cae bien; además, él también es un buen jugador de béisbol.

Niño molesto: ¿Te cae bien? *(Mueve la cabeza hacia atrás y ríe.)* ¡Amante de los judíos! Juanito, de plano tú no tienes buen gusto. Sigues siendo nuevo en este lugar; tarde o temprano lo entenderás.

Juanito: ¿Qué tienen en contra de los niños judíos?

Niño molesto 2: Mi papá dice que son un problema. Vienen a las ciudades a poner sus negocios, y todos los clientes se van con ellos.

Juanito: Bueno, debe ser porque son muy buenos en lo que hacen.

Niño molesto 2: ¿Si? Bueno, mi papá dice que deberíamos correrlos del pueblo.

Niño molesto: Sí, ¡y tal vez deberíamos correr a los amantes de los judíos también! *(Le da un zape en la cabeza a Juanito, con un gesto despectivo.)* Vámonos de aquí, Toby. Me de asco este lugar. Ya no tengo ganas de jugar.

(Los dos niños molestos salen del escenario. David, el niño judío, los ve irse y se acerca a Juanito.)

David: Gracias por defenderme, Juanito.

Juanito: No fue nada, David. ¿Siempre te tratan así?

David. Ojalá, ¡hoy me fue bien! Normalmente me va peor. A veces me acorralan y me pegan.

Juanito: ¡Estás hablando en serio? ¡No me digas eso! ¿Por qué son así contigo?

David: Porque soy judío.

(Los dos niños se sientan en una banca. Juanito saca una bolsa de papitas y le ofrece a David.)

David: No, gracias; no son Kosher.

Juanito: ¿Kosher? ¿Qué es eso? *(Mira la bolsa de papitas con asombro.)*

David: Ah, pues tiene que ver con la manera en que están preparadas. Nosotros tenemos ciertas reglas acerca de lo que comemos.

Juanito: ¡Órale! *(Se come otra papita.)* Pero no entiendo; ¿qué tiene de malo en ser judío?

David: Yo tampoco lo entiendo. Sólo sé que ha sido así toda mi vida y a lo largo de la historia. A mi papá también le afecta. Es dueño de una tiendita a dos cuadras de aquí, y ya van varias veces que alguien le pinta groserías en las ventanas de la tienda. Una vez entraron y tiraron todo al suelo. Dejaron una nota que decía: "Los judíos nos son bienvenidos en este vecindario."

Juanito: ¿Le avisaron a la policía?

David: Sí, pero no pudieron encontrar a los responsables. Así que, sólo esperamos.

Juanito: ¿Esperar qué? *(Come más papitas.)*

David: Esperar a que hagan algo peor.

Juanito: ¿Y por qué no mejor se mudan, si está tan feo aquí?

David: En todos lados es igual.

Juanito: Qué horrible. *(Se levanta, y David lo sigue.)* Bueno, David, sólo quiero que sepas que soy tu amigo. *(Chocan las manos.)* Es más, voy a orar por ti.

David: ¿De verdad? ¡Nadie me había dicho eso antes! ¿De qué religión eres?

Juanito: Soy cristiano. Jesús vive en mi corazón. ¿Y tú?

David: *(Se asombra y da unos pasos para atrás.)* Ah, no..., nosotros no creemos en Jesús, excepto que fue un buen hombre.

Juanito: ¡Wow! ¿De verdad? *(Sonríe y le da la mano a David.)* Bueno, vamos a hacer un trato. Tú no estás contra mí por ser cristiano, y yo tampoco contra ti por ser judío. Y voy a orar por ti. Voy a orar para que Dios te proteja y te mantenga a salvo de todos tus enemigos, a ti y a tu papá. Y cuando veas que funciona, tal vez cambies de parecer acerca de Jesús.

(Se dan la mano; David sonríe y ríe.)

David: Como tú digas. Pero, por cierto… tienes que saber algo. Si vas a ser mi amigo, mejor cuídate la espalda, porque esos niños (señala hacia los niños que los molestaron) van a molestarte a ti también.

Juanito. No te preocupes David:; de todas formas me van a molestar cuando sepan que soy cristiano.

David: ¡Es broma! ¿Verdad? ¡A los cristianos también los persiguen?

Juanito: ¡Por todo el mundo, amigo! A algunos los han matado por lo que creen. Pero Jesús nos dice que amemos a nuestros enemigos, que oremos por aquellos que son malos con nosotros, y que seamos buenos con ellos, aunque ellos no lo sean. Y también por esos niños. *(Señala hacia donde están los niños que los molestaron.)* ¡Sí! ¡Debo que orar por ellos!

David: ¡Nunca había oído eso antes! ¿Quién lo dijo?

Juanito: ¡Un judío que se llama Jesús!

David: ¿De verdad? ¿El era judío? ¿Qué más dijo?

Juanito: Ven. *(Le da una palmada en la espalda.)* Te voy a contar más.

(Salen juntos.)

Lección 12

Preguntas de Repaso

1. El pueblo judío, ¿era perfecto? *No*

2. ¿Por qué se enojó Dios con ellos? *Porque lo desobedecieron y fueron tras otros dioses.*

3. ¿Cómo los salvó Moisés de la destrucción de Dios? *Dios iba a matarlos, pero Moisés dijo: No; mátame a mí en vez de a ellos.*

4. ¿Qué quiere decir la palabra persecución? *Perseguir a alguien físicamente o con palabras por su ideología, raza o religión.*

5. Nombra dos cosas que los egipcios hicieron contra los judíos para perseguirlos. *1) Hacerlos trabajar más fuerte para fabricar ladrillos. 2) Matar a todos los bebés varones judíos menores de dos años para mantener la población baja.*

6. Describe cómo la reina Esther, siendo judía, salvó a su pueblo de la muerte. *Amán quería matar a los judíos y convenció al rey de hacerlo. Esther ayunó y oró, y le contó al Rey el plan de Amán. El rey después cambió de parecer, y salvó a los judíos.*

7. ¿Cuántos años después de que Jesús fue crucificado, destruyeron los romanos el Templo? *Setenta*

8. ¿Cómo se conoce a la persecución de cristianos que persiguieron a los judíos en la Edad Media? *Las cruzadas*

9. ¿Cuál habrá sido una de las razones por las que no sabían que no debían haber hecho eso? *No tenían Biblia para leer en ella cómo Dios ama a los judíos.*

10. ¿Qué pasó en España, en el mismo año que Cristóbal Colón descubrió América? *España expulsó a los judíos de su país, o los mataba, si no se convertían al cristianismo.*

11. ¿Qué pasó en las calles de Rusia, en los años de 1900? *Multitudes de gente atacaban y mataban a los judíos, con el consentimiento del gobierno.*

12. ¿Cuál fue el nombre del tiempo tan horrible de la persecución de los judíos en la II Guerra Mundial? *El Holocausto*

13. ¿Qué quiere decir holocausto? *Destrucción total*

14. ¿Quién fue el terrible líder del Holocausto? *Adolfo Hitler*

15. ¿En qué país sucedió esto? *En Alemania*

16. ¿Qué es un campo de concentración? *Un lugar espantoso, donde Hitler encerraba y mataba a los judíos.*

Lección 12

Esgrima Bíblico

1. Éxodo 32:10	Ahora pues, déjame, para que se encienda mi ira contra ellos y los consuma; mas de ti yo haré una gran nación.
2. Abdías 1:2	He aquí, te haré pequeño entre las naciones; despreciado eres en gran manera. LBLA
3. Éxodo 1:14	Y les amargaron la vida con dura servidumbre en hacer barro y ladrillos y en toda clase de trabajo del campo; todos sus trabajos se los imponían con rigor. LBLA
4. Esther 3:6	Y él no se contentó con echar mano sólo a Mardoqueo, pues le habían informado cuál era el pueblo de Mardoqueo; por tanto Amán procuró destruir a todos los judíos, el pueblo de Mardoqueo, que estaban por todo el reino de Asuero. LBLA
5. Éxodo 19:5	Ahora pues, si en verdad escucháis mi voz y guardáis mi pacto, seréis mi especial tesoro entre todos los pueblos, porque mía es toda la tierra;
6. Jeremías 15:7	Los aventaré con el bieldo en las puertas del país; los privaré de hijos, destruiré a mi pueblo, pues no se arrepintieron de sus caminos. LBLA
7. Lamentaciones 1:8	En gran manera ha pecado Jerusalén, por lo cual se ha vuelto cosa inmunda. Todos los que la honraban la desprecian porque han visto su desnudez, y ella gime y se vuelve de espaldas. LBLA
8. Éxodo 1:16	y les dijo: Cuando estéis asistiendo a las hebreas a dar a luz, y las veáis sobre el lecho del parto, si es un hijo, le daréis muerte, pero si es una hija, entonces vivirá. LBLA
9. Romanos 11:26-27	Y así todo Israel será salvo; como está escrito: De Sión vendrá el Libertador, que quitará de Jacob la impiedad. Y éste es mi pacto con ellos, cuando yo quite sus pecados. RV
10. Ezequiel 36:24	Los sacaré de entre las naciones, los reuniré de entre todos los pueblos, y los haré regresar a su propia tierra. NVI

Lección 12

Tiempo con Dios

Apoyos visuales: Suficientes banderas de Israel en papel para que cada niño se lleve una, 2. Seguritos, 3. El CD "La Restauración de Israel," de Joel Chernoff, del Kit de visuales JNM, p.252, la canción "With God, We'll Gain the Victory" ("Con Dios tendremos la victoria".) Sería adecuado ir una vez más al muro de los lamentos a orar por la paz de Jerusalén. Se pueden usar las herramientas de oración: los chales, los yarmulkes, las filacterias, etc. 4.- Impresión de los pasajes para que cada niño tenga una hoja.

NOTA IMPORTANTE: Existe un movimiento entre algunos cristianos que, para identificarse con los judíos, visten y actúan como ellos y adoran al estilo judío, incluso comen comida Kosher. No hay nada en las escrituras que sugiera que debemos volvernos judíos en estas prácticas. La única razón por la que incluimos el uso de estas herramientas de oración, es porque los niños necesitan experimentar, ver y tocar para solidificar sus experiencias durante estas lecciones. Por favor no promuevas el uso de ellas en ningún otro momento.

(Previo a este momento prepara en impresión por separado algunos versículos para que asignes a los niños antes de este momento. Si tienes más niños que versículos, podrías imprimir repetidos para que todos los niños puedan participar.) Pon música de adoración y pide a los niños que tomen una actitud de oración. Les vas a enseñar dos cosas: 1. A bendecir a Israel al orar por los judíos. 2. A tomar las escrituras y convertirlas en oraciones; de este modo aprenderán a —orar las escrituras—.

Hoy vamos a orar por las promesas de Dios para el pueblo de Israel. Dios está viendo en nosotros, a personas que escuchan su voz, y que al mismo tiempo se levanta para ser Su voz; ya que cuando nos levantamos para declarar las promesas de Dios, estamos declarando su cumplimiento. Vamos a declarar algunas de las promesas que Dios ha hecho a los judíos.

Primero lean la promesa del versículo que se les asignó. Luego quiero que tomen frases de esa escritura y la hagan una oración. Enséñalos a cómo declarar las promesas de Dios, ten paciencia ya que esto será una lección que les servirá de por vida. Estas declaraciones están escritas para ustedes. Después de hacer de su oración una declaración puede tomar su asiento en silencio y enseguida todos los demás la repetirán confiando en que Dios lo hará. La forma más efectiva de declarar algo es con fe y fuerza. ¡Háganlo con fuerza! ¡Grítenlo! ¡Estamos apoyando al pueblo judío declarando la palabra de Dios para ellos!

Escrituras y declaraciones:

Romanos 11:26,

2 Corintios 3:15

Éxodo 23:31,

Zacarías 8:7

Zacarías 12:10,

Ezequiel 36:27,28

(Permite que la intercesión sea espontánea; continúa mientras el Espíritu Santo esté ministrando.)

Lección 13

La Historia de Ismael

Lección 13

La Historia de Ismael

Para el Maestro

Esta serie de lecciones, desde luego, son acerca del pueblo judío y de la nación de Israel, que nos llevan a las raíces hebreas de nuestra fe. Sin embargo, no estaríamos contándoles la historia completa, si no platicáramos acerca de la equivocación garrafal de Abraham que sigue afectándonos hoy día. Su error fue que él y su esposa Sarah se cansaron de esperar al hijo que Dios les había prometido.

Así como todos lo hemos hecho en algún momento, ellos tomaron las riendas de la situación, lo cual resultó en un hijo de la sierva de Sarah, a quien llamaron Ismael. Desde aquel entonces, Ismael causó serios problemas familiares, que continúan afectando el mundo hasta el día de hoy. Los que conocen la Biblia, bien bromean a veces cuando cometen un error muy grande y dicen, —Tuve un Ismael.

No tenemos deseos de politizar este programa, pero con las condiciones actuales del mundo, esto ocupa un lugar importante en el comentario sobre Israel. Sería muy irresponsable ignorar esta parte de la historia.

Para quienes no se han dado cuenta, Ismael, no fue el padre de los judíos, sino de la gente a la que llamamos árabes, de los cuales la mayoría son musulmanes el día de hoy.

Los judíos y los árabes, no sólo son primos lejanos; sus fundadores eran medios hermanos hijos del mismo padre Abraham. Como cristianos debemos evitar la tentación de simpatizar con la situación difícil que enfrentan los judíos, de manera que nos afecte y nos amargue el corazón contra sus enemigos, porque, de hecho, Jesús murió por todos —judíos y árabes por igual.

Debemos enseñarles a los niños que, aunque existan situaciones horrendas como las guerras en Medio Oriente, la gente no es nuestro enemigo. (Efesios 6:12) Son los espíritus que están tras bambalinas —no están a la vista— los que llevan a las personas a pensar y a hacer lo que los convierte en nuestros enemigos.

Consideremos, además, la sorprendente cantidad de musulmanes, incluso en Palestina, que están convirtiéndose a Cristo actualmente. Debemos reconocer que tenemos hermanos y hermanas espirituales en una gran variedad de campos. Debemos seguir orando por la salvación de los judíos, pero hagámoslo también por la salvación de los musulmanes.

No tenemos deseos de politizar este programa, pero con las condiciones del mundo presente, esto ocupa un lugar importante en el comentario sobre Israel.

Versículo de Poder

Y dijo Abraham a Dios: Te ruego que
Ismael viva delante de ti.
Génesis 17:18 RV

Comprende el Versículo de Poder

¿Quién estaba hablando en este versículo? Abraham, el padre de Ismael

¿A quién le hablaba? A Dios

Preparar con Anticipación

Parte 1: *Apoyo: 1. Actor de Abraham con la máscara del Kit de Visuales JNM pág. 252, 2. Actor de Sarah, 3. Actor de Agar con vestuario bíblico, 4. Un muñeco de bebé tamaño real envuelto en una cobija. Los actores hacen su parte sin hablar en pantomima.*

Parte 2: *Apoyo: 1. Actor de Abraham, 2. Actor de Sarah, 3. Actor de Agar con vestuario bíblico, 4. Un muñeco de bebé tamaño real envuelto en una cobija, 5. Algún tipo de cuna para poner al bebé, 6. Un niño mayor para Ismael. Los actores hacen su parte sin hablar en pantomima.*

Parte 3: *Apoyo: 1. El arco iris de la promesa del Kit de Lecciones JNM pág. 252, 2. Un encabezado del periódico que hable sobre Irán, Irak, Pakistán, los Talibanes, Afganistán, o cualquier otra cosa que ayude a identificar los países árabes.*

Parte 4: *Apoyo: Usa la presentación de PowerPoint incluida en el CD en este programa, llamado "Musulmanes, los descendientes de Ismael." Está en dos partes. La primera contiene imágenes agradables de gente, su estilo de vida, vestimenta, etc. La segunda parte tiene imágenes de conflictos, actos de terrorismo suave, muchas caras enojadas. Sólo úsalas si sientes que los niños son lo suficientemente grandes y maduros para verlas. Velas con anticipación. Recuerda: puedes borrar cualquier imagen que te parezca demasiado ofensiva.*

Tiempo con Dios: *1. Un aparato toca CD's, 2. Música judía relacionada con el tema de gente encontrando al Mesías o música que hable de difundir el evangelio a todas las naciones, 3. El muro de los lamentos de la página 253, 4. Yarmulkes para los niños del Kit de Lecciones JNM pág. 252, Pañuelos para las cabezas de las niñas, 4. Alguna otra herramienta de oración que tú escojas.*

Lección 13

Parte 1

Una Mala Decisión

Apoyo: *1. Actor de Abraham con la máscara del Kit de Lecciones JNM pág. 252, 2. Actor de Sarah, 3. Actor de Agar con vestuario bíblico, 4. Un muñeco de bebé tamaño real envuelto en una cobija. Los actores hacen su parte sin hablar en pantomima.*

La historia de Abraham e Isaac es una maravillosa y milagrosa historia de fe y promesa que es muy emocionante de oír. Pero hay una parte de la historia que es igualmente interesante y nos afecta desde la misma forma que la historia de Isaac.

¿Quién recuerda cuánto tiempo Abraham *y Sarah esperaron hasta que nació su hijo Isaac? (Permite que respondan mientras Abraham y Sarah entran en el salón.)* Esperaron veinticinco años. ¿Ustedes creen que se sintieron desanimados por esperar tanto tiempo? *(Abraham y Sarah lloran en sus hombros respectivamente representando que están muy tristes mientras contestan a la pregunta.)* ¡Por supuesto que estaban desilusionados! Nosotros lo hubiéramos estado también.

Pero Abraham y Sarah hicieron algo peligroso para el destino de toda la humanidad. *(Con sólo gestos sin hablar, Abraham y Sarah hablan como si estuvieran tomando una decisión.)* Ellos llegaron a la conclusión de que posiblemente, Dios necesitaba "una ayudadita" para hacer cumplir la promesa! Lo hablaron y Sarah hizo algo que no entendemos o con lo cual no estamos de acuerdo en nuestra cultura hoy en día. Pero que era muy común en esa época. También recuerden que en esa época ellos no tenía los diez mandamientos o alguna ley moral de cómo vivir. Dios todavía no les había dado las leyes del matrimonio —eso vino después. Así que Sarah decidió darle a su sierva, Agar, a Abraham como esposa para tener un bebé en su lugar. *(Sarah toma a Agar de la mano y la lleva hacia Abraham. Abraham la toma de la mano y la guía fuera del escenario.)*

¡Por supuesto que Agar tuvo un bebé! *(Abraham y Agar ingresan al escenario cargando un bebé y lo llevan a Sarah.)* Era un bebé varón. No sé qué habrían hecho si hubiera sido una niña! Pero fue niño y le pusieron por nombre Ismael. *(Abraham sale.)* Desde el comienzo hubo problemas.

Agar se volvió muy orgullosa porque ella tuvo al bebé que Sarah no podía tener. *(Agar levanta la nariz y su cara dándole la espalda a Sarah y sonríe. Sarah lleva sus manos a su cara y simula que se encuentra llorando. Abraham entra de nuevo y consuela a Sarah.)* Hacía comentarios desagradables a Sarah, y presumía y alardeaba a Ismael enfrente de ella. Abraham debió estar destrozado, el amaba a Sarah con todo su corazón, pero también amaba a su hijo.

Lección 13

Parte 2

La Bendición de Ismael

Apoyo: 1. Actor de Abraham, 2. Actor de Sarah, 3. Actor de Agar con vestuario bíblico, 4. Un muñeco de bebé tamaño real envuelto en una cobija, 5. Algún tipo de cuna para poner al bebé, 6. Un niño mayor para Ismael. Los actores hacen su parte sin hablar en pantomima.

NOTA: (El apoyo principal de esta lección es la representación. Los actores actuarán todo lo que se enseña, y de preferencia anímalos a que lo sobreactúen, para causar gracia a los niños.)

Abraham oró por Ismael, Y dijo Abraham a Dios: Te ruego que Ismael viva delante de ti. Y respondió Dios: Ciertamente Sara tu esposa te dará a luz un hijo, y llamarás su nombre Isaac; y confirmaré mi pacto con él, y con su simiente después de él por pacto perpetuo.

Pero, aquí no quedó todo veamos algo interesante que Dios dijo: Y en cuanto a Ismael, también te he oído; he aquí que le bendeciré, y le haré fructificar y le multiplicaré mucho en gran manera; doce príncipes engendrará, y haré de él una nación grande.

Mas yo estableceré mi pacto con Isaac, el cual Sara te dará a luz por este tiempo el año siguiente. (Génesis 17:18-21.) *(Agar y Sarah salen a escena y regresan con Sarah cargando un bebé y Agar con un niño de trece años. Abraham camina hacia Sarah y se emociona por el bebé.)*

Cuando Ismael tenía trece años, Abraham y Sarah por fin tienen a su hijo, Isaac. Quien Dios originalmente les había prometido con muchos años de anticipación. Este evento, —el nacimiento de Isaac—, el hijo de la promesa creó aún más problemas en esta familia tan inusual. *(Agar e Ismael ven enojados a la nueva familia.)* Agar e Ismael no querían para nada al nuevo bebé. (Sarah recuesta al bebé en una cuna y todos los adultos salen, dejando a Ismael jugando maliciosamente y agitando un poco al bebé.) Especialmente Ismael estaba muy celoso del nuevo bebé y de cuánta atención de daba su papá.

(Ismael molesta al pequeño Isaac y lo hace llorar. Se oye un llanto de bebé tras el escenario. Los adultos regresan. Sarah carga al bebé. Abraham señala a Ismael como regañándolo.) Finalmente se volvió tan molesto que Sarah no aguantaba más y le pidió a su esposo Abraham que tenía que deshacerse de Agar y de Ismael —literalmente ¡que los sacara de la familia y de su hogar!

(Abraham deja caer su cabeza tristemente y empuja a Ismael y a Agar fuera del escenario. Agar está llorando, Ismael baja la cabeza y deja caer sus hombros en señal de abatimiento y tristeza. Abraham y Sarah salen por el lado opuesto del escenario.) Qué triste historia. Con todo el gozo que había por el pequeño Isaac, qué triste que hubiera tanto dolor al mismo tiempo.

Wow! Dios le dio la misma promesa a Ismael en cuanto a tener tantos descendientes. La gran diferencia fue que el **PROMETIDO MESÍAS, —JESÚS—** vendría a través de Isaac. El hijo amado de Sarah y Abraham.

Lección 13

Parte 3

Desafiantes

Apoyo: 1. El arco iris de la promesa del Kit de Lecciones JNM pág. 252, 2. Un encabezado del periódico que hable sobre Irán, Irak, Pakistán, los Talibanes, Afganistán, o cualquier otra cosa que ayude a identificar los países árabes.

Las vida de Ismael y la de Isaac son tan similares que a veces la Biblia usa exactamente las mismas frases u oraciones cuando habla de ellos. Por ejemplo, el mismo Dios fue quien puso el nombre de ambos. (Génesis 16: 11; 32:28.) Dios dijo que los descendientes de Ismael serían demasiados para ser contados, y que Isaac tendría descendencia como el número de las estrellas en el cielo (Génesis 16:10; 22:17.)

Dios dijo que haría de Ismael e y de Isaac grandes naciones (Génesis 17:20; 22:18.) También los dos, Ismael e Isaac, por medio de su hijo Jacob, tuvieron doce hijos y doce tribus (Génesis 25:16; 35:22-26) y más. La única diferencia significativa entre los dos fue que Dios dijo claramente que sería a través de Isaac que Él establecería su **PACTO ETERNO**. *(Muestra el arco iris de la promesa y escribe "Isaac" a lo largo, con marcador negro.)*

Fue a través del linaje o descendencia de Isaac, que Dios estableció que bendeciría a las naciones de la tierra. ¡No por Ismael! Pero Dios amaba a Abraham y bendijo a Ismael, porque era hijo de Abraham. Esto es importante para nosotros de recordar, porque así como los judíos han estado en el mundo desde hace miles de años y siguen estando hoy en día, también los descendientes de Ismael han estado. Sin embargo, hasta este momento de la historia no suenan tan familiares porque nosotros los conocemos por otro nombre. Se les llama ÁRABES. Y así como los descendientes de su hermano Isaac, los de Ismael ¡también están en las noticias todos los días! *(Muestra los encabezados de los periódicos.)* Y las noticias, siguen siendo como los enemigos de sus primos judíos. Así como había tensión y malos sentimientos entre ellos de niños, de la misma manera, hoy en día existe tensión entre sus descendientes.

Los judíos y los árabes han estado enojados entre ellos por siglos. La Biblia nos da una pequeña idea de cómo era la personalidad de Ismael antes de morir pues dice: que Ismael se mudó al oriente de Egipto "desafiando a todos sus parientes" (Génesis 25:18.) ¿Qué significa desafío? *(Permite las respuestas.)* Quiere decir oponerse descaradamente o resistirse a hacer algo que otros quieren que hagas. Hoy, Ismael, en la forma de musulmanes árabes, está todavía desafiando a todo el mundo. Su desafío causa guerras viciosas, coraje, enojo, odio entre muchas naciones —por un lado, las que respaldan a las naciones árabes y, por otro, las que respaldan a Israel. El odio entre los dos es una situación muy difícil para todo el mundo. Debemos guardar constantemente nuestro corazón, para no odiar. Recuerden, el plan de salvación de Dios ¡es para todos!

Lección 13

Parte 4

Los Musulmanes Aceptan a Jesús

***Apoyos:** Usa la presentación de PowerPoint incluida en el CD en este programa, llamado "Musulmanes, los descendientes de Ismael." Está en dos partes. La primera contiene imágenes agradables de gente, su estilo de vida, vestimenta, etc. La segunda parte tiene imágenes de conflictos, actos de terrorismo suave, muchas caras enojadas. Sólo úsalas si sientes que los niños son lo suficientemente grandes y maduros para verlas. Velas con anticipación. Recuerda: puedes borrar cualquier imagen que te parezca demasiado ofensiva.*

A pesar de las guerras y la violencia que ha estado sucediendo como resultado de la resistencia entre estas dos naciones, Dios ha estado trabajando de manera asombrosa hablándoles a los corazones de los musulmanes. Aunque los musulmanes tienen su propia religión llamada Islam, y sirven a su dios llamado Alá, hay muchísimas historias que vienen de misioneros alrededor del mundo diciendo cómo Jesús se les ha aparecido en sueños y visiones. Se ha revelado a sí mismo a ellos como un Dios verdadero. Esto es realmente sorprendente, porque los musulmanes se oponen de igual manera a los cristianos y el cristianismo así como a los judíos.

En los últimos años, un número record de gente árabe se está volviendo a Cristo, aceptándolo como Señor y Salvador; y eso sucede alrededor del mundo árabe incluyendo Medio Oriente, los países del Golfo Pérsico, Europa, Canadá y los Estados Unidos. Los musulmanes están aceptando a Jesús en donde quiera que se encuentran. De acuerdo a muchos líderes cristianos que evangelizan a musulmanes, lo que pasa hoy nunca había sucedido antes en la historia.

Ya sean jóvenes, viejos, educados o no, hombres o mujeres —incluso aquellos que eran terroristas— han aceptado a Jesucristo. Miles de musulmanes africanos están aceptando al señor y siendo bautizados. Muchos de ellos eran líderes del Islam, Imanes (maestros) en las mezquitas, y ahora son pastores de iglesias cristianas.

Al igual que lo hacemos por los judíos, también debemos orar por la salvación de los musulmanes porque la Biblia dice: ***Mas yo os digo: Amad a vuestros enemigos, bendecid a los que os maldicen, haced bien a los que os aborrecen, y orad por los que os calumnian y os persiguen;*** (Mateo 5:44 RV2000.)

Y es importante que extendamos nuestras oraciones por la seguridad de los musulmanes que se convierten al cristianismo, porque sus vidas corren peligro. ***Pues bien, Dios pasó por alto aquellos tiempos de tal ignorancia, pero ahora manda a todos, en todas partes, que se arrepientan.*** (Hechos 17:30 NVI.*)*

Cualquier persona que deja el Islam y se convierte en otra religión es merecedora de pena de muerte de acuerdo a sus creencias. Si no son asesinados, sus familias son avergonzadas y son sacados de sus casas y olvidados por sus familias. Pagan un alto precio por recibir a Jesús como su Salvador. La gran mayoría de los musulmanes son preciosos y buenas personas.

Pero el espíritu atrás de la religión del Islam los ha cegado de la verdad. La Biblia dice: ***Porque nuestra lucha no es contra seres humanos, sino contra poderes, contra autoridades, contra potestades que dominan este mundo de tinieblas, contra fuerzas espirituales malignas en las regiones celestiales*** (Efesios 6:12 NVI.) Realmente, ¡Ellos son nuestros enemigos! ¡No las personas!

Lección 13

Teatro

Isa es el Mesías

Actores: *dos hombres musulmanes, Azim (hombre musulmán), Jesús*
Apoyos: *1. una camilla como cama, 2. Un pequeño tapete colorido enrollado y puesto en la orilla de la cama, 3. Un escritorio o mesa, 4. Lámpara de escritorio, 5.Una Biblia, 6. Otro libro grande que represente el Corán, 7. Una tablilla y una pluma, 8. Un letrero que diga: "Un mes después."*
Disfraces: *1. Turbantes para las cabezas de los musulmanes hechas de sábanas blancas o toallas de cocina, 2. Disfraces bíblicos para los tres musulmanes que luzcan como en el Medio Oriente, 3. Disfraz de Jesús.*

Musulmán 1: *(Alza el puño con aire de enojo)* ¡Maten a los infieles! Si no se convierten al Islam, morirán! Alá Akbar! Dios es grande y Mohammed su profeta!

Musulmán 2 y Azim: Alá Akbar! Bendito sea su nombre! *(Alzan sus puños)*

Azim: *(Se da un golpe en el pecho con actitud solemne)* ¡Mi vida por Alá y el Islam!

Musulmán 1: Azim, Ven para acá, por favor. *(Lo toma del codo y lo guía a un costado. Musulmán 2 sale.)* Azim, tu eres uno de los grandes intelectuales que tenemos en nuestro grupo. Tengo un secreto altamente confidencial que el mismo Alá te ha escogido a ti.

Azim: Alá me ha escogido a mi? *(Luce satisfecho)*

Musulmán 1: Si, pero no le puedes decir a nadie de esta misión hasta que esté completada. Estamos de acuerdo que el evangelismo cristiano debe ser detenido, verdad?

Azim: ¡Si!, Por supuesto, ¡son infieles a Alá!

Musulmán 1: Tenemos un plan que es mejor que tratar de matarlos a todos. (Saca una Biblia de su ropaje viendo alrededor que nadie más lo vea. Se lo da a Azim.) Tu misión es probar que esta Biblia cristiana está llena de mentiras.

Azim: *(La toma con horror y deja caer la biblia al suelo como si fuera una papa caliente)*

¡No! ¡Nunca! ¡No la voy a tocar! Cómo puedes pedirme tal cosa? Es una herejía incluso tener una biblia en mi posesión! ¡No lo haré! ¡No puedo! *(Se retira del libro que yace en el suelo.)*

Musulmán 1: Azim, piensa en el gran servicio que estarías haciendo para el Islam. Tienes que tomar el Corán y la Biblia ponerlos cara a cara e investigar. Tendrás que encontrar todos los errores en la Biblia para probar que está llena de mentiras. Tú eres el elegido, Azim! Tú serás conocido como el grandioso que detuvo el cristianismo. *(Recoge la Biblia del suelo y se la da de nuevo a Azim.)*

Azim: *(En desacuerdo la toma con el ceño fruncido.)* Sólo porque tú mi Imán me lo pide, pero no estoy contento con esto.

Musulmán 1: En un mes regresaré para ver cómo has progresado y me muestres esa valiosa información. (Ambos salen)

(Ayudantes traen la camilla para la cama, el pequeño tapete colorido enrollado al pie de la cama, la mesa o escritorio, la lámpara de escritorio, una Biblia, un libro grande representando el Corán, una tablilla y una pluma. Alguien entra con el letrero que dice: "Un mes después" y sale.)

Azim: *(Entra y se acerca al escritorio con la lámpara prendida.)* ¡Me siento incomodo haciendo esto! ¡Ya no quiero seguir haciéndolo! *(Se sienta en el escritorio, pone sus codos sobre la mesa y su cabeza entre sus manos, luego levanta la cabeza.)* ¡Me estoy confundiendo! No puedo encontrar errores en la Biblia! Cuando parece haber algo que se contradice, puedo encontrar los mismos pequeños errores contradictorios en el Corán. ¿Cuál está correcto? *(Se levanta enojado alzando su puño en el aire.)* No pueden estar los do correctos, porque se basan en posturas totalmente opuestas. *(Camina de un lado al otro.)* La Biblia habla de paz y de amor, ¡el Corán habla de odio y matanza! Incluso, ¡el Corán le llama Isa a Jesús, el Mesías! ¿Quién tiene razón?

(Toma su tapete de oración, lo desdobla y lo pone en el suelo hacia la audiencia, se arrodilla y pone la frente en el suelo un momento. Luego se sienta, levanta la cara, levanta las manos a la altura de la cintura con las palmas hacia arriba.)

Azim: Dios, tienes que hablarme. ¡Tengo que saber la verdad Dios! He vivido toda mi vida para Alá y el Islam, pero ya no estoy tan seguro de qué está mal. Dios, si tú eres el Dios del Islam, ¡entonces sácame de la cabeza todos estos sentimientos acerca de la Biblia! Pero si eres el Dios de los cristianos, ¡permíteme que te vea! ¡Te he buscado toda mi vida! *(Hace una pausa, cierra los ojos un minuto, luego lentamente se incorpora, va hacia la camilla, se recuesta y aparenta dormirse.)*

(Jesús entra el cuadro y se para junto a Azim en la cama.)

Jesús: He venido a contestarte tus preguntas, Azim.

Azim: *(Levanta la cabeza, luego muy asustado se sienta y protege sus ojos como pretendiendo que una luz muy brillante viniera de Jesús. Trata de escabullirse pero no va muy lejos.)* ¡Quién eres?

Jesús: Yo soy el camino, la verdad, y la vida. Si quieres encontrar a Dios debes creer en mí. Yo soy aquel a quien has estado buscando desde que eras un niño.

Azim: ¿Isa? ¿Eres tú?

Jesús: Tus pecados, que son muchos, han sido blanqueados como la nieve. Si caminas en mi verdad, tendrás luz delante de ti siempre. *(Se vuelve y sale rápidamente, mientras Azim sigue tallándose los ojos.)*

Musulmán 1: *(Entra en silencio, se detiene, ve a Azim orando.)*

Azim: *(Cae de rodillas en oración nuevamente sobre el tapete, levanta la cara y eleva las manos al cielo.)* ¡Mi Señor y mi Dios! ¡Isa, tu eres el verdadero Mesías!

Musulmán 1: *(Se acerca a Azim y comienza a golpearlo en la cabeza. Azim se protege la cabeza con los brazos.)* ¿Qué estás diciendo? ¿Qué estás haciendo? ¿Qué está pasando aquí?

Azim: ¡No puedo evitarlo! ¡La Biblia es la verdadera palabra de Dios!

Musulmán 1: ¡Confié en ti! *(Continúa enojado empujándolo y pegándole)* ¿Qué has hecho?

Azim: ¡Es tu culpa, no la mía! Te rogué que encontraras a alguien más para este trabajo. Pero no pude encontrar ningún error en este libro. En vez de eso, ¡me dio esperanza y paz por primera vez en mi vida!

Musulmán 1: *(Se aleja y da varias vueltas con los puños en el aire.)* ¡Debería matarte aquí y ahora! En lugar de eso, estás muerto para mí a partir de ahora. A partir de este día nunca conocí a un hombre llamado Azim, y tú nunca volverás a hablarnos… ¡jamás! *(Azota la puerta al salir.)*

Azim: *(Se sienta en su camilla, muy cansado, sobándose la frente y los brazos donde lo golpearon, pero con una sonrisa.)* Todas las palabras hirientes, los golpes, incluso la muerte, no pueden quitarme la paz y el gozo que estoy sintiendo ahora mismo en mi corazón. No puedo pegarles porque debo amar a mis enemigos, como dice la Biblia. *(Se levanta con una sonrisa amplia.)* ¡Hoy soy un hombre nuevo! ¡Todo ha cambiado!

(Sale.)

Lección 13

Preguntas de Repaso

1. ¿Cuál era el nombre del primer hijo de Abraham? *Ismael*
2. ¿Por qué tuvo Abraham este hijo? *Se impacientó esperando a que Dios le diera uno.*
3. ¿Quién era la mamá de Ismael? *Agar, la sierva de Sarah*
4. ¿Quién era la mamá de Isaac? *Sarah*
5. Nombra algunas similitudes entre Ismael e Isaac. *Dios nombró a ambos niños, Dios dijo que los dos serían grandes naciones y tendrían muchos descendientes, los dos tendrían doce tribus.*
6. ¿Agar e Ismael querían a Isaac? *No, estaban celosos de él.*
7. ¿Qué le hizo Sarah hacer a Abraham con Agar e Ismael? *Sacarlos de la familia.*
8. Menciona una palabra que la Biblia usa para describir la personalidad de Ismael. *Desafiante*
9. ¿Cuál fue la promesa que hizo Dios a Isaac que no fue para Ismael también? *Que el Mesías vendría de su linaje.*
10. ¿Cuál es la relación entre los descendientes de Ismael e Isaac hoy en día? *Siguen peleando.*
11. ¿Es correcto que nosotros como cristianos odiemos a los musulmanes y les deseemos cosas malas porque pelean contra los judíos? *Incorrecto*
12. ¿Qué dice la Biblia debemos hacer acerca de los enemigos de Israel, quienes también son nuestros enemigos? *Debemos orar por ellos y bendecirlos, y orar por su salvación.*
13. ¿Qué situación milagrosa está pasando con los musulmanes alrededor del mundo? *Jesús está apareciéndoseles en sueños y visiones que se están convirtiendo a Cristo.*
14. ¿Qué les pasa a los musulmanes que se convierten al cristianismo? *Son asesinados o echados fuera de sus familias.*
15. ¿Son los musulmanes nuestros enemigos? *No, pero los espíritus detrás de la religión del Islam, lo son.*

Lección 13

Esgrima Bíblico

1. Génesis 17:16 — Yo la bendeciré, y por medio de ella te daré un hijo. Tanto la bendeciré, que será madre de naciones, y de ella surgirán reyes de pueblos.

2. Gálatas 4:22 — ¿Acaso no está escrito que Abraham tuvo dos hijos, uno de la esclava y otro de la libre?

3. Mateo 5:44 — Pero yo les digo: Amen a sus enemigos y oren por quienes los persiguen

4. Génesis 16:12 — Será un hombre indómito como asno salvaje. Luchará contra todos, y todos lucharán contra él; y vivirá en conflicto con todos sus hermanos.

5. Hechos 3:25 — Ustedes, pues, son herederos de los profetas y del pacto que Dios estableció con nuestros antepasados al decirle a Abraham: "Todos los pueblos del mundo serán bendecidos por medio de tu descendencia."

6. Génesis 17:20 — En cuanto a Ismael, ya te he escuchado. Yo lo bendeciré, lo haré fecundo y le daré una descendencia numerosa. Él será el padre de doce príncipes. Haré de él una nación muy grande.

7. Hechos 17:30 — Pues bien, Dios pasó por alto aquellos tiempos de tal ignorancia, pero ahora manda a todos, en todas partes, que se arrepientan.

8. Efesios 6:12 — Porque nuestra lucha no es contra seres humanos, sino contra poderes, contra autoridades, contra potestades que dominan este mundo de tinieblas, contra fuerzas espirituales malignas en las regiones celestiales.

9. Génesis 16:3 — Entonces ella tomó a Agar, la esclava egipcia, y se la entregó a Abram como mujer. Esto ocurrió cuando ya hacía diez años que Abram vivía en Canaán.

Lección 13

Tiempo con Dios

Apoyo: *Un toca CD's, 2. Música judía relacionada con el tema de gente encontrando al Mesías o música que hable de difundir el evangelio a todas las naciones, 3. El muro de los lamentos de la página 253, 4. Yarmulkes para los niños del Kit de Lecciónes JNM pág. 252, Pañuelos para las de oración que tú escojas. 5.- Impresión de los pasajes para que cada niño tenga una hoja.*

Necesitamos aprender que es muy peligroso desobedecer a Dios o salirse de sus promesas como lo hizo Abraham cuando tuvo a Ismael. Él no tenía manera de saber todos los problemas que causarían Ismael y sus descendientes en el mundo. Nos damos cuenta del panorama general de los eventos de hoy cuando leemos: ***Y él será hombre fiero; su mano contra todos, y las manos de todos contra él, y delante de todos sus hermanos habitará.*** *(*Génesis 16:12, RV60), Pero a pesar de eso Dios los ama. ***El Señor no tarda en cumplir su promesa, según entienden algunos la tardanza. Más bien, él tiene paciencia con ustedes, porque no quiere que nadie perezca sino que todos se arrepientan.*** (2 Pedro 3:9 NVI.) Esto incluye a los musulmanes.

Hoy en este tiempo para estar en la presencia de Dios, iremos nuevamente AL MURO DE LOS LAMENTOS, sólo que en esta ocasión vamos a orar por los otros hijos de Abraham, —los Musulmanes—. Vamos a orar para que Dios les abra los ojos cegados porque la Biblia dice que: ***la mente de ellos se embotó, de modo que hasta el día de hoy tienen puesto el mismo velo al leer el antiguo pacto. El velo no les ha sido quitado, porque sólo se quita en Cristo*** (2 Corintios 3:14 NVI); también para que suavice sus corazones (Marcos 6:52.) Vamos a orar para que la luz del glorioso evangelio los ilumine (Mateo 4:16.) También oremos para que ya no sean personas indomables, sino que la paz de Cristo controle sus corazones. (Romanos 13:14.) Vamos a orar para no que no sean torpes de corazón, sino que crean una vez que escuchen el evangelio (Lucas 24:25.)

(Dale a cada niño su hoja con las escrituras y otras más que sepas que hablan de personas perdidas, ensáyalas con los niños para que las conviertan en oraciones. Una vez que hayan ensayado, envíalos a la pared con sus escrituras en la mano. De fondo toca la música hebrea de adoración o la música que hable de esparcir el evangelio a todas las naciones. Este será también un momento apropiado para orar por los soldados que están en batalla en cualquier lugar del mundo con los musulmanes, así como orar por la paz de Jerusalén.)

(Si usas un micrófono, permite que cada niño lo tome y ore y se escuche en los altavoces. A los niños les encanta usar el micrófono, ¡tendrás mejor participación de ellos! Cuando acabe el tiempo de oración, ve si alguno de los niños quiere compartir algo que vieron o escucharon en la oración.)

Lección 14

Las Fiestas Históricas

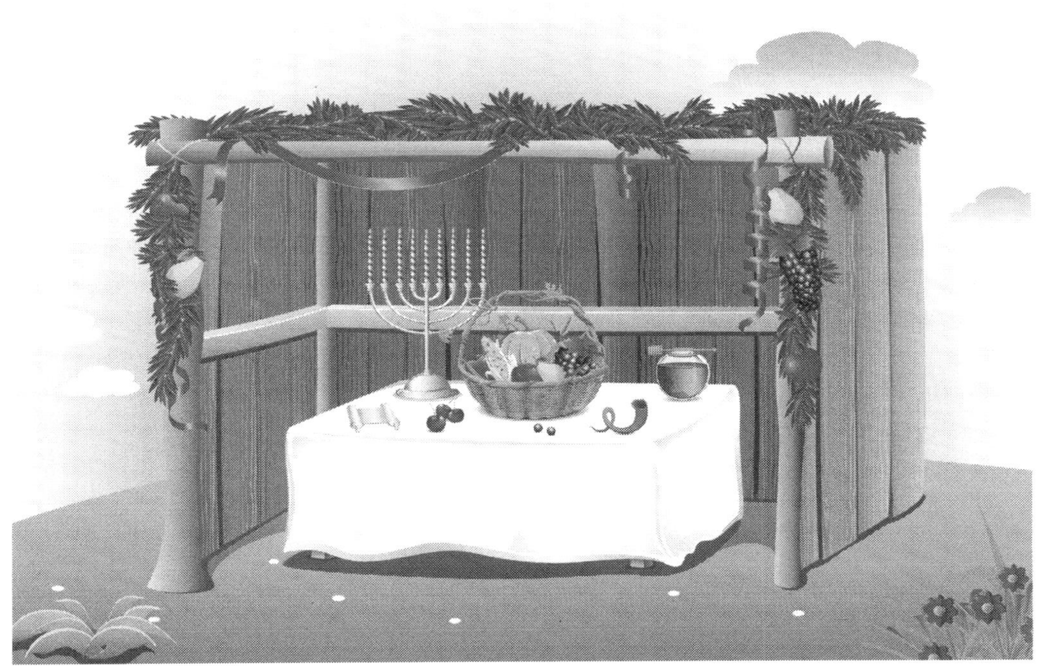

Lección 14

Las Fiestas Históricas

Para el Maestro

Al despertar a nuestros niños hacia las raíces hebreas del cristianismo, necesitamos explicarles también el significado y la riqueza de las FIESTAS DEL SEÑOR. De acuerdo a Levítico 23 existen siete fiestas anuales que los israelitas deben seguir. Cuatro de ellas fueron ilustraciones proféticas de la primera venida de Cristo, y tres de ellas son ilustraciones proféticas de su segunda venida y su reinado eterno. Esta lección enseña sobre las fiestas que han sido cumplidas en la primera venida del Señor. Estas fiestas no las llaman LAS FIESTAS DE JACOB O LAS FIESTAS DE ISRAEL. Son repetidamente llamadas —LAS FIESTAS DEL SEÑOR—(Levítico 23:2,4,37; Crónicas 2:4, Esdras 3:5.)

Fueron establecidas por el Señor para hablar de lo que Él ha hecho por los judíos, lo que Cristo ha hecho por nosotros, y lo que podemos ambos anticipar de Él en los tiempos venideros. Estas fiestas son para conmemorar y celebrar la fe. Son una oportunidad y motivos suficientes para que las familias se reúnan para compartir amor y acción de gracias por cómo Dios nos provee.

En la actualidad, para nosotros los creyentes, estas fiestas también tienen significado. Si el antiguo Testamento es relevante para nuestra fe, también los son LAS FIESTAS del Señor. La Pascua nos refleja la crucifixión del cordero de Dios. La fiesta del pan sin levadura habla de nuestra decisión personal de renunciar al pecado cuando aceptamos Su muerte como nuestra.

La fiesta de los primeros frutos, es un anuncio de la resurrección de Cristo. Pentecostés es celebrado al principio de la temporada mayor de cosecha. Dios llama a la gente —TRIGO (Mateo 3:12, 13:24-30 y 38-39, Juan 12:24.) Jesús pidió a los primeros cristianos, "su cosecha" que esperaran a recibir poder en Pentecostés antes de entrar al servicio para ser habilitados con poder en Pentecostés, el día 50 después del día de los primeros frutos. Estas fiestas nos revelan el plan de Dios para la humanidad establecido antes de la fundación del mundo. Podemos ver hacia atrás y decir: ¡Ah, esto es lo que fue hablado por el profeta! (Hechos 2:16)

Estas fiestas nos revelan el plan de Dios para la humanidad, establecido antes de la fundación del mundo.

Versículo de Poder

"Di a los israelitas:
"Éstas son las fiestas que yo he
establecido...
Levitíco 23:2 (NVI)

Comprende el Versículo de Poder

Establecido: Dios mismo fue el que "asignó" estos tiempos para la celebración para los judíos.

Fiestas: Lo que nosotros consideraríamos fiestas religiosas como la Pascua y Navidad

Preparar con Anticipación

Parte 1: *Decoración del cuarto: Coloca dos bandejas pequeñas en tu escenario, una a la derecha y la otra a la izquierda. Estas permanecerán ahí todo el tiempo que dure esta lección. Bandeja 1 – coloca un ramo de flores que representa la primavera. Bandeja 2 – una muestra de follaje otoñal. Ponle letreros a las bandejas con los respectivos nombres: Fiestas de primavera y Fiestas de otoño.*

Apoyos: 1. Decoraciones navideñas, 2. Un álbum de fotos familiares, 3. Cuatro letreros de papel con los nombres de las cuatro fiestas de la primavera y una forma de pegarlos a la ropa, 4. Pan matzah o galletas saladas, 5. Una gavilla de grano, 6. Una vela grande y cerillos.

Parte 2: *Apoyos: 1. Un avión de papel, 2. Un paraguas rojo que representa la sangre. 3. Un peluche de un cordero, 4. Una brocha de 4 pulgadas sumergida en pintura roja antes del servicio, permite que la pintura se seque para que no manche, 5. Pan Matzah, lo encuentras en una tienda local, 6. Una pequeña hogaza de pan sin rebanar, 7. Cuatro letreros y cuatro niños para sostenerlos, uno para cada una de las fiestas: Fiesta de la Pascua, Pesaj, Fiesta de los panes sin levadura "Hag Ha Matzah," La fiesta de las primicias "Yom habikkurim," "La fiesta de Pentecostés" o Shavuot*

Parte 3: *Apoyos: 1. Varios tallos con espigas de trigo, suficientes para cada niño, 2. Para el efecto amarra un listón rojo a cada tallo para representar la sangre de Jesús, deberás explicarles lo que el listón es.*

Parte 4: *Apoyos: 1. Una vela y cerillos, 2. Los diez mandamientos del Kit de Visuales JNM pág. 252.*

Tiempo con Dios: *Apoyos: 1. Toca CD's, 2. Mú*sica de alabanza judía u otra que trate del poder del Espíritu Santo.

Lección 14

Parte 1

Fiestas —Días Santos

Decoración del cuarto: *Coloca dos bandejas pequeñas en tu escenario, una a la derecha y la otra a la izquierda. Estas permanecerán ahí esta semana y la que entra. Bandeja #1 – coloca un ramo de flores que representa la primavera. Bandeja # 2 – una muestra de follaje otoñal. Ponle letreros a las bandejas con los respectivos nombres: "Fiestas de primavera" y "Fiestas de otoño." Apoyos: 1. Decoraciones navideñas, 2. Un álbum de fotos familiares, 3. Cuatro letreros de papel con los nombres de las cuatro fiestas de la primavera y una forma de pegarlos a la ropa, 4. Pan matzah o galletas saladas, 5. Una gavilla de grano, 6. Una vela grande y cerillos.*

¿Qué es una fiesta? *(Permite que respondan mientras sostienes las decoraciones navideñas.)* Aunque generalmente pensamos en Navidad, Pascua en general, Acción de Gracias que celebran en Estados Unidos, la fiesta de Independencia o la Revolución *(menciona alguna especial de tu país que sea popular para los niños);* Las fiestas son ocasiones especiales en las que celebramos ciertos eventos históricos, familiares o religiosos que son especiales y nos recuerdan algo.

¿Qué significan las fiestas para ti, además de no ir a la escuela? *(Permite que respondan mientras les muestras el álbum familiar.)* Las fiestas son para reunir a la familia. *(Muéstrales una foto familiar en una fiesta.)* La gran mayoría de las fotos familiares en los álbumes familiares, son de fiestas, porque son tiempos especiales para la familia.

Dios quería esto también para su familia. Él quería días durante el año, donde dejaran a un lado el trabajo y pasaran tiempo juntos como familia recordando la parte más importante en sus vidas...¡Él! A diferencia de nuestras fiestas, que son ideadas por la gente, Dios mismo ordenó a Moisés celebrar sus fiestas y volverlas ley para que las tuvieran que celebrar. *(Escribe fiesta en el pizarrón y luego días santos. Puedes aclarar que en inglés la palabra holiday es "fiesta" y holy days separado, significa "días santos.")*

Las fiestas de Dios son en realidad días santos, días apartados para Él. Hay siete días santos para cada año llamadas las Fiestas del Señor (Levítico 23:2.) Cada una de estas fiestas es una ilustración de la historia de Jesús.

Esta semana vamos a hablar sobre las fiestas que se llevaban a cabo en la primavera *(señala las flores.)* Estas fiestas representan las cosas que ya sucedieron en la Biblia. *(Escoge cuatro niños que te ayuden y se paren atrás de las flores. Dales la seña indicada mientras les das los símbolos de las fiestas.)*

Primero tenemos la **Fiesta de la Pascua,** o **Pesaj.** *(Que un niño sostenga el cordero y el letrero.)* Este cordero es el símbolo del Pesaj, que explicaremos en un minuto. Luego viene la **Fiesta de los panes sin levadura** "**Hag Ha Matzah**" en hebreo *(dá a otro niño el matzah y su letrero)* y es representada por este pan sin levadura. Después viene **La fiesta de las primicias** llamada "**Yom habikkurim**" *(que otro niños sostenga el letrero y la gavilla de grano.)* La última fiesta es "**La fiesta de Pentecostés**" o **Shavuot** *(que el último niño sostenga la vela.)*

Lección 14

Parte 2

Las Primeras Dos Fiestas

***Apoyos:** 1. Un avión de papel, 2. Un paraguas rojo que representa la sangre. 3. Un peluche de un cordero, 4. Una brocha de 4 pulgadas sumergida en pintura roja antes del servicio, permite que la pintura se seque para que no manche, 5. Pan Matzah, lo encuentras en una tienda local, 6. Una pequeña hogaza de pan sin rebanar, 7. Cuatro letreros y cuatro niños, uno para cada una de las fiestas: Fiesta de la Pascua, Pesaj, Fiesta de los panes sin levadura "Hag Ha Matzah," La fiesta de las primicias "Yom habikkurim," "La fiesta de Pentecostés" o Shavuot. (Los letreros cuélgalos al cuello o pégalos en su camisa.)*

(Coloca al niño con el letrero de Pesaj junto a ti, luego pasa el avión de papel sobre tu cabeza.) Este avión está volando sobre mi cabeza, de la manera en que lo está haciendo, no es peligroso. Pero, qué tal si fuera un avión fumigador y que estuviera esparciendo veneno para las plagas? *(Permite que respondan.)* De seguro, estaría en problemas, necesitaría protección *(abre el paraguas y resguárdate en él.)* Aunque el veneno no estuviera dirigido para mi, si me tocara, me haría daño.

Recuerdan cuando los israelitas eran esclavos en Egipto? Después de 10 plagas horribles, el Faraón finalmente accedió a liberarlos. La plaga final y la más horrenda, fue cuando Dios envió al ángel de la muerte sobre Egipto con la intención de matar a todo hijo primogénito en ese país. Sin embargo *(sostén el cordero de peluche en tus brazos.)* A los padres israelitas se les ordenó que mataran un inocente corderito y untaran su sangre en los marcos de sus puertas *(si existe un marco cerca de ti, pretende embarrar con la brocha el marco de la puerta, si es posible colócate debajo del marco.)*

Dios les dijo: ***La sangre les servirá para que ustedes señalen las casas donde se encuentren. Y así, cuando yo hiera de muerte a los egipcios, ninguno de ustedes morirá, pues veré la sangre y pasaré de largo*** (Éxodo12:13 NVI.)

Esta fue la ***Primera fiesta*** —**Pesaj**. Y fue una ilustración profética de cómo Dios haría que Jesús, El cordero de Dios, ¡derramaría su propia sangre para salvar a la humanidad de la muerte eterna! Y de hecho, para enfatizar ese punto, Jesús murió en la cruz durante las fiestas del Pesaj ¡para salvarnos de nuestros pecados! (Juan 19:14.) La última cena que tuvo Jesús con sus discípulos antes de su muerte fue la cena del Pesaj.

Pero Dios quería también que los israelitas se dieran cuenta de cómo podían deshacerse de sus pecados, así que creó la ***Segunda fiesta*** —La fiesta de los panes sin levadura. *(Trae al niño No. 2 hacia al frente cargando el Matzah y el letrero.)* Este pan plano parece una galleta gigante. Se llama pan Matzah. Al contrario de este pedazo de pan, éste no contiene nada de levadura. *(Muéstrales el pan.)*

La levadura es un moho o bacteria que causa que la masa se fermente y se esponja. Representa el pecado que se esparce por todas partes, al igusl que la levadura se esparce por toda la masa. Por siete días, empezando el Pesaj, sólo se podía comer pan sin levadura. Pan regular *(sostén la hogaza)* representa estar lleno de pecado. *(Levanta el Matzah.)* El pan sin levadura es una ilustración de cómo Jesús se deshizo de nuestros pecados cuando fue crucificado ayudándonos a vivir una vida sin pecado.

Lección 14

Parte 3

La Fiesta de las Primicias

*Apoyos: 1. Varios tallos con espigas de trigo, suficientes para cada niño,
2. Para el efecto amarra un listón rojo a cada tallo para representar la sangre de Jesús, deberás explicarles el significado del listón.*

De hecho había tres fiestas que se celebraban al mismo tiempo: **LA PASCUA O PESAJ, FIESTA DE LOS PANES SIN LEVADURA "HAG HA MATZAH,"** y una más llamada la **LA FIESTA DE LAS PRIMICIAS "YOM HABIKKURIM."** *(Que el niño No. 3 venga al frente y sostenga la gavilla de grano y con su cartelón.)* Esta última es la fiesta más importante para los cristianos, ya que es un simbolismo de la resurrección de Jesús.

EL DÍA DE LAS PRIMICIAS era una celebración de la primera cosecha. Cualquier tipo de comida que crezca de la tierra es considerada "**FRUTA**." En este caso la fruta que los israelitas acostumbraban era trigo. *(Haz que el niño No. 3 enseñe la gavilla sobre su cabeza.)* En el día de la fiesta de las Primicias, un sacerdote recibiría una gavilla con la cosecha de cada familia. Esto se hacía un día después de su sábado SABBATH, que era domingo.

¡Chequen esto! El tercer día —el día después del Sabbath, el día de las primicias —... ***Cristo ha resucitado. Él es el primer fruto de la cosecha: ha sido el primero en resucitar.*** (1 corintios 15:20.) Él le dijo: ***Les aseguro que si el grano de trigo al caer en tierra no muere, queda él solo; pero si muere, da abundante cosecha.*** (Juan 12:24) *(Dales a todos los niños un tallo de trigo. Que se levanten de sus asientos y agiten los tallos al mismo tiempo.)* Somos su campo de cosecha saludando en adoración. Su vida fue como una semilla que cayó en el suelo, y nuestras vidas son la cosecha que proviene de la semilla de ¡Jesús!

Jesús fue la ofrenda, ***Él, que es el principio, fue el primero en resucitar, para tener así el primer puesto en todo*** (Colosenses 1:18), pero nosotros somos la razón de su muerte. ***Fijemos la mirada en Jesús, el iniciador y perfeccionador de nuestra fe, quien por el gozo que le esperaba, soportó la cruz...***(Hebreos 12:2.) Justo en el día de las primicias, el Padre levantó a Jesús a la vida y lo puso por encima de toda la creación *(Eleva la gavilla sobre tu cabeza.)* Este día santo ilustra el comienzo de un nuevo reino de Dios que incluye a las personas. Y sólo porque Jesús está vivo, ¡nosotros podemos ser el pueblo de Dios! Él le dijo a sus discípulos: ***Pídanle, por tanto, al Señor de la cosecha que envíe obreros a su campo***. Lo que quiere es reunir más almas para su reino. (Mateo 9:38.)

Jesús murió exactamente en **PASCUA, PESAJ,** estuvo en la tumba destruyendo el pecado en el día **DE LOS PANES SIN LEVADURA "HAG HA MATZAH,** y salió de la tierra como nuestro salvador resucitado exactamente en el día **DE LAS PRIMICIAS "YOM HABIKKURIM.** ¡Qué increíble plan secreto!

Lección 14

Parte 4

La Fiesta de Pentecostés

Apoyos: 1. Una vela y cerillos, 2. Los diez mandamientos del Kit de Visuales JNM pág. 252.

Sólo nos falta una fiesta de primavera. Y es la ***cuarta fiesta:*** DE PENTECOSTÉS O SHAVUOT. La palabra Pentecostés significa "cincuenta." *(Pasa al cuarto niño al frente sosteniendo la vela y su cartelón. Los otros tres se colocan detrás de las flores.)* Para los israelitas el nombre de ese día se obtuvo porque es exactamente cincuenta días después de la FIESTA DE LAS PRIMICIAS *(que se volvió la Pascua para los cristianos)* Dios le dio a Moisés los diez mandamientos *(Dale a tu ayudante los diez Mandamientos.)*

¡Ese fue un día Muuuy agitado! Recuerdan, cuando Moisés estaba en el Monte, Dios sacudió la montaña con terremotos, relámpagos y truenos. Y exactamente cincuenta días a partir de la fiesta de las Primicias cuando Jesús RESUCITÓ, y 120 de su seguidores estaban esperando juntos en el aposento alto *(segundo piso de la casa.)* Por cierto, ¡Ése terminó siendo otro día Muuuy agitado!

Antes de subir de nuevo al cielo, Jesús les había dicho a sus discípulos que esperaran ahí para que el Espíritu Santo viniera. Y ellos obedecieron, y de repente oyeron lo que parecía una ráfaga poderosa de aire llenando la habitación. Después, ¡de la nada!, flamas parpadeantes de fuego se asentaron sobre las cabezas de cada uno de ellos, ¡pero nadie se incendió con el fuego! ¡Era el fuego del Espíritu Santo! *(Enciende la vela de tu ayudante por un momento y ponla cuidadosamente sobre su cabeza por un momento corto y devuélvesela.)*

Mientras ellos emocionados alababan al Señor, se dieron cuenta que hablaban en lenguas que nunca habían aprendido. *(Levanta tus manos al cielo y ora en lenguas por diez segundos.)* De seguro hicieron mucho ruido y escándalo y con las ventanas abiertas, porque muchas personas se empezaron a reunir abajo en la calle junto a las ventanas.

¡Podían oírlo todo! Eran judíos que habían venido de todo tipo de naciones —Egipto, Libia, Asia, Creta y también Árabes y gente de muchos otros lugares. Pero lo curioso era ¡que cada uno los escuchaba orar, alabar y glorificar a Dios en su propio idioma!

Este es uno de los días más increíble y asombroso para los cristianos, y lo llamamos el DÍA DE PENTECOSTÉS. Y fue en el mismo día que los Judíos celebraban su FIESTA DE PENTECOSTÉS. ¡Coincidencia! No creo, más bien como decimos algunos cristianos: ¡**Dios**idencia! Porque Dios sabía exactamente lo que estaba haciendo.

Teatro

Museo Del Misterio Natural

Actores: *Guía turístico, turista, Jesús, Sacerdote, mujer con una escoba, dos participantes de Pentecostés.*
Apoyos: *1. Un cordero de peluche, 2. Un mantel blanco con una cruz roja pintada, 3. Una mesa pequeña que parezca altar, 4. Un cuchillo, 5. Una escoba, 6. pan Matzah, 7. Una sábana negra, 8. Una gavilla de grano, 9. Dos hogazas de pan regular, 10. Un letrero que diga "El misterio natural del museo."*
Disfraces: *una T-shirt con manchas de sangre falsas, una corona de espinas, una túnica, tres disfraces de sacerdote.*

(La cruz está colgada del lado izquierdo atrás de la mesa que parece altar. Jesús está parado delante de la cruz, crucificado, lleva puesta la playera con manchas de sangre y la corona de espinas. El cordero de peluche está sobre el altar. El sacerdote está de lado levantando el cuchillo a punto de matarlo. Del lado derecho del altar está una mujer con la escoba. Todos se mueven en sus roles, haciendo los mismo movimientos una y otra vez como un video humano:

Estación # 1—Jesús en la cruz suspira y muere y detrás el sacerdote con el cuchillo en mano, que continuamente apuñala al cordero.
Estación # 2 —la mujer barre.
Estación # 3 —Jesús, lleva puesta la túnica blanca, emerge de la sábana negra y se va detrás, luego emerge detrás del sacerdote quien continuamente mece la gavilla.
Estación # 4 —Dos personas están paradas con las manos levantadas hacia el cielo en éxtasis moviendo sus bocas y gesticulando pero sin hacer ningún sonido detrás del sacerdote, quien continuamente mece las dos hogazas de pan Matzah. El guía turístico entra con un turista siguiéndolo.)

Guía turístico: Bienvenido al Museo del misterio natural. Aquí tenemos la sección del misterio bíblico. Este es el salón de las Fiestas. *(Señala las dos primeras figuras.)* Estas figuras mecánicas retratan el misterio del cordero de Dios. Todos los años el pueblo de Dios mataba un cordero en PESAJ, pero el misterio fue escondido ese día, Dios mandaría a Su propio hijo ha ser sacrificado como el cordero del PESAJ.

Turista: ¿Qué clase de corderos eran?

Guía turístico ¡Cómo? Corderos puros y sin defectos, señora, un cordero perfecto —sin man-

	cha, sin arruga, sin defectos. Un cordero puro y sin manchas!
Turista:	Supongo que lo que quiero decir es, cómo un hombre puede ser un cordero?
Guía turístico	Señora, Él no se defendió ni luchó en contra de esto, ¡No se defendió! El actuó como un cordero. El primer cordero murió como un substituto por lo sniños primogénitos de Israel. Los egipcios murieron, los judíos no! El cordero de Dios la reemplazó a usted —a usted y a mí, señora. Por usted y por mí. Los pecadores morirán, ¡nosotros no! *(Ve a la mujer.)* ¿Usted ya aceptó al cordero, señora?
Turista:	Mmm *(baja la mirada)* No lo comprendo.
Guía turístico	Bueno, toda la historia está aquí, —aquí mismo señora. Vamos a pasar por este lado. ¿Ve a esta mujer con la escoba? Ella está sacando —sacando la levadura en su casa. La levadura es lo que se le pone al pan para que se esponje y suba —suba bien y lo haga suave, esponjado y alzado. ¡Alzado! Esta mujer está sacando todo lo que pudiera hacer que su familia se volviera alzado, arrogante en vez de honesta, humilde, y sin pecado. Esa es la fiesta de los panes sin levadura. Ella aceptó al cordero. Ahora no quiere nada, excepto a Él. Él es perfecto y Él murió para hacernos perfectos como Su padre.
Turista:	Si el cordero está muerto, cómo podemos aceptarlo —o...lo que signifique eso.
Guía turístico	Este es el secreto, venga por aquí por favor. *(El sacerdote mece continuamente la gavilla.)* Observa este sacerdote mecánico? Él está meciendo una gavilla de grano en el DÍA DE LAS PRIMICIAS. Es la primera parte de la cosecha. Él la presenta al Señor tres días antes de PESAJ. Pero fíjese detrás de él, para que vea el misterio de esta fiesta. Lo puede ver?
Turista:	*(Jesús aparece de la sábana negra, levanta sus manos y levanta la cabeza hacia el cielo, luego se vuelve a esconder debajo de la sábana y reaparece continuamente.)* Es esa la misma persona de la estación #1?
Guía turístico	¡Absolutamente! ¡Ya lo ve! El cordero es un hombre que murió y volvió a la vida!
Turista:	¿Por qué?
Guía turístico	¡Las primicias! ¡Primicias, señora! ¡—Primicias de todo aquél que lo acepte como el Cordero de Dios. Porque Él vive, ¡nosotros también viviremos!
Turista:	Cómo sabe que esto es verdad y cómo relaciona a un hombre con una gavilla de grano?
Guía turístico	¡Buena pregunta! ¡Es un misterio bíblico! ¡Ah, pero un misterio que ha sido resuelto. Dios envió a su Hijo como hombre a morir por nuestros pecados como un cordero, pero cuando Él había hecho ese trabajo, Dios lo trajo de nuevo a la vida. Ahora Él le da vida eterna a todos los que aceptan al cordero. Dios escondió la historia detrás del misterio de las fiestas.
Turista:	*(Señala la última estación)* ¿Cuál es el misterio?
Guía turístico	¡Esa pregunta es mi favorita! Este es el misterio del poder ¡—Dios y el hombre trabajando juntos! Ve al sacerdote meciendo las hogazas de pan?
Turista:	*(Voltea a ver a la mujer barriendo)* Yo pensé que la levadura era mala.
Guía turístico	Esta es buena levadura. El Cordero dijo que el reino de los cielos es como poner levadura en la masa hasta que esté en toda ella. El sacerdote está meciendo el pan

fermentado, esponjado ¡con la esperanza de que toda la tierra sea llenada de la gloria del Señor! ¿Puede ver el misterio de cómo pasa eso detrás de él?

Turista: Sólo están ahí parados.

Guía turístico ¡No por mucho, no por mucho! En el mismo día en que el sacerdote agitó o meció los panes, el Espíritu Santo bajó y empezó algo nuevo. El llenó a la gente con poder.

Turista: Qué están haciendo?

Guía turístico Amando a Dios, señora, sólo amando a Dios! Están inmersos en su presencia antes de ir corriendo a decirles a alguien acerca de Él! Alcanza a ver el misterio?

Turista: Mmmmm, no muy estoy segura.

Guía turístico Está bien. Venga por acá conmigo. *(Ambos dan varios pasos atrás mientras observan las cuatro estaciones.)* Quédese aquí. Le mostraré. *(Camina hacia cada estación y señala mientras habla.)* El misterio bíblico número 1: Dios les dice a los israelitas que maten el cordero y pongan la sangre en los postes de las puertas. La sangre los aparta y protege de la muerte. *(Levanta el dedo para enfatizar.)* ¡Peeeero!, el verdadero misterio detrás del cordero es la imagen de lo que Dios estaba haciendo por toda la gente. Él envió a su propio hijo años después para apartar a toda la gente de la muerte! *(Gira hacia la turista)* ¿Lo ve? *(Se dirige hacia la mujer con la escoba.)* Luego Él les dice que saquen todo el pecado. *(Se mueve a la siguiente estación.)* Luego trae al Cordero a la vida. Él está vivo y como el grano, Su vida nos trae fortaleza. *(Se mueve a la siguiente estación) ¡Ya entendió! (Se voltea hacia la turista)* Entienda esto! ¡Ya comprendió el misterio? ¡El hijo de Dios volvió al cielo pero envió al Espíritu de Dios para quedarse con nosotros! ¡—en este mismo instante! *(Camina la línea de las estaciones mientras señala.)* Usted debe de aceptar al Cordero para limpiar la levadura para tener vida eterna para ser capaz de ser llenado de poder para vivir en la tierra y decirles s los demás este misterio! ¿Lo entiende? O ¿No lo entiende?

Turista: *(De principio se muestra un callada y después asiente con la cabeza.)* Creo que si. *(Camina a las estaciones y para en cada una de ellas mientras dice los pasos que toma) (Se arrodilla ante la estación 1.)* Acepto el sacrificio del cordero de Dios. *(Se levanta y se dirige a la estación 2.)* Decido limpiar el pecado viejo. *(Para en la estación 3.)* Tengo vida eterna. *(Para en la estación 4 y mira al guía de turistas)* Y ahora qué?

Guía turístico Se necesita poder para caminar con el Cordero, señora, está lista para recibirlo?

Turista: *(Asiente con la cabeza y el guía turístico pone sus manos sobre su hombro.)* En el nombre de Jesús, recibe el bautismo del Espíritu Santo!

Turista: *(La turista responde con emoción, levanta sus manos, cierra los ojos y comienza a hablar en lenguas.)*

Guía turístico *(Riendo y feliz se voltea hacia la audiencia.)* ¡Me encanta cuando la gente lo entiende! ¡Guauu! ¡Todo! ¡La profundidad de la sabiduría y misterio de Dios!

(Dirige a la turista fuera riendo mientras ella ora en lenguas. Todos salen.)

Preguntas de Repaso

1. En ingles, la palabra "Holiday" significa "día festivo;" está formada de dos palabras: Holy (santo) y day (día.) ¿Qué nos dice sobre los días festivos? *Que son días santos.*
2. ¿De qué manera ayudan a las familias el celebrar las fiestas? *A sentirnos más cercanos como familia*
3. ¿Cuál es el nombre de las fiestas en la Biblia? *Las Fiestas del Señor*
4. ¿En qué época del año vienen las fiestas históricas? *En la primavera*
5. Nombra una fiesta y lo que significa para nosotros. *Pesaj significa que Cristo es el Cordero de Dios que quita nuestros pecados.*
6. Nombra otra fiesta y lo que significa para nosotros. *Los panes sin levadura significa que tenemos que quitar el pecado de nuestras vidas.*
7. Nombra la tercera fiesta y lo que significa para nosotros. *Día de las Primicias significa que Jesús fue la primera persona en levantarse de la muerte.*
8. Nombra la última fiesta de la primavera y lo que significa para nosotros. *Pentecostés es el día que los discípulos recibieron poder para comenzar la cosecha del mundo*
9. Cuando tomamos la comunión, ¿qué estamos diciendo en nuestros corazones? *Que Jesús es parte de mi.*
10. ¿Qué representa el pan y el vino en la comunión? *La sangre y cuerpo de cristo.*
11. ¿Qué decisión representa el comer pan sin levadura en la fiesta del pan sin levadura? *Que escogemos no ser arrogantes ni alzados, sino ser humildes y apartarnos de nuestros pecados.*
12. ¿Cuando la gente es llena del Espíritu Santo, qué reciben? *Poder*
13. ¿De qué nos protege la sangre del cordero? *Del juicio por causa del pecado*
14. ¿Cómo son las personas como trigo? *Dios llama los campos blancos a la cosecha, pero está hablando de almas.*
15. Jesús es la primicia de la nueva vida. ¿Quiénes son los próximos frutos? *¡Nosotros!*

Lección 14

Esgrima Bíblico

1.	1 Corintios 15:20	Lo cierto es que Cristo ha sido levantado de entre los muertos, como primicias de los que murieron
2.	Lucas 24: 49.	Ahora voy a enviarles lo que ha prometido mi Padre; pero ustedes quédense en la ciudad hasta que sean revestidos del poder de lo alto.
3.	Éxodo 12:13	La sangre servirá para señalar las casas donde ustedes se encuentren, pues al verla pasaré de largo. Así, cuando hiera yo de muerte a los egipcios, no los tocará a ustedes ninguna plaga destructora. NVI
4.	Juan 1:29	Al día siguiente Juan vio a Jesús que se acercaba a él, y dijo: "¡Aquí tienen al Cordero de Dios, que quita el pecado del mundo!
5.	Levítico 23:2	que les dijera a los israelitas: "Éstas son las fiestas que yo he establecido, y a las que ustedes han de convocar como fiestas solemnes en mi honor. Yo, el Señor, las establecí
6.	Éxodo 34:25	"Cuando me ofrezcas un animal, no mezcles con levadura su sangre. "Del animal que se ofrece en la fiesta de la Pascua no debe quedar nada para el día siguiente.
7.	Hechos 2:1	Cuando llegó el día de Pentecostés, estaban todos juntos en el mismo lugar.
8.	Éxodo 12:17	Y "Celebrarán la fiesta de los Panes sin Levadura, porque fue ese día cuando los saqué de Egipto formados en escuadrones. Por ley, las generaciones futuras siempre deberán celebrar ese día.
9.	Mateo 9:38	Pídanle, por tanto, al Señor de la cosecha que envíe obreros a su campo."
10.	Juan 12:24	Lo cierto es que Cristo ha sido levantado de entre los muertos, como primicias de los que murieron. NVI

Lección 14

Tiempo con Dios

Apoyos: *1. Toca CD's, 2. Música de alabanza judía u otra que trate del poder del Espíritu Santo. Con anticipación puedes darle a escoger varios niños para que lean los pasajes, para darle fluidez al "Tiempo con Dios"*

Las fiestas históricas nos dan una idea de algo que sucedió en el tiempo de la primera venida de Jesús y nos permiten recordar esos eventos. Dos de estas fiestas continúan diariamente en nuestra vida personal. Todos los días Jesús nos envía poder para permanecer lejos del pecado y todos los días podemos celebrar la presencia del Espíritu Santo. Cualquier momento en que uno viene a la presencia de Dios, está recibiendo la misma promesa del Padre que dio a los discípulos.

(Previamente asigna los pasajes a varios niños y tenlos listos.) Abran su Biblia en ***Lucas 24: 49***. Ahora ábranla en ***Hechos 1:8.*** Jesús les dijo que esperaran al Espíritu Santo que viniera sobre ellos y que habría una clave para ellos para recibirlo. Vamos a leerlo para ver cómo sucedió en ***Hechos 2: 1-4.*** Fue un día extraordinario, sin embargo no fue una experiencia de sólo día, como sucedió con la resurrección.

Pasó una y otra vez en la Biblia y hoy en día nos pasa una y otra vez a nosotros. Dios está constantemente llenando a sus discípulos en la tierra. Todo lo que tenemos que hacer es esperar que Él lo haga y Él lo hace. Si hemos experimentado las dos fiestas —**Pesaj** y las **Primicias,** entonces tenemos la cuarta fiesta, **Pentecostés**. Si ya recibieron al Espíritu Santo, entonces, podrán tener una fresca, nueva experiencia del Espíritu Santo.

(Si conoces a alguien que no haya experimentado el Pentecostés la llenura del Espíritu Santo, pregunta si quieren que ores por ellos. Todos los que ya han recibido al Espíritu Santo también pueden venir. Pon las manos sobre los niños que quieran ser llenos y permite que los otros niños que ya han recibido la llenura te acompañen.)

(Prepara el ambiente, pon la música, si puedes bajar la luz, etc. Pide a los niños que ya tienen lenguas que oren en lenguas, al poner las manos en los niños nuevos. Cuando sientas que la presencia del Señor ha aumentado en el salón, ora para que el Espíritu Santo venga y llene a los niños. Anima a los nuevos a abrir la boca y a que suelten los sonidos incoherentes que les vengan a la mente.

Anímalos a hablar con sonidos o sílabas similares a los de un bebé cuando está aprendiendo a hablar. En breve empezarán a hablar en lenguas. Sé sensible al Espíritu Santo. Después, pide a los niños que compartan lo que les pasó y cómo se sintieron.)

Lección 15

Las Fiestas Proféticas

Lección 15

Las Fiestas Proféticas

Para el Maestro

Las Fiestas del Señor son una manera divertida e ilustrada de seguir la pista de la profecía del Padre acerca de Su hijo. Él se nos lo ha dado como Salvador. Hemos aprendido el significado de las cuatro fiestas y su relación y cumplimiento con la primera venida del Señor.

Luego Dios nos da a Jesús como soberano. Nos falta explorar tres fiestas que nos son dadas como ilustraciones proféticas de su segunda venida y su gobierno milenario. Las fiestas nos proveen una visión general y la celebración de todo el proceso en establecer el reino de Dios en la tierra a través de todos los pecadores que han sido perdonados. Ellos son una señal de la progresión firme, planeada antes de la creación, hacia el último deseo de Dios para el destino de la tierra. Su reino vendrá y se hará **¡su voluntad en la tierra como en el cielo!** El cielo vendrá a la tierra con poder mediante Jesucristo y sus santos.

Las fiestas históricas acontecen en la primavera cuando todo está tierno, fresco e iniciando. Las fiestas proféticas tienen lugar en el otoño cuando las cosas llegan a su final. Es importante enfatizar que vienen en rápida sucesión, todas en un lapso de 22 días en el mes de Tishri en el calendario hebreo (Septiembre/Octubre.) LA FIESTA DE LAS TROMPETAS (Rosh Hashanah) y EL DÍA DE LA EXPIACIÓN (Yom Kippur) son los días santos mayores, también llamados "los días de sobrecogimiento." Después de este tiempo sobrio de auto examinación y arrepentimiento viene la celebración de las FIESTAS DEL TABERNÁCULO (Sukkoth) cuando recuerdan el tiempo que vivían en tiendas o refugios temporales. Las fiestas son el manual ilustrado de Dios para la historia de la creación. Pueden ser un encuentro muy personal con el corazón de nuestro Dios, al mismo tiempo que reconocemos su voluntad soberana. Él realmente nos ha dicho el final desde el comienzo.

Aunque hay controversia sobre el tiempo exacto y la manera de cómo estas fiestas de otoño serán llevadas a cabo, es seguro e indiscutible que se llevarán a cabo. Nuestra meta es captar la imaginación de nuestros niños, creándoles la anticipación de la Segunda Venida. Lo que sea que venga, vendrá para ellos. Es muy probable que ellos vivan para ver la Segunda Venida de Cristo y los eventos que lo proceden y siguen.

Lo que sea que venga, vendrá para ellos. Es muy probable que ellos vivan para ver la Segunda Venida de Cristo y los eventos que lo proceden y siguen.

Versículo de Poder

."..Sí, vengo pronto." Amén.
¡Ven, Señor Jesús!
Apocalípsis 22:20 (NVI)

Comprende el Versículo de Poder

"Sí, vengo en breve": Jesús mismo dijo estas palabras acerca de si mismo a través de Juan en el libro del Apocalipsis.

"Ven, Señor Jesús" : Esta es la oración que los cristianos deberían orar cuando veamos que el fin de los tiempos se acerca.

Preparar con Anticipación

Parte 1: *Apoyos: 1. Una manguera de jardín de 90 cm. En cada lado un conector de manera que se puedan conectar formando un círculo. 2. Tres letreros con el nombre de las fiestas de esta lección y con algún prendedor o velcro para ponerlos sobre la ropa.*

Parte 2: *Apoyos: 1. Un shofar del kit de visuales en la página 252 u otra trompeta. El shofar es difícil de soplar, si conoces a alguien en tu iglesia que la pueda tocar, invítalo a que venga a tu servicio hoy. Los niños lo pueden intentar.*

Parte 3: *Apoyos: 1. Una prenda totalmente blanca para un niño. Puede ser una toga del coro, o sólo una camiseta gigante que lo cubra todo. 2. Un libro grande y una pluma, 3. Un cordero de peluche, 4. Una corona de oro.*

Parte 4: *Apoyos: 1. Una caja muy grande como para refrigerador con una sábana encima o una tienda de campaña. Tiene que tener tres paredes y un techo de tres ramas en la parte superior. Considera construir uno lo suficientemente grande para que quepan los más niños posibles. 2. Un trofeo deportivo, 3. Algún tipo de comida como premio tipo pastelitos o helado con lo que se pueda celebrar dentro de la tienda.*

Tiempo con Dios: *Apoyos: 1. Un trono (una silla decorada), 2. Un shofar*

Actores: El rey Jesús. Escoge a un adulto que diga algunas profecías para los niños. CD: música de alabanza que vaya con el tema de compromiso y seguimiento a Cristo.

Lección 15

Parte 1

El Fin Desde el Principio

Apoyos: *1. Una manguera de jardín de 90 cms. En cada lado un conector de manera que se puedan conectar formando un círculo. 2. Tres letreros con el nombre de las fiestas de esta lección y con algún prendedor para ponerlos sobre la ropa.*

Todo en la vida tiene un principio y un final *(toma la manguera y señala los finales de la misma.)* Pero con Dios es diferente. *(Conecta los finales de la manguera para que forme un círculo.)* Él es el principio del final de todas las cosas: ***"Yo soy el Alfa y la Omega --dice el Señor Dios--, el que es y que era y que ha de venir, el Todopoderoso"*** (Apocalipsis 1:8.) ***Y El es antes de todas las cosas, y en El todas las cosas permanecen*** (Colosenses 1:16, 17.) Es por eso que la fe es llamada un misterio. El evangelio es llamado un misterio. Cómo es que la gente obtendrá un cuerpo nuevo —es un misterio, y hay muchos otros misterios: ***El Dios eterno ocultó su misterio durante largos siglos*** (Romanos 16:25.) ***Fíjense bien en el misterio que les voy a revelar: No todos moriremos, pero todos seremos transformados,*** (1 Corintios 15:51), ***Deben guardar, ...las grandes verdades de la fe***. (Timoteo 3:9.)

Los misterios son secretos de Dios. Por qué creen que Él tenga tantos secretos? *(Permite que respondan.)* ¡A Él le gusta anunciar secretos! Él se los guarda para contarlos! Algunas veces escoge a una o dos personas y les pide que cuenten el secreto a otros; en otras ocasiones lo cuenta a todo aquel que se lo pide. Esa es la manera en que Dios se hace más personal para nosotros. Nosotros sólo contamos secretos a amigos muy cercanos. En cierta manera, Dios se oculta y así poder ver quién está realmente hambriento y busca y a obtener las respuestas. ***Tú, Dios y salvador de Israel, eres un Dios que se oculta*** (Isaías 45:15.) Las últimas tres fiestas del Señor son pistas al misterio de la segunda venida de Cristo. *(Invita a tus tres ayudantes a pararse detrás de la bandeja con el follaje de otoño.)* Estas tenían lugar a finales del año, en otoño, y son acerca del fin de los tiempos. Son LAS FIESTAS DE LAS TROMPETAS, con el nombre hebreo Rosh Hashanah, el día de la expiación, o Yom Kippur y LA FIESTA DE LOS TABERNÁCULOS o Sukkoth. *(Pega los letreros a tus ayudantes.)* Pudimos ver los significados de las cuatro fiestas de primavera porque ya han sido cumplidas en los hechos de Cristo.

Existen muchos misterios acerca de Su Segunda venida, aunque todavía no han pasado. Dios continua teniendo una gran cantidad de secretos. Entre los cristianos hay muchas diferentes opiniones acerca de cómo van a suceder las cosas, así que mientras aprendemos de estas tres últimas fiestas, no diremos que —Este es el único camino en que sucederán las cosas y tiene que creerlo—. Pero es importante que veamos lo que dicen las escrituras y lo emocionante que serán los tiempos que vienen, cuando Jesús regrese a la tierra. Algún día Él estará en el monte de los Olivos y se sentará en el trono de David en Jerusalén. Estas fiestas que siguen, tratan acerca de esos días que están por venir. Es importante que cuando los estudiemos, ¡abramos nuestros corazones a los misterios de Dios!

Lección 15

Parte 2

La Fiesta de Las Trompetas

Apoyos: 1. Un shofar del kit de visuales en la página 252 u otra trompeta. Los shofar son difíciles de soplar, si conoces a alguien en tu iglesia que la pueda tocar, invítalo a que venga a tu servicio hoy. Los niños lo pueden intentar.

Rosh Hashanah es LA FIESTA DE LAS TROMPETAS. ¡Escuchen! (Toca el shofar, después pásaselo a tu primer ayudante.) Cuando escuchan el shofar, qué sienten? (Permite que respondan.) Yo siento de repente una gran emoción y despierto. Un sonido de trompeta es como un anuncio. ¡Me hace sentir como que algo especial está a punto de suceder! Dice —¡atención! Dios les dijo a los israelitas: ***El día primero del mes séptimo (tishri) celebrarás una fiesta solemne, y nadie realizará ningún tipo de trabajo. Ese día se anunciará con toque de trompetas*** (Números 29:1.) Tishri, el mes en el calendario hebreo, es el mes de septiembre y octubre de nuestro calendario.

La gente no debía trabajar, debían reunirse para adorar a Dios. ***El Señor le ordenó a Moisés que les dijera a los israelitas: "El primer día del mes séptimo será para ustedes un día de reposo, una conmemoración con toques de trompeta, una fiesta solemne en honor al Señor.*** (Levítico 23: 23-24.) Está bien, dirás; ¿cuál es el sonido que debía recordarles la trompeta? Cuando Dios ordenó que ese día fuera santo, su más grandiosa experiencia con un shofar o trompeta había sido cuando Dios bajó al Monte Sinaí: ***En la madrugada del tercer día hubo truenos y relámpagos, y una densa nube se posó sobre el monte. Un toque muy fuerte de trompeta puso a temblar a todos los que estaban en el campamento.*** Éxodo 9:16-17 Entonces Moisés sacó del campamento al pueblo para que fuera a su encuentro con Dios, y ellos se detuvieron al pie del monte Sinaí. Vino con un toque muy fuerte de trompeta; puso a temblar a todos los que estaban en el campamento ¿Saben de alguien más que vaya a venir con sonido de una trompeta? (Permite que respondan.) Vamos a abrir la Biblia en Tesalonicenses 4:16, (Escoge a un niño para que lo lea.) ***El Señor mismo descenderá del cielo con voz de mando, con voz de arcángel y con trompeta de Dios, y los muertos en Cristo resucitarán primero.***

¿Quién es este Señor? ¿Es Dios el Padre? (Permite que respondan.) Todo este pasaje de la escritura es acerca de Jesús cuando regrese, y cómo los muertos en Cristo volverán a la vida. ¡Qué emocionante! ¿Cómo respondió la gente cuando bajó Dios al Monte Sinaí? ¿Se acercaron? (Permite que respondan.) ¡No! Corrieron, porque tenían miedo. Lo mismo sucederá cuando Jesús regrese. Apocalipsis 6:16 ***Todos gritaban a las montañas y a las peñas: "¡Caigan sobre nosotros y escóndannos de la mirada del que está sentado en el trono y de la ira del Cordero.*** Cuando Jesús regrese, va a haber guerra y ¡Él va a ganar! Dios nos dejó la fiesta de las trompetas para recordarnos que El vino al Monte Sinaí para darnos la ley, pero pronto otra trompeta sonará y Jesús vendrá al Monte de los Olivos.

Lección 15

Parte 3

Día de la Expiación

Apoyos: 1. Una prenda totalmente blanca para un niño. Puede ser una toga del coro, o sólo una camiseta gigante que lo cubra todo. 2. Un libro grande y una pluma, 3. Un cordero de peluche, 4. Una corona de oro.

El día de la expiación, o Yom Kippur, es considerada una de las fiestas más santas de los judíos. Es una fiesta legal en el moderno estado de Israel. No hay transmisiones de radio o televisión, los aeropuertos están cerrados, no hay transporte público, y todas las tiendas y los negocios se cierran ese día. Es un evento muy sobrio, donde se espera que toda la gente tenga ayuno completo, es decir que no coman absolutamente ningún tipo de comida por 24 horas, ¡Todo un día! En este día, se acostumbra traer ropa blanca para simbolizar la pureza de pecado. *(Viste a tu segundo ayudante de blanco.)*

De acuerdo a la tradición judía, Dios escribe el destino del año que viene de cada persona en un libro en el Rosh Hashanah *(Dale el libro y la pluma a tu ayudante)* y espera hasta el día de la expiación para sellar el veredicto. Por diez días entre la fiesta de las trompetas y el día de la expiación, un judío moderno se arrepiente de sus pecados y busca perdón por haber obrado mal contra Dios y sus semejantes. El día de Yom Kippur es entonces cuando se aislan para peticiones públicas y privadas y confesiones de culpa. Al final del yom Kippur, uno se considera perdonado por Dios.

La primera vez que el pueblo de Israel hizo algo como esto en la Biblia fue la noche que escaparon de la esclavitud de Egipto. Las familias se arrepintieron de sus pecados, pusieron sus manos sobre la cabeza del cordero *(Toma el cordero de peluche y pon tus manos y las de tu ayudante sobre la cabeza del cordero)* pasándoles sus pecados sobre él, luego lo mataron, porque —quien pecare, de acuerdo a Dios, —morirá.

La Biblia dice que ***¡Todos tendremos que comparecer ante el tribunal de Dios!*** (Romanos 14:10.) Jesús ya ha rociado su sangre en el trono de misericordia celestial para hacer expiación por nosotros. Este día santo es un símbolo de cuando Jesús venga otra vez y todos en la tierra: ***Porque es necesario que todos comparezcamos ante el tribunal de Cristo, para que cada uno reciba lo que le corresponda, según lo bueno o malo que haya hecho mientras vivió en el cuerpo.*** De acuerdo a este pasaje de 2 Corintios 5:10 **Todos** seremos juzgados por como vivimos nuestra vida, ¡Sí! Incluso nosotros, como cristianos que hemos nacido de nuevo, no iremos al infierno; seremos recompensados *(ponle la corona a tu ayudante) o sufriremos pérdida (quita la corona)* según hayamos obedecido a Dios durante nuestra vida.

Aquellos que hayan rechazado la salvación de Jesús se horrorizarán mientras son enviados al castigo eterno. Pero incluso nosotros como cristianos temblaremos, ya sea por arrepentimiento o de gozo, mientras el Juez de toda la tierra nos dice qué piensa de nuestra vida.

Parte 4

Fiesta de Los Tabernáculos

***Apoyos:** 1. Una caja muy grande como para refrigerador con una sábana encima o una tienda de campaña. Tiene que tener tres paredes y un techo de tres ramas en la parte superior. Considera construir uno lo suficientemente grande para que quepan los más niños posibles. 2. Un trofeo deportivo, 3. Algún tipo de comida como premio tipo pastelitos o helado con lo que se pueda celebrar dentro de la tienda.*

La última fiesta es la de los Tabernáculos *(que quiere decir tienda de campaña o choza)* y algunos dicen que es el día más santo de todos. Los israelitas pasaron cuarenta años acampando en “tabernáculos” *(refugios o tiendas temporales)* antes que llegaran a la tierra prometida. En el campo abierto tenían que usar todo lo que podían encontrar en la tierra para vivir. En la noche cuando era tiempo de dormir, tomaban ramas y hacían refugios temporales. *(Que tu tercer ayudante se meta al tabernáculo.)*

Cuando finalmente entraron a la tierra prometida de leche y de miel, esta fiesta les recordaba los tiempos duros que tuvieron que pasar. Dios les dijo: ***Cada año, durante siete días, celebrarán esta fiesta en honor al Señor. La celebrarán en el mes séptimo. Éste será un estatuto perpetuo para las generaciones venideras. Durante siete días vivirán bajo enramadas. Todos los israelitas nativos vivirán bajo enramadas, para que sus descendientes sepan que yo hice vivir así a los israelitas cuando los saqué de Egipto. Yo soy el Señor su Dios.*** " (Levítico 23:41-43.)

Tabernáculos o lugar de morada, son símbolos de día cuando Jesús vendrá a morar con los hombres, limpiará toda lágrima, y traerá "la era de oro" con la que los hombres han soñado siempre. En otras palabras, es una fiesta para celebrar el día que Jesús regrese a establecer el reino de Dios en la tierra ¡para siempre! Algunos dicen que es un símbolo de la santidad en el templo donde mora el espíritu de Dios entre su pueblo. Por eso es que es ¡un muy feliz y lleno de gozo! La humanidad será al fin restaurada en la relación correcta con Dios (Isaías 11:9-10.)

La fiesta de los Tabernáculos es un recordatorio de nuestra estadía temporal como personas aquí en la tierra y así como de nuestra constante búsqueda por una patria. Jesús prometió: ***Al que salga vencedor y cumpla mi voluntad hasta el fin, le daré autoridad sobre las naciones*** (Apocalipsis 2:26.) Gente que sea resucitada por Dios en Cristo experimentará una oportunidad sin paralelo de trabajar con Él para ayudar a todas las naciones a crear una relación con Dios.

Somos realmente peregrinos viviendo en "cabañas temporales." Nuestros cuerpos pueden enfermar y morir. Tenemos dolor en el corazón, porque hay pecado en el mundo. Pero por el victorioso reino de Dios en la tierra, celebraremos LA FIESTA DE LOS TABERNÁCULOS (TIENDAS), y recordaremos los días duros cuando clamamos —¡Ven! Y Jesús nos contesta: "***¡Miren que vengo pronto! Traigo conmigo mi recompensa, y le pagaré a cada uno según lo que haya hecho.*** (Apocalipsis 22:12.)

Lección 15

Teatro

Mi Recompensa es Conmigo

Actores: Jesús, Cuatro santos: Marcos, Lidia, Asistente, Gerardo.
Apoyos: 1. Un trono, 2. Dos talonarios, 3. Un sujetapapeles con papeles, 4. Dos coronas, 5. Una bolsa de mercado sucia llena de papel.
Disfraces: Togas de realeza, corona para Jesús, prendas blancas para Marcos, Asistente y Lidia, ropa de calle para Gerardo.

(Se escucha el sonido fuerte de un shofar. Jesús entra con un santo. Se sienta en el trono con su asistente santo detrás de Él. Dos santos, Marcos y Lidia, entran por el lado contrario y se inclinan cuando lo ven.)

Marcos: *(Ambos ven a Jesús y se inclinan hacia el suelo.)* ¡Rey Jesús! ¡Gloria! Dios en la tierra!

Jesús: ¡Bienvenido, hermano! Bienvenido al salón de mi trono, aquí en Jerusalén.

Lidia: ¡Estamos tan contentos de que hayas regresado, Señor! Y gracias por levantar mi cuerpo de la tumba. Siento que he estado dormida, ¡aunque mi espíritu disfrutó su tiempo en el paraíso!

Jesús: Estuviste dormida de alguna manera. Ahora que has sido levantada de la tierra, supongo que podrías decir que has nacido de nuevo ¡otra vez! (Le sonríe a Lidia.)

Marcos: *(Mira a Lidia.)* Yo ni siquiera tuve la oportunidad de morir, así que no sé de lo que estás hablando.

Jesús: Ninguno de ustedes escogió su vida. Sólo me obedecieron. Yo escogí que Lidia fuera martirizada, y que Marcos continuara viviendo para que intercediera ante mi. Estoy complacido con su obediencia.

Lidia: *(Ve a Marcos)* ¡Nosotros también! Tu sangre y fidelidad nos hicieron fieles.

Marcos: ¡Pero ahora tú estás aquí, y la paz ha venido! ¡Mis oraciones han sido contestadas!

Lidia: ¡Aleluya!

Jesús: Me fui lejos para recibir mi corona. Pero ahora estoy de regreso. Les di algo para invertir mientras estaba lejos, ¿no es así?

Ambos: Si, Señor.

Jesús: *(Voltea hacia la asistente.)* ¿Cuánto tenían?

Asistente: Les diste a cada uno $2000.00

Jesús: ¿Cuánto hiciste?

Marcos: *(Saca su chequera con una sonrisa enorme.)* ¡Mira! Me diste $2000.00 *(acerca el registro hacia Jesús.)* Gané $20,000 para devolverte —10 veces lo que me diste.

Jesús: (Se levanta) ¡Buen hombre! ¡Estoy encantado contigo! Fuiste fiel con ese poquito de dinero. Veo que se puede confiar en ti. También eres un buen administrador. Estoy estableciendo mi reino ahora mismo. *(Se sienta y voltea a ver a la asistente.)* Dale a Marcos diez ciudades para que reine sobre ellas en mi nombre.

Asistente: ¡Sí, Señor! *(Hace 10 marcas grandes en el sujetapapeles.)*

Jesús: Lidia, ¿y tú, qué tal?

Lidia: *(Saca su chequera y la abre con una sonrisa grande.)* Hice lo mejor que pude, Señor Jesús. Invertí mis $2000, y ahora tengo $10,000 para darte —cinco veces más de lo que me diste.

Jesús: *(Se levanta y le da un abrazo.)* Estoy tan orgulloso de ti, Lidia. Eso no fue fácil para ti. ¡Tuviste que dar todo tu corazón en ese esfuerzo!

Lidia: Sí, Señor. En realidad, debo confesar que hubo momentos en los que me sentí con ganas de darme por vencida, y muchas veces me sentí como un fracaso, pero no me di por vencida. Te llamé y viniste a ayudarme. Toma todo el dinero y la gloria. Nunca hubiera podido hacerlo sin tu fidelidad.

Jesús: Esa es la clave, querida, y ese es el reto —creer en mi fidelidad *(mira a la asistente)* ¡Dale a Lidia la autoridad como mi gobernadora en cinco ciudades!

Asistente: ¡Sí, Señor! *(Hace 5 marcas grandes en el sujetapapeles.)*

Jesús: *(Mira a la asistente confundido)* ¿No había más personas a las que les di dinero?

Asistente: *(Hojea y busca en la lista.)* Sí, Señor, todavía hay algunos. Usted tenía una cita hoy con Marcos, Lidia y Gerardo.

Jesús: Gerardo… sí. ¿Se le habrá olvidado de su cita conmigo?

(Hay una conmoción en el escenario y Gerardo entra corriendo, exhausto. Tiene los brazos sucios y trae consigo una bolsa de plástico con papeles dentro, como si fuera dinero.)

Gerardo: Jesús, ¡aquí estoy! ¡Disculpa mi retraso!

Jesús: *(Lo mira de arriba abajo.)* Pensé que te gustaría limpiarte un poco antes de venir a mi presencia.

Gerardo: (Ríe) Bueno, cuando escuché que habías regresado y me estabas llamando, tuve que ir a escarbar para traer lo que me dejaste a mi cuidado.

Jesús: *(Lo mira con desconcierto.)* ¿Te refieres al dinero que te dejé para que lo invirtieras?

Gerardo: ¡Sí!

Jesús: ¿Cuánto ganaste?

Gerardo: ¡Nada! Lo enterré y estuvo a salvo. ¡No perdí ni un centavo de lo que me diste!

Jesús: ¡Te dije que lo compartieras, que lo invirtieras, que lo hicieras crecer!

Gerardo: ¡Ya sé! *(Señala a Jesús y agita su mano.)* Pero sabía que ibas a pedir toda ganancia que hiciera. Así le haces tú; usas el trabajo duro de otros para construir tu propio reino. No perdiste nada conmigo. Sólo que no jugué a tu manera.

Jesús: *(Se levanta y ruge furioso)* ¡Siervo malo, de poca confianza! Ustedes sabían que mis siervos son mis trabajadores que están construyendo mi reino, ¡y tu te rehusaste a cargar tu parte del peso!

Gerardo: Pero…pero…

Jesús: ¿Duro soy? ¿Egoísta soy? ¡Tomen esta bolsa de dinero y dénsela a Marcos!

Asistente: Pero Señor, ¡él ya tiene 20,000!

Jesús. Ya lo sé. Pero aquellos que invirtieron obtendrán más. Lo usarán para construir el reino. Quienes sean egoístas y tengan miedo de perder todo, incluyendo un lugar en mi presencia… *(mira a Gerardo)* ¡Fuera de mi casa! ¡Tu no me amas! *(Gerardo corre, llorando.)*

Jesús: *(Se sacude las manos como diciendo, "ya pasó".)* Ahora, todos hemos trabajado y esperado este día. El reino de mi Padre ha venido, y Su voluntad será hecha en esta tierra. ¡Santificado sea Su nombre! ¡Todos tomaremos palmas y las agitaremos y danzaremos con gozo! Durante siete días vamos a acampar debajo de las estrellas, en refugios hechos por nosotros. Ustedes han vivido como peregrinos y han vagado en esta tierra. Ahora, la cosa cambia.

Todos juntos: *(Fuerte)* ¡Los reinos de este mundo se han vuelto los reinos de nuestro Señor y de su Cristo, y Él reinará por siempre y para siempre!

Jesús: ¡Que empiece la fiesta de los Tabernáculos!

(Que se escuche música de gozo mientras todos salen.)

Lección 15

Preguntas de Repaso

1. ¿Por qué Dios tiene secretos? *Para que podamos buscar a Dios y Él los contará o revelará a quién lo busque con todo su corazón.*
2. ¿Cuál es el evento que profetizan las últimas tres fiestas? *La segunda venida de Cristo.*
3. ¿Por qué son las tres últimas fiestas llamadas proféticas? *Enseñan algo que pasará en el futuro.*
4. Nombra una de estas fiestas y que revelan que pasará. *Trompetas: Jesús vendrá abajo a la tierra.*
5. Nombra otra de estas fiestas y que revelan que pasará. *Día de la expiación: habrá un juicio sobre la vida de las personas.*
6. Nombra la tercera de estas fiestas y que revelan que pasará. *Tabernáculos: Dios establecerá su reino permanente en la tierra, y que la vida aquí en la tierra es temporal.*
7. En qué época de año se llevan a cabo estas fiestas? *El otoño que representa el fin de los tiempos.*
8. ¿Qué experiencia con trompeta les recuerda a los israelitas la fiesta de las trompetas? *Cuando Dios descendió en el Monte Sinaí.*
9. ¿Dónde llegará Jesús cuando las últimas trompetas suenen? *En el Monte de los Olivos.*
10. Es el día de la expiación un día de festejo o de ayuno? *De ayuno.*
11. ¿Qué palabra usamos para expresar qué tan serio es un día? *Impresionante*
12. ¿De qué seremos juzgados? *De cómo obedecimos a Dios y construimos el reino de Dios en nuestra vida.*
13. ¿Por qué vivían los israelitas en refugios hechos de ramas en el campo? *Era lo único que tenían.*
14. ¿Qué fiesta debemos celebrar en la tierra cuando Jesús regrese? *La fiesta de los tabernáculos.*
15. ¿Qué obtendrán los vencedores? *Recompensas, vida eterna.*

Lección 15

Esgrima Bíblico

1. Deuteronomio 16:14 Te alegrarás en la fiesta junto con tus hijos y tus hijas, tus esclavos y tus esclavas, y los levitas, extranjeros, huérfanos y viudas que vivan en tus ciudades. NVI

2. Isaías 45:15 Tú, Dios y salvador de Israel, eres un Dios que se oculta.

3. Marcos 9:5 Pedro le dijo a Jesús:—Rabí, ¡qué bien que estemos aquí! Podemos levantar tres tiendas: una para ti, otra para Moisés y otra para Elías. BAD

4. Isaías 25:8 Devorará a la muerte para siempre; el Señor omnipotente enjugará las lágrimas de todo rostro, y quitará de toda la tierra el oprobio de su pueblo.

5. Levíticos 23:41 Cada año, durante siete días, celebrarán esta fiesta en honor al Señor. La celebrarán en el mes séptimo. Éste será un estatuto perpetuo para las generaciones venideras. El Señor mismo lo ha dicho.

6. Colosenses 1:16 Porque por medio de él fueron creadas todas las cosas en el cielo y en la tierra, visibles e invisibles, sean tronos, poderes, principados o autoridades: todo ha sido creado por medio de él y para él.

7. 2 Tesalonicenses 2:7 Es cierto que el misterio de la maldad ya está ejerciendo su poder; pero falta que sea quitado de en medio el que ahora lo detiene.

8. Deuteronomio 16:16 Tres veces al año todos tus varones se presentarán ante el Señor tu Dios, en el lugar que él elija, para celebrar las fiestas de los Panes sin levadura, de las Semanas y de las Enramadas. Nadie se presentará ante el Señor con las manos vacías.

9. Zacarías 14:4 En aquel día pondrá el Señor sus pies en el monte de los Olivos, que se encuentra al este de Jerusalén, y el monte de los Olivos se partirá en dos de este a oeste, y formará un gran valle, con una mitad del monte desplazándose al norte y la otra mitad al sur.

10. Romanos 16:25 El Dios eterno ocultó su misterio durante largos siglos, pero ahora lo ha revelado por medio de los escritos proféticos, según su propio mandato, para que todas las naciones obedezcan a la fe. ¡Al que puede fortalecerlos a ustedes conforme a mi evangelio y a la predicación acerca de Jesucristo.

Lección 15

Tiempo con Dios

Apoyos: 1. Un trono (una silla decorada), 2. Un shofar, 3. CD: Música de alabanza que vaya con el tema de compromiso y seguir a Cristo.
Actores: El Rey Jesús. Escoge a un adulto que diga algunas profecías a los niños.

Un día estaremos frente al lugar del juicio de Cristo. Este será nuestro trono, y le pediremos a Jesús que se siente en él. *(El actor de Jesús toma el trono. Pon el CD de música de alabanza tranquila y el sonido bajo, de fondo.)* La Biblia dice que cada hombre recibirá su recompensa de acuerdo a cómo vivió en la tierra: ***El que siembra y el que riega están al mismo nivel, aunque cada uno será recompensado según su propio trabajo***. (1 Corintios 3:8.) Ya sea que muramos antes de que Jesús venga, o que lo veamos cuando venga y nunca muramos, todos estaremos ante el Trono del juicio de Cristo (2 Corintios 5:10.)

Cierren sus ojitos y vamos a meditar sobre lo que hemos hecho en nuestra vida para construir su reino. ¿Qué queremos hacer con Jesús durante nuestra vida? ¿Trataremos de hablar de Él a otras personas? ¿Oraremos fervientemente por la gente, para que se arrepientan y lo encuentren? ¿Qué tanto queremos ver de su vida a través de la nuestra?

Le vamos a decir cómo nos sentimos en el caminar con Él en la tierra, y qué recompensas queremos en el cielo. La vida que vivimos ahora es sólo temporal. Nos estamos preparando para pasar la eternidad con Cristo. La forma en que vivimos la vida para Él ahora, determina nuestro futuro eterno.

Vamos a practicar lo que esperamos vamos a escuchar todos al final de nuestra vida. Cuando lo veamos cara a cara, queremos que Jesús nos diga: ***¡Hiciste bien, siervo bueno y fiel! En lo poco has sido fiel; te pondré a cargo de mucho más. ¡Ven a compartir la felicidad de tu señor!*** (Mateo 25:21.)Vale la pena dar toda nuestra vida para escuchar esa bendición. Hoy, Jesús hablará Palabra de Bendición sobre nosotros. Son bendiciones que tenemos hambre de escuchar. Cuando diga tu nombre, arrodíllate ante el trono.

(Instruye a Jesús a que ponga las manos sobre el hombro de cada niño, se arrodille y diga, "Hiciste bien, siervo bueno y fiel." Luego, deja que de una profecía, animando a cada niño. Por ejemplo: "Estoy tan agradecido por que diste todo por mi. Gracias por tu sacrificio." "Gracias por amarme más que el mundo y por haber dado todo por mí," etc. Una vez hayan recibido el toque y la palabra profética, guíalos a regresar a su lugar y a orar mientras los demás están al frente. Posteriormente, comenta lo que se siente el ser victorioso en Cristo. Guíalos en una oración de dedicación para darle todo a Jesús.)

Lección 16

Peregrinaje a Casa

Lección 16

Peregrinaje a Casa

Para el Maestro

El regreso de los judíos a Israel su tierra prometida, es un acontecimiento muy relevante e importante de nuestros días, del que tanto adultos como niños deben estar enterados y conocer más profundamente. En esta lección final, exploraremos la inevitable victoria de Dios sobre todos sus adversarios. Cristo regresará pronto y reinará sobre toda la tierra, y Jerusalén será su capital. La batalla sobre Israel continuará hasta que: ***"En aquel tiempo llamarán a Jerusalén: Trono del Señor. Todas las naciones se reunirán en Jerusalén para honrar el nombre del Señor, y ya no volverán a obedecer ciegamente a su malvado corazón.*** (Jeremías 3:17.)

"Todas las promesas que Dios dio a la semilla de Abraham son **SI y AMÉN** en Cristo Jesús, pues los dones y el llamado de Dios son irrevocables." (2 Corintios 1:20, Romanos 11:29) La creencia equivocada de que la iglesia ha suplantado el rol de los judíos, ignora las profecías de Jeremías: "¡Vuelve, apóstata Israel! ***Afirma el Señor. No te guardaré rencor para siempre, porque soy misericordioso afirma el Señor.*** Jeremías 3:12

(Jeremías 31:35-37) Dios dice: ***Pero yo te restauraré y sanaré tus heridas afirma el Señor porque te han llamado la Desechada, la pobre Sión, la que a nadie le importa. Así dice el Señor: "Restauraré las fortunas de las carpas de Jacob, y tendré compasión de sus moradas; la ciudad resurgirá sobre sus ruinas, y el palacio se asentará en el lugar debido*** (Jeremías 30:17) ***En aquel tiempo afirma el Señor seré el Dios de todas las familias de Israel, y ellos serán mi pueblo***. (Jeremías 18; 31:1)

Dios restaurará las fortunas de los hijos de Abraham y cumplirá cada una de las promesas que le hizo a su padre. Si Él no cumpliera cada una de las promesas que le hizo a Israel, ¿cómo podemos nosotros, la iglesia, creer que cumplirá las promesas que nos hizo? ***"Yo soy Dios… y también lo haré."*** (Isaías 46:9 -11)

"Yo soy Dios.....que declaro el fin desde el principio..."
"Mi propósito será establecido, y todo lo que quiero realizaré."

Versículo de Poder

.''..El Señor ha de recobrar de nuevo con su mano, por segunda vez, al remanente de su pueblo que haya quedado (y los regresará a Israel)

Isaías 11:11 (LBLA)

Comprende el Versículo de Poder

Remanente: Lo que sobra, lo que queda después de que algo sucede.

Preparar con Anticipación

Parte 1: *Apoyos: 1. Cinco globos con un hilo atado, 2. Un alfiler, 3. Diez globos con un hilo atado, 4. Diez globos más con un hilo atado.*

Parte 2: *Apoyos: 1. Un globo terráqueo o un mapa mundi, 2. Una jarra con agua, 3. Un shofar, como el del kit de visuales JNM, p. 252, 4. Un león de juguete o una ilustración de un león, 5. Los rollos de las Escrituras, hechos de dos varas de ¾," con los bodes de un rollo de 2 m. de papel café adheridos a cada una de las varas (Ver la foto en la p. 231)*

Parte 3: *Apoyos: 1. Un manto de oración del kit de visuales JNM, p. 252, 2. Un yarmulke, 3. Una maleta vacía, 4. Los Diez Mandamientos*

Parte 4: *Apoyos: 1. Dos vendas para los ojos, 2. Una corneta o pito para fiesta, 3. Biblias para que los niños lean. Quizás desees buscar y marcar las escrituras con anticipación para ahorrar tiempo y* ***no romper el ritmo del servicio.***

Tiempo con Dios: *Apoyos: 1 El muro de los Lamentos de la p. 253. 2. Todos los artículos judíos de oración, que se utilizarán durante todo este programa. 3. Aparato para CDs. 4. Música de adoración judía. 5. Escrituras para orar, en caso de utilizarse.*

Lección 16

Parte 1

De la Prueba a la Bendición

Apoyos: 1. Cinco globos con un hilo atado, 2. Un alfiler, 3. Diez globos con un hilo atado, 4. Diez globos más con un hilo atado.

¿Recuerdas la historia de Job, en la Biblia? (Job 1, 1-3) Job confiaba y respetaba a Dios; por eso Dios le bendijo con muchas cosas maravillosas. *(Toma un globo por cada bendición que menciones.)* Después, le dio diez hijos, 7,000 ovejas, 1,000 bueyes, 500 burros, y muchos sirvientes. *(Toma 5 globos con hilo, a manea de ramillete, como los sostendría una persona que vende globos.)*

Dios se jactó con Satanás del amor tan especial de Job, y de su obediencia. A Satanás no le impactó eso, y le contestó que Job sólo amaba las cosas que Dios le había dado, no a Dios.

Como Dios conocía muy bien a Job, le dio permiso a Satanás para someter a prueba el amor que Job le tenía. *(Truena un globo después de mencionar cada prueba.)* Los enemigos le robaron a Job sus bueyes, sus burros y sus sirvientes. ¡Pop! El fuego quemó sus ovejas y a sus sirvientes. ¡Pop! ¡Todos sus hijos murieron en un sólo día! ¡Pop! Job no maldijo a Dios, por lo que Satanás quiso probarlo aún más.Dios le permitió atacar el cuerpo de Job con llagas y con dolor. ¡Pop! (Job, capítulos 1 y 2) Ni siquiera sus mejores amigos lo podían consolar. Por ultimo, Dios mismo se le reveló, lo sanó y lo recompensó con el doble de todo lo que había perdido (Job 42:10.)

Esto se parece algo a la historia de los judíos. *(Muestra el ramillete con los diez globos y revienta uno por cada una de las siguientes pruebas.)* Ellos fueron bendecidos en gran manera por Dios, comenzaron con muchas bendiciones. Cayeron en pecado bajo sus reyes y fueron expulsados de Israel. ¡Pop! Cuando Jesús, su Mesías, vino, no lo reconocieron. ¡Pop! Muy pronto, los romanos los hicieron salir de Israel de nuevo. ¡Pop! Se establecieron en muchas tierras pero fueron perseguidos y estaban solos. ¡Pop! Desde 1948 han tenido que pelear constantemente por el derecho de existir como nación. ¡Pop! *(Levanta los cuatro globos restantes.)*

Pero todavía creen en el Dios de Abraham y esperan en las profecías de la Biblia. ¡Su esperanza es cierta! *(Agrega un globo por cada bendición.)* Dios les dará una segunda oportunidad para conocer y recibir a Jesús, su tan esperado Mesías. *(Agrega un globo.)* Él les dará TODA LA TIERRA PROMETIDA, *(añade un globo)*, así como la victoria sobre sus enemigos. *(Agrega el resto de los globos.)* Dios cambiará su corazón, les dará seguridad y felicidad (Jeremías 30:17.) Todas las promesas que Dios ha hecho a lo largo de los siglos a Abraham, David y a todos los profetas, se cumplirán. Jerusalén será gobernada por el Rey Jesús? (Jeremías 3:17.) ¡Probablemente estaremos vivos todavía para verlo!

Lección 16

Parte 2

Promesas Proféticas

Apoyos: 1. Un globo terráqueo o un mapa mundi, 2. Una jarra con agua, 3. Un shofar, 4. Un león de juguete o una ilustración de un león, 5. El rollo de las Escrituras, hecho de dos varas de ¾," pegadas a las orillas de los dos lados cortos de un rollo de papel café de 1.3 m de largo. (Ver la foto en esta página.)

El pueblo judío estuvo de esclavo en Egipto durante cuatrocientos años. Sin embargo, no siempre fue esclavo. Todo empezó cuando una hambruna que duró siete años lo alcanzó también; y aunque Dios lo protegió de la muerte y lo llevó a salvo a una tierra donde habían estado guardando comida para poder sobrevivir. Sin embargo, lo que comenzó como algo bueno terminó siendo una pesadilla. En su tiempo, Dios trajo a Moisés a la escena para rescatarlo de la esclavitud y guiarlo hacia lo que Dios llamaba "LA TIERRA PROMETIDA." *(Señala su localización en el globo terráqueo o el mapa, invita a un niño a que lo busque.)* Se le llamaba así porque Dios le había prometido que tendría un lugar específico en la tierra cientos de años antes a Abraham para él y para sus descendientes.

En la Biblia hay muchas historias muy emocionantes de cómo los israelitas finalmente, conquistaron SU TIERRA PROMETIDA de sus enemigos que la habían ocupado durante el tiempo que ellos estuvieron en Egipto. Un ejemplo es la historia de Josué, que marchó alrededor de las murallas de Jericó, y se derrumbaron. ¿Lo recuerdan? *(Levanta la jarra y el shofar y recuérdales para qué fueron utilizados. Ver Josué 6.)*

Cuando los judíos fueron capturados por los babilonios, de nuevo les fue quitada su tierra durante setenta años. Uno de los hombres judíos más famosos de ese tiempo era Daniel. ¿Se acuerdan de Daniel, que estuvo en el foso de los leones? *(Muéstrales un león de juguete o una foto de un león. Ver Daniel 6:1-28.)* Daniel, al leer las escrituras, descubrió que Dios había prometido regresarles su tierra después de setenta años. Así sucedió al final de los setenta años. Daniel oró por su liberación, Dios les devolvió su tierra, y de nuevo volvieron a su casa.

En otra ocasión, aproximadamente setenta años después de que Jesús resucitó, los romanos llegaron y destruyeron el templo, y los sacaron de nuevo de su tierra. Literalmente, se desparramaron por todo el mundo. Como dijimos antes, los romanos le cambiaron el nombre a esa tierra, y le pusieron Palestina. Pronto, muchos árabes y otras personas llegaron allí y edificaron sus casas. Pero los profetas ya habían predicho (lee los rollos de las escrituras), ***Restauraré a mi pueblo Israel; ellos reconstruirán las ciudades arruinadas y vivirán en ellas. Plantarán viñedos y beberán su vino; cultivarán huertos y comerán sus frutos. Plantaré a Israel en su propia tierra, para que nunca más sea arrancado de la tierra que yo le di,"*** (Amós 9:14-15.)

Lección 16

Parte 3

De Regreso a Casa —Aliyah—

Apoyos: 1. Un manto de oración del kit de visuales JNM, p. 252, 2. Un yarmulke, 3. Una maleta vacía, 4. Los Diez Mandamientos

Tres años después de la Segunda Guerra Mundial, durante la cual muchos judíos murieron en el holocausto, la ONU (Organización de las Naciones Unidas) le devolvió su TIERRA PROMETIDA nuevamente a Israel. En ese tiempo, casi ningún judío vivía ahí. Sin embargo, como si fuera un imán gigantesco, las personas judías comenzaron a regresar de todos los confines de la tierra a su TIERRA PROMETIDA. Y sin darse cuenta se estaban dando cumplimiento de muchas de las profecías. *(Ponte un manto de oración, un yarmulke, recoge la maleta y camina alrededor del salón, mientras les vas hablando.)* ***Entonces acontecerá en aquel día que el Señor ha de recobrar de nuevo con su mano, por segunda vez, al remanente de su pueblo que haya quedado de Asiria, de Egipto, de Patros, de Cus, de Elam, de Sinar, de Hamat y de las islas del mar.*** (Isaías 11:11)

En poco tiempo, más de cinco millones de personas judías regresaron a la tierra de Israel, y siguen llegando hasta el día de hoy. El Señor está llevando al pueblo judío de regreso a la tierra que le prometió a Abraham, no sólo para guardar su promesa, sino para morar en medio de ellos. Su plan siempre fue el de vivir en medio de su pueblo, y lo está llevando a cabo.

Hay una palabra que el pueblo judío utiliza para describir su viaje de regreso a casa. Es palabra es "ALIYAH," y significa, literalmente, "ir hacia arriba." La primera vez que se usó este término en las escrituras *(muestra los Diez Mandamientos)* fue cuando Moisés subió la montaña para verse con Dios y recibir de Él los Diez Mandamientos. El propósito del Aliyah no es sólo "ir hacia arriba." sino "**SUBIR Y ENCONTRARSE CON DIOS**."

Qué interesante que Jerusalén esté en una montaña. Una y otra vez, en la Biblia, Dios se reveló a la gente en las montañas, como cuando Jesús subió al Monte de la Transfiguración y Dios le habló. La promesa de Dios en cuanto a regresar a su pueblo a la tierra de Israel es una de las profecías más frecuentes en todas las escrituras. Cuando en las noticias vemos que los judíos están regresando a su tierra, literalmente estamos viendo el cumplimiento de las profecías. Al estar viendo que sucede esto, Dios nos dice que con ello vendrá el avivamiento más grande que se haya visto en todos los tiempos. ¿Qué es el avivamiento? *(Escucha sus respuestas.)* Es cuando las personas se ponen a cuentas con Dios, de corazón. Este avivamiento incluye el corazón de los judíos. El regreso de Jesús a la tierra como el Mesías judío está directamente relacionado con el regreso de los judíos de todas partes del mundo, y con un nuevo derramamiento del Espíritu Santo sobre la humanidad.

Lección 16

Parte 4

¡Es Hora de Celebrar!

Apoyos: *1. Dos vendas para los ojos, 2. Una corneta o pito, como los de las fiestas, 3. Biblias para que los niños lean. Quizás desees buscar y marcar las escrituras con anticipación para ahorrar tiempo y no tener que romper el ritmo del servicio. Para agilizar esta sesión, de antemano pide a los niños que localicen los versículos, incluso los puedes llevar por separados impresos en una hoja.*

Cuando estás ciego, es muy fácil tropezarte al caminar. *(Véndale los ojos al niño PEDRO #1 e instrúyele que camine hacia la voz del niño JUANITO #2, el cual se estará moviendo por todo el salón, a mientras que va diciendo el nombre del niño #1.)* Cada vez que JUANITO (menciona el nombre del niño 2) dice el nombre de PEDRO (niño 1), PEDRO (niño 1) debe moverse con mucho cuidado para no tropezarse. *(Ponle la venda al niño 2.)* Ahora, PEDRO (niño 1) va a guiar a JUANITO (niño 2), y él se tendrá que mover con mucho cuidado, sin ver. *(Deja que los tropezones sigan un ratito, y luego permite que los niños se quiten las vendas y se sienten.)*

Nos dimos cuenta que es muy difícil llegar a donde necesitas llegar sin poder ver. Nos reímos de nuestros amigos que se iban tropezando por todos lados con los ojos tapados, pero ¿te reirías de una persona que en verdad esta ciega? *(Da tiempo para que respondan.)* ¡Claro que no!

Abran la Biblia en Romanos 11:25. *(Escoge a un niño(a) para que lea.)* Además de los cristianos, los judíos son el único pueblo del mundo que verdaderamente cree en el único Dios. Sin embargo no han podido reconocer que Él ya envió al Mesías para que los cuide. Debemos cuidar del pueblo judío de Dios en nuestro corazón, y no sentirnos orgullosos. Las escrituras dicen que Dios ha permitido que no puedan ver para que más personas vean la verdad del evangelio y pudieran ir al cielo.

(Elije a dos niños para que lean en voz alta.) Leamos Zacarías 8:11-15. Ahora, vamos a leer Zacarías 8: 22. Jesús les abrirá los ojos a los judíos, y pronto verán quién es Él realmente. Llorarán porque se darán cuenta que sus antepasados le perforaron las manos al pedir que lo crucificaran. (Zacarías 12:10) Muchos creerán en Él y se salvarán (Romanos 11, 26.) En Lucas, capítulo 15, hay una parábola sobre dos hermanos que servían en la casa de su padre. Uno se quedó con él, y el otro se fue por su cuenta. ¿Sabes lo que sucedió cuando regresó el que se había ido? *(Deja que respondan.)* Su padre lo abrazó, le trajo una túnica especial y le puso un anillo en el dedo. Hizo una gran fiesta y una gran celebración en su honor. ¿Cómo crees que se sentirá y actuará Dios Padre cuando los hijos de Abraham crean en su Mesías? *(Deja que respondan)* ¡Habrá una celebración tremenda *(toca la corneta)* y les dará la bienvenida a su casa! ¡Y nosotros también vamos a celebrar! Estamos esperando que nuestro hermano mayor regrese a servir a Dios Padre con nosotros.

Lección 16

Teatro

¡Aliyah?

Actores: *Papá (Ben), Mamá (Brenda), hijo (Natán), hija (Débora), Abuela.*
Apoyos: *1. Tres sillas cómodas para Papá, Mamá y la Abuela, 2. Un juguete para Débora, 3.Una mesa pequeña y una silla, como para la computadora, 4. Una computadora laptop y un ratón, 5, Un periódico.*
Disfraces: *Ropa normal*

(El papá está sentado en su silla cómoda, leyendo el periódico. Deborah, la hija, está jugando con un juguete en el suelo, cerca de él. Mamá, la Abuela y Natán también están en el cuarto, cada uno ocupado en lo suyo. De pronto, Papá pone el periódico sobre el regazo y se inclina hacia delante con la mano en la barba, como si estuviera pensando.)

Débora: ¿Qué te pasa, Papi? ¿Algo te molesta?

Papá: No, nada.

Mamá: Eso no es lo demuestras con la expresión de la cara. Te ves preocupado, Ben.

Papá: No, sólo estoy un pensativo

Abuela: ¿Qué estas pensando?

Papá: ¡Esto! *(Levanta el periódico)* Cada vez que leo el periódico hay algo sobre Israel. ¡Es mi pueblo!

Mamá: ¿Y?

Papá: ¡Y?...*(Muestra mucha sorpresa y admiración exagerada.)* ¡Soy judío! Es mi país al que están bombardeando por todos lados; está en guerra. Además, tiene la presión del resto del mundo.

Abuela: *(Cierra los ojos y se mece hacia atrás y hacia delante, como si tuviera dolor emocional.)* ¡Ay, hijo, si supieras! Mi corazón está dolido por nuestro pueblo.

Papá: ¿Has sentido el deseo en tu corazón de regresar a casa, ¡si!, regresar a Israel, algún día? ¿No te gustaría, mamá?

Abuela: ¡Claro! ¡Lo deseo y lo pienso con mucha frecuencia!

Papá: ¿A vivir? *(Muestra mucha sorpresa y admiración exagerada)*

Todos los demás: ¿A vivir??? *(Asombrados.)*

Papá: ¡Sí, a vivir!

Mamá: *(Se levanta, se pone los dedos en la frente, como si estuviera pensando y tratando de digerir lo que acaba de escuchar.)* ¡Hablas en serio, Ben?

Débora: !Sí!, ¡wuau Papi!... ¿Hablas en serio? ¿Irnos de Estados Unidos y cambiarnos hasta el otro lado del océano?

Abuela: Pero...¡Es un lugar muy peligroso, Ben! Israel está constantemente bajo ataque, a veces por los terroristas, a veces con bombas. No hay paz en ningún lado.

Papá: Lo sé, Mamá. De alguna manera siento que estoy abandonando a mi pueblo al no estar ahí para apoyarles.

Mamá: ¿Apoyarles? *(Manos en las caderas)* ¿Cómo los apoyarías? ¿Viendo cómo a la fuerza hacen entrar a tu hijo y a tu hija al ejército israelí a pelear? ¿Los apoyarás con la vida de tus hijos?

(Débora y Natán se paran de un brinco y se acercan, un poco nerviosos por lo que acaba de decir su mamá.)

Débora: ¿Es cierto eso, Papi? ¿Los hombres y las mujeres tienen que unirse al ejército israelí?

Papá: *(Se levanta abruptamente.)* Sé a lo que nos enfrentaríamos, Brenda. Créeme que le he dado muchas vueltas a esto. *(Comienza a caminar por el cuarto.)* Pero hay algo en mí que me atrae hacia mi tierra. No me lo puedo quitar. ¡Siento que necesitamos hacer Aliyah!

Abuela: Hijo, ¿te das cuenta de lo que estás diciendo? Estarías cortando de raíz a tu familia de todo lo que han conocido en este país. Cambiarse a una cultura diferente, con comida distinta y un estilo de vida totalmente diferente.

(Mamá comienza a caminar por el cuarto también, pero en dirección opuesta a la de Papá)

Mamá: *(Se detiene y mira a Ben.)* Ben, tú eres el judío. Yo no tengo una gota de sangre judía en mí. ¿Cómo sabes que Israel siquiera nos aceptaría como familia?

Papá: *(Se emociona y va hacia la computadora. Mueve el ratón y se ve que se mete a Internet a buscar algo.)* Ya lo investigué, Brenda, ¡Mira esto!

(Toda la familia se reúne detrás de él viendo la pantalla de la computadora, la cual está de espaldas al público, para que la familia quede de frente al público.) Aquí hay un sitio que habla de los judíos que quieren hacer Aliyah. Dice: "En 1950, el gobierno de Israel pasó una ley sorprendente, que comienza con unas palabras sencillas que definieron el propósito central de Israel. "Todo judío tiene el derecho de emigrar a este país…," y sigue diciendo: "Oficialmente han llegado a su fin dos mil años de andar errantes. Los judíos tienen el derecho de llegar a Israel y declararse ciudadanos israelitas, asumiendo que no representan ningún peligro inminente para la salud pública, la seguridad del estado, o el pueblo judío en general. Esencialmente, todos los judíos de todas partes son ciudadanos de Israel por derecho.

Mamá: Eso quiere decir tú y tu mamá, Ben. ¿Pero yo, y nuestros hijos? *(Los hijos se paran junto a ella; los abraza a ambos, con un brazo sobre cada uno.)*

Papá: ¡También hablan de ese punto! Escuchen, “En 1970, Israel dio un paso histórico, otorgándole ciudadanía automática no sólo a los judíos, sino también a sus hijos no judíos, nietos y cónyuges, a los cónyuges no judíos, a sus hijos y a sus nietos. Con esto, no sólo aseguraban que no se desharían las familias, sino que además les prometió un lugar seguro en Israel a los no judíos sujetos a persecución debido a sus raíces judías.”

(Papá se levanta, se vuelve hacia su familia sonriendo.) Es decir, por lo que respecta al gobierno israelí, ¡nosotros somos ciudadanos judíos en este mismo momento, independientemente de dónde estemos viviendo!

Abuela: No estás bromeando ¿verdad Ben? En verdad has pensado mucho en esto. ¿De veras quieres que emigremos a Israel? *(Se dirige hacia su silla, se sienta con los ojos bien abiertos, y con la cara perpleja.)* ¡Israel, es mi verdadero hogar!

Natán: *(Se sienta frente a la computadora como si estuviera buscando información.)* ¿Juegan béisbol en Israel, Papi?

Débora: *(Se sienta junto a Natán, en la misma silla, y trata de quitarle el ratón. Ambos están con los ojos fijos en la pantalla de la computadora.)* ¿Podría seguir tomando clases de música Allá? ¿Hay algún sito en el la red que nos diga todas esas cosas?

Mamá: *(Camina hacia la foto de sus papás, la levanta y la observa.)* Esto significa dejar atrás a mis papás y a mi hermana. Los vuelos son tan caros…¡Casi nunca podríamos verlos!

Papá: *(Camina hacia su esposa y le pone un brazo sobre el hombro.)* No te voy a forzar a hacer esto, Brenda. Estoy consciente que significaría mucho en todas las áreas de nuestras vidas. *(Los hijos se levantan y caminan hacia sus padres. La abuela se les une.)* No voy a tomar la decisión por todos. Esto tiene que ser una decisión en la que todos estemos de acuerdo. Yo sólo les estoy diciendo lo que está en mi corazón. Sé que todos necesitan tener un tiempo para digerir esto y pensarlo bien. Si hubiera siquiera uno de nosotros que no tuviera paz en su corazón sobre esto, entonces no nos iríamos.

Abuela: *(Levanta un libro viejo, lo abre y lee.)* El profeta Ezequiel ha escrito: ***Porque os tomaré de las naciones, os recogeré de todas las tierras y os llevaré a vuestra propia tierra.*** *(Mira a todos los demás.)* Hoy en día, los judíos de todas las naciones están haciendo su Aliyah. ¡Nunca me imaginé que yo sería uno de ellos!

(Papá abraza a Mamá; Brenda abraza a sus hijos, y todos salen en silencio.)

Lección 16

Preguntas de Repaso

1. ¿Por qué Dios le permitió a Satanás probar a Job? *Dios conocía muy bien a Job y sabía que nunca perdería la fe en Él.*
2. ¿En qué forma es la vida de Job una imagen de la vida de los judíos? *Ambos comenzaron con bendiciones, pero lo perdieron todo y por fin volvieron a tenerlo, o tendrán más de lo que tuvieron en un principio.*
3. ¿Por qué Satanás quería dañar a Job? *Porque Job amaba a Dios.*
4. ¿Que ciudad capital será gobernada por el Rey Jesús? *Jerusalén*
5. ¿Cómo se le llama a una promesa que no ha sucedido todavía? *Profecía.*
6. ¿Por qué Dios hace promesas grandes? *Él tiene todo lo que necesita para cumplirlas.*
7. Verdadero o falso: "Dios ama a los judíos." *Verdadero*
8. Verdadero o falso: "Un día, los judíos vivirán en toda la tierra de Israel, la cual le fue prometida a Abraham, y tendrán paz." *Verdadero*
9. ¿Cómo puede una promesa (profecía) ser triste? *Nos puede decir que sucederá algo triste.*
10. ¿Por qué permitió Dios que los judíos tuvieran tantas dificultades? *Para cambiarlos*
11. Cuando Dios les abra los ojos, ¿por qué llorarán? *Verán a Aquel a quien traspasaron.*
12. ¿Qué palabra hace falta para completar la oración? "Y vendrán muchos pueblos y naciones poderosas a buscar al ______________________, y a implorar el favor del SEÑOR." *Dios todopoderoso*
13. ¿Cómo se siente Dios cuando las personas regresan a Él, después de haber huido de Él? *Gozoso*
14. ¿Qué hará Él cuando los hijos de Abraham acepten a Jesús? *Habrá una fiesta tremenda.* ***Celebrará en gran manera.***
15. ¿Por qué celebraremos con Él? *Los judíos son como nuestros hermanos que andan perdidos sin su familia.*

Lección 16

Esgrima Bíblico

1. 1 Corintios 10:11 — Todo eso les sucedió para servir de ejemplo, y quedó escrito para advertencia nuestra, pues a nosotros nos ha llegado el fin de los tiempos.

2. Jeremías 3:17 — En aquel tiempo llamarán a Jerusalén: "Trono del Señor." Todas las naciones se reunirán en Jerusalén para honrar el nombre del Señor, y ya no volverán a obedecer ciegamente a su malvado corazón.

3. Corintios 1:20NLT — Todas las promesas que ha hecho Dios son «sí» en Cristo. Así que, por medio de Cristo, respondemos «amén» para la gloria de Dios.

4. Romanos 11:29 — Porque las dádivas de Dios son irrevocables, como lo es también su llamamiento.

5. Jeremías 31:37 — Así dice el Señor: 'Si se pudieran medir los cielos en lo alto, y en lo bajo explorar los cimientos de la tierra, entonces yo rechazaría a la descendencia de Israel por todo lo que ha hecho —afirma el Señor.

6. Romanos 11:33 — ¡Qué profundas son las riquezas de la sabiduría y del conocimiento de Dios! ¡Qué indescifrables sus juicios, e impenetrables sus caminos!

7. Hebreos 12:22 — Por el contrario, ustedes se han acercado al monte Sión, a la Jerusalén celestial, la ciudad del Dios viviente. Se han acercado a millares y millares de ángeles, a una asamblea gozosa.

8. Ezequiel 36:24 — Los sacaré de entre las naciones, los reuniré de entre todos los pueblos, y los haré regresar a su propia tierra.

9. Lucas 19:41 — Cuando se acercaba a Jerusalén, Jesús vio la ciudad y lloró por ella.

10. Zacarías 12:2 — Convertiré a Jerusalén en una copa que embriagará a todos los pueblos vecinos. Judá será sitiada, lo mismo que Jerusalén.

Lección 16

Tiempo con Dios

Apoyos: 1. Aparato para tocar CDs, 2. Música judía de adoración, 3. La presentación en PowerPoint titulada "Filacterias." Si no tienes proyector de video, imprime las fotos a color. Ve las notas sobre las filacterias en la página 250.

Esta es la última lección sobre Israel y el pueblo judío. La semana que entra comenzaremos con una serie nueva, así que ya no vamos a usar las herramientas ni el Muro de los Lamentos para orar. Pero eso no quiere decir que ya no vamos a orar por los judíos. ¿Quién se puede acordar de algunas cosas por las que hemos de orar e interceder por ellos? *(Dales tiempo para que respondan.)* Debemos orar:

1. Por la paz de Jerusalén
2. Para que les sean abiertos los ojos y reco nozcan a Jesús como el Mesías
3. Para que Dios les bendiga y los haga pros perar
4. Para que regresen a Israel
5. Para que Jesús reconstruya Jerusalén
6. Para que se forme el Nuevo Hombre de Dios *(quie re decir creer que los judíos y los gentiles serán uno)*
7. Para que Dios proteja y libere a Jerusalén
8. Para que sean confundidos los malvados y los que tratan de destruir a Israel
9. Para que no se divida la tierra de Israel con sus enemigos

Pero hay una cosa más por la cual necesitamos orar, que afecta no sólo a Israel, sino a nosotros los cristianos y al mundo entero. *(Abre la Biblia en Apocalipsis 22.)*

Mira lo que dice en el último capítulo de la Biblia: "***Yo soy la raíz y el descendiente de David, la estrella de la mañana. El Espíritu y la novia dicen, "Ven." Y el que tenga oídos para oír, diga: "Ven."*** Y las últimas palabras son ***"Si, yo vengo pronto." Amén. Ven, Señor Jesús.***" El espíritu es el Espíritu Santo, y nosotros los cristianos somos la novia de Cristo. El Espíritu y la novia claman en los últimos días, ***"Ven, Señor Jesús. Ven."*** Hay un clamor en el espíritu para pedirle a Jesús que regrese de nuevo a la tierra a cumplir sus promesas; para derrotar a los enemigos de Dios y para establecer Su reinado en la tierra. "***En aquel día pondrá el Señor sus pies en el monte de los Olivos, que se encuentra al este de Jerusalén, y el Monte de los Olivos se partirá en dos de este a oeste, y formará un gran valle."*** (Zacarías 14, 4.)

Hoy vamos a ir al Muro de los Lamentos por última vez, pero esta vez lo vamos a hacer para clamar a Jesús que venga de nuevo a la tierra. Pueden utilizar cualquiera de las herramientas de oración. Pueden orar en silencio, o pueden orar usando el micrófono, pero oremos con Apocalipsis 22:20. ***"¡Ven, Señor Jesús! ¡Ven!"***

(Todos los versículos de esta sección se han tomado de la Nueva Versión Internacional)

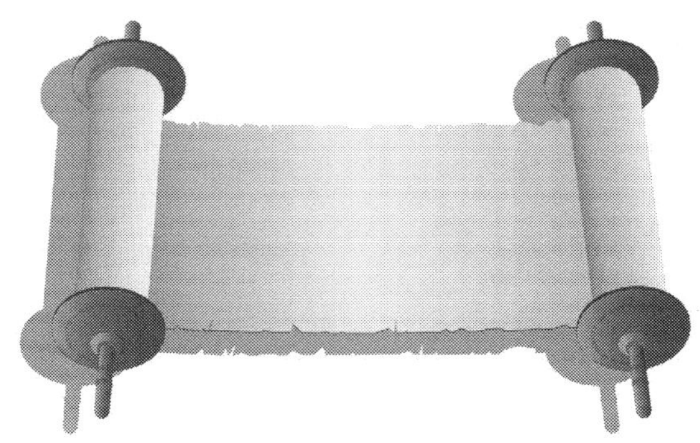

Estudia Scrituras Extra

1. Zacarías 2:8	Porque así dice el Señor Todopoderoso, cuya gloria me envió contra las naciones que los saquearon a ustedes: "La nación que toca a mi pueblo, me toca la niña de los ojos."
2. Salmo 102:13	Te levantarás y tendrás piedad de Sión, pues ya es tiempo de que la compadezcas. ¡Ha llegado el momento señalado!
3. Salmo 102:16	Porque el Señor reconstruirá a Sión, y se manifestará en su esplendor.
4. Isaías 62:1	Por amor a Sión no guardaré silencio; por amor a Jerusalén no desmayaré, hasta que su justicia resplandezca como la aurora, como antorcha encendida su salvación.
5. Isaías 62:6	Jerusalén, sobre tus muros he puesto centinelas que nunca callarán, ni de día ni de noche. Ustedes, los que invocan al Señor, no se den descanso.
6. Isaías 62:7	Ni tampoco lo dejen descansar, hasta que establezca a Jerusalén y la convierta en la alabanza de la tierra.
7. Salmo 122:6	Pidamos por la paz de Jerusalén: "Que vivan en paz los que te aman."
8. Salmo 122:7	Que haya paz dentro de tus murallas, seguridad en tus fortalezas.
9. Salmo 122:8	Y ahora, por mis hermanos y amigos te digo: "¡Deseo que tengas paz!"
10. Salmo 122:9	Por la casa del Señor nuestro Dios procuraré tu bienestar
11. 1 Timoteo 2:4	Pues Él quiere que todos sean salvos y lleguen a conocer la verdad.
12. Isaías 49:5	Y ahora dice el Señor, que desde el seno materno me formó para que fuera yo su siervo, para hacer que Jacob se vuelva a él, que Israel se reúna a su alrededor; porque a los ojos del Señor soy digno de honra, y mi Dios ha sido mi fortaleza.
13. Isaías 49:6	No es gran cosa que seas mi siervo, ni que restaures a las tribus de Jacob, ni que hagas volver a los de Israel, a quienes he preservado. Yo te pongo ahora como luz para las naciones, a fin de que lleves mi salvación hasta los confines de la tierra.
14. Isaías 31:5	Como aves que revolotean sobre el nido, así también el Señor Todopoderoso

	protegerá a Jerusalén; la protegerá y la librará la defenderá y la rescatará.
15. Miqueas 2:1	¡Ay de los que sólo piensan en el mal, y aun acostados hacen planes malvados! En cuanto amanece, los llevan a cabo porque tienen el poder en sus manos.
16. Salmo 10:28-29	¿Qué importa que ellos me maldigan? Bendíceme tú. Pueden atacarme, pero quedarán avergonzados; en cambio, este siervo tuyo se alegrará. ¡Queden mis acusadores cubiertos de deshonra, envueltos en un manto de vergüenza!
17. Salmo 55:9	¡Destrúyelos, Señor! ¡Confunde su lenguaje! En la ciudad sólo veo contiendas y violencia.
18. Jeremías 31:36	Si alguna vez fallaran estas leyes —afirma el Señor, entonces la descendencia de Israel ya nunca más sería mi nación especial
19. Salmo 9:19-20	¡Levántate, Señor! No dejes que el hombre prevalezca; ¡haz que las naciones comparezcan ante ti! Infúndeles terror, Señor; ¡que los pueblos sepan que son simples mortales! Selah.
20. Salmo 33:10-12	El Señor frustra los planes de las naciones; desbarata los designios de los pueblos. Pero los planes del Señor quedan firmes para siempre; los designios de su mente son eternos. Dichosa la nación cuyo Dios es el Señor, el pueblo que escogió por su heredad.
21. Ezequiel 36:24	Los sacaré de entre las naciones, los reuniré de entre todos los pueblos, y los haré regresar a su propia tierra.
22. Hebreos 8:10	Éste es el pacto que después de aquel tiempo haré con la casa de Israel —dice el Señor. Pondré mis leyes en su mente y las escribiré en su corazón. Yo seré su Dios, y ellos serán mi pueblo.
23. Juan 1:11	Vino a lo que era suyo, pero los suyos no lo recibieron.
24. Ezequiel 36:28	Vivirán en la tierra que les di a sus antepasados, y ustedes serán mi pueblo y yo seré su Dios.
25. Zacarías 12: 10	Sobre la casa real de David y los habitantes de Jerusalén derramaré un espíritu de gracia y de súplica, y entonces pondrán sus ojos en mí. Harán lamentación por el que traspasaron, como quien hace lamentación por su hijo único; llorarán amargamente, como quien llora por su primogénito.
26. 2 Corintios 3: 15	Hasta el día de hoy, siempre que leen a Moisés, un velo les cubre el corazón.
27. Éxodo 23:31	Extenderé las fronteras de tu país, desde el Mar Rojo hasta el Mar Mediterráneo, y desde el desierto hasta el río Éufrates. Pondré bajo tu dominio a los que habitan allí, y tú los desalojarás.
28. Zacarías 8: 7	Así dice el Señor Todopoderoso: "Salvaré a mi pueblo de los países de oriente y de occidente."
29. Romanos 11:26-27	De esta manera todo Israel será salvo, como está escrito: "El redentor vendrá de Sión y apartará de Jacob la impiedad. Y éste será mi pacto con ellos cuando perdone sus pecados."

Detalles Interesantes Sobre Israel y los judíos

¿Dónde se originó la palabra 'judío'?

El término "judío" proviene del nombre "Judá," que era uno de los doce hijos de Jacob, de donde derivan las doce tribus de Israel, ya que cada una de las doce tribus tienen el nombre de uno de los doce hijos de Jacob. Cuando los judíos fueron expulsados de la tierra de Israel, la tribu de Judá fue la última en irse, y es la tribu de la cual se considera que desciende la mayor parte de los judíos de la actualidad. Por lo tanto, se les conocía como judeanos o judíos. El punto de vista más común es que el término en inglés "Jew" proviene del francés antiguo "giu," que antiguamente era "juieu," del latín "Iudaeus," que proviene del griego. El vocablo latín significa, sencillamente, "de Judea," o de la tierra de Judea. En inglés antiguo, existe evidencia del término desde el año 1000 en varias formas, como por ejemplo Gyu, Giu, luu, luw, lew.

Algunos judíos se ofenden con el uso de la palabra "Jew" porque la asocian con la persecución histórica. Otros consideran que es una calumnia racial cuando la utiliza cualquier persona que no sea de nacionalidad judía. Tengamos cuidado de no caer en el uso de calumnias raciales, tales como "Me regateó como judío."

La Estrella de David

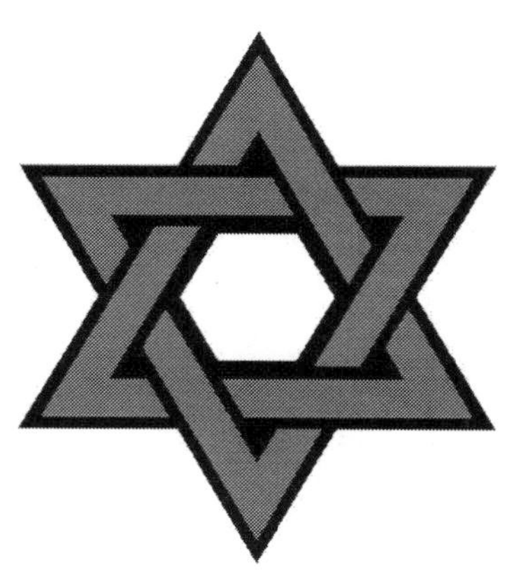

La estrella de David, también conocida como "el escudo de David," es un símbolo reconocido de identidad judía y del judaísmo. Lleva el nombre del Rey David, de la antigua Israel. Su uso más antiguo en representación de todo el pueblo judío data de la Edad Media, junto con el símbolo aun más antiguo de la Menorah. Sin embargo, el uso del hexágono se ha encontrado en bajorrelieves en los que se menciona al Rey David, que datan del imperio Babilónico durante el siglo VI. El término, aunque no el símbolo en sí, se refiere directamente a Dios, que fue escudo de David, según la Biblia, durante la batalla y cuando huía de Saúl. A partir del establecimiento del Estado de Israel en 1948, la estrella de David que aparece en la bandera de Israel se ha convertido también en el símbolo de ese país, y se le ha asociado al movimiento Zionista.

Observación del autor: Qué interesante que al padre del pueblo judío se le dijo que tendría más hijos que las estrellas del cielo, y en la actualidad, la estrella es el símbolo de Israel.

Los Diez Mandamientos

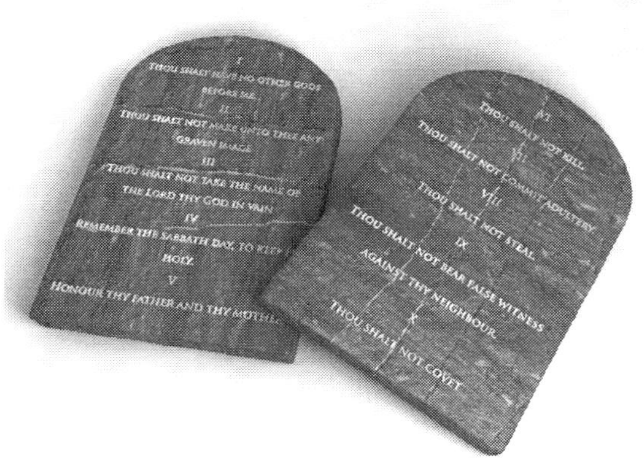

Muy poca gente sabe que las tablas de los mandamientos son dos, no porque Dios haya escrito cinco mandamientos en una de ellas y los otros cinco en la otra. Ambas tablas contienen la totalidad de los mandamientos. La razón por la que son dos tablas es que una copia era para Moisés, y la otra para Dios, ya que era un acuerdo contractual entre Dios y el pueblo de Israel.

Esta es la razón misma de la existencia del arca del pacto. Cuando se hacía un pacto o un acuerdo, con frecuencia se escribía en piedra, por duplicado; uno para cada parte pactante. La idea era que cada una de las partes se llevaba a casa una de las copias para guardarla. Dios le dijo a Moisés que quería habitar con Israel; estar con ellos. Por lo tanto, lo instruyó para que construyera el arca y colocara ambas tablas del pacto dentro de ella, como un recordatorio de que el Dios con el cual habían hecho pacto estaba literalmente en medio de ellos, y que guardaba el pacto en un lugar seguro. Cuando Dios habitaba en su trono, sobre el arca del pacto, siempre se encontraba (literalmente) directamente sobre el pacto que había hecho con Israel, como afirmando que lo estaba protegiendo de manera personal.

The Shofar

Este instrumento es un cuerno de carnero, vacío, doblado hacia arriba. Es preferentemente de carnero porque fue un carnero lo que Dios proveyó como sacrificio en lugar de Isaac, cuando su padre, Abraham, lo ató y lo puso sobre un altar con la intención de sacrificarlo a Dios. En hebreo, al acto de tocar el shofar se le llama tekiah. Hoy en día se utiliza sólo durante el mes de elul (septiembre – octubre), pero en tiempos bíblicos se usaba para indicar o marcar ocasiones importantes. El sonido del cuerno tenía el objetivo de llamar la atención de la gente. Se utilizaba para reunir a los hombres antes de salir a la batalla, para reunir a la gente por distintos motivos, o para marcar ocasiones significativas.

Cuando los judíos escuchan el tekiah, deben revalidar el estar ligados a Dios, como lo hizo Abraham cuando ató a Isaac al altar, como se ilustra en el siguiente pasaje: "Hagan sonar delante de mí el cuerno de carnero para recordarme, en nombre de ustedes, cuando Abraham ató a su hijo, Isaac, y considerarlo como si ustedes mismos se ligaran ante mí."

La Menorah

La Menorah es un candelabro de siete puntas. Ha sido un símbolo del judaísmo durante casi 3000 años, y es el emblema de Israel. Se usó en el antiguo Templo de Jerusalén. Se encendía con aceite de olivo en el tabernáculo, en los días de Moisés, así como en el Templo de Jerusalén. Es uno de los símbolos más antiguos del pueblo judío. Se dice que simboliza la zarza que ardía delante de Moisés, en el Monte Horeb (Éxodo 3.) La Torah dice que Dios le reveló a Moisés el diseño de la Menorah.

La Menorah es, también, un símbolo relacionado con la festividad judía de Hanukkah. Según el Talmud, después de la profanación del templo judío de Jerusalén, había apenas suficiente aceite consagrado para encender la flama eterna del Templo durante un día. Milagrosamente, la Menorah estuvo encendida durante ocho días—el tiempo suficiente para hacer aceite puro nuevo. Por lo tanto, la Menorah de Hanukkah tiene ocho brazos, mas el noveno brazo que está separado para la luz Shamash (sierva), que se utiliza para encender las demás luces.

Alimentos Kosher

Un alimento kosher es uno que está conformado a las regulaciones de la religión judía. Estas reglas forman el aspecto principal del kashrut *(leyes judías de la dieta.)* Los motivos por los que un alimento no es kosher son, entre otros, que contenga ingredientes derivados de animales que no son kosher, o de animales kosher que no se sacrificaron de manera adecuada; carne y leche en un mismo alimento; vino o jugo de uva *(o sus derivados)* producidos por gentiles; el uso de productos de Israel que no han sido diezmados; o aún el uso de utensilios de cocina y maquinaria que se hayan utilizado anteriormente para la preparación o procesamiento de alimentos no kosher. Los judíos ortodoxos son quienes consumen, principalmente, la comida kosher. El resto de los judíos no son tan estrictos en esto.

Muchas de las leyes del kashrut están derivadas de los libros de la Torah, de Levítico y Deuteronomio, cuyos detalles se han establecido en la ley oral y codificado posteriormente por las autoridades rabínicas. La Torah no establece explícitamente la razón de la mayoría de las leyes kashrut, por lo que se han sugerido razones variadas del propósito de las mismas, desde filosóficas hasta ritualistas, así como prácticas e higiénicas.

El Monte de los Olivos

Algunas de las tumbas del Monte de los Olivos

Este monte es una cordillera que se encuentra en Jerusalén del este, la cual tiene tres picos que corren de norte a sur. Su nombre viene de los olivares que anteriormente cubrían sus laderas. El Monte de los Olivos se menciona primeramente en relación a la huída de David de manos de Absalón (2 Samuel 15:30.) En el Nuevo Testamento se menciona frecuentemente, ya que se encuentra en el camino de Jerusalén a Betania. Además, es el lugar donde Jesús estuvo cuando lloró por Jerusalén. Se dice que Jesús pasó tiempo en este monte, enseñando y profetizando ante sus discípulos, además de ir allí la noche que fue traicionado (Mateo 26:30.) Al pie del Monte de los Olivos yace el Jardín de Getsemaní, donde Jesús oró la noche antes de su crucifixión.

Desde los tiempos bíblicos hasta el día de hoy, los judíos han enterrado a sus muertos en el Monte de los Olivos. Se calcula que hay aproximadamente 150,000 tumbas en este monte, entre las que se encuentran las de rabinos famosos y la del Primer Ministro Menachem Begin. Tanto judíos como cristianos creen que cuando venga el Mesías, va a posar sus pies sobre este monte, por lo que se le considera el más sagrado de todos los montes.

Yarmulkes

Un yarmulke o kippah (kipá) o kappel es una especie de gorrita redonda y delgada, usada en todo tiempo por los hombres judíos más estrictos. En las comunidades Conservadoras y Reformadas lo usan tanto hombres como mujeres durante los servicios y otros rituales religiosos. El portarlo se asocia con la demostración de respeto y reverencia hacia Dios. En la actualidad, la regla se ha hecho un poco más flexible para algunos judíos que aún lo utilizan, pero no lo portan en público todo el tiempo. Las referencias en cuanto al uso de la kipá se encuentran en el Talmud: ***"Cúbrete la cabeza para que el temor del cielo sea sobre ti**.*" De nuevo, se menciona: "El Rabbi Honah ben Joshua nunca anduvo ni 2 metros (cuatro cúbitos) con la cabeza descubierta, *'**Porque la Presencia Divina está siempre sobre mi cabeza**'*"

Desde el punto de vista estrictamente talmúdico, el único momento en el que un hombre judío debe cubrirse la cabeza es durante la oración. Sin embargo, hay quienes sugieren que un judío nunca debe descubrirse la cabeza, para poder distinguirlo de entre los cristianos, sobre todo durante la oración. Es una señal de respeto el que los gentiles lo usen cuando están orando en el Muro Oriental.

El Tallit

El tallit es un chal judío de oración, el cual se usa al recitar las oraciones matutinas, así como en la sinagoga durante el shabat y los días festivos. Según el judaísmo rabínico, la parte importante del talit es el tzitzit. En años recientes, tanto hombres como mujeres han comenzado a usarlos durante los servicios de oración. Sin embargo, algunas autoridades difieren en cuanto a si les es permitido a las mujeres usar el tallit.

Jesús, como judío observante, usó el tallit con tzitzit atados en las cuatro esquinas, lo cual data de los tiempos de Moisés (Números 15: 37 – 40.) Cuando la mujer con flujo de sangre tocó el vestido de Jesús y fue sanada, se especula que lo que tocó fue el tzitzit. Esta borla, o fleco, es la parte más importante del tallit, utilizado en aquellos tiempos a diario por los hombres judíos. El tzitzit era un recordatorio continuo de los mandamientos de Dios, y simboliza la autoridad, la soberanía y el reinado de Dios. Las borlas eran un recordatorio continuo del pecado o, literalmente, en hebreo, 'no pegar en el blanco'. Es decir, no vivir al nivel de las instrucciones de la Torah, o la Ley.

El Muro de los Lamentos

El Muro Occidental, también conocido como el Muro de los Lamentos, es un sitio religioso judío de gran importancia, ubicado en la Ciudad Antigua de Jerusalén. Es todo lo que queda del Templo de Salomón, el cual se considera que fue la edificación más hermosa y elaborada que ha habido. El nombre "Muro de los Lamentos" lo introdujeron los ingleses en 1917, con base en reportes de viajeros europeos que se referían al muro como *'**el lugar donde se lamentan los judíos**.'* Esta descripción se originó de la práctica judía de ir a ese sitio a llorar y lamentarse por la destrucción del Templo.

Algunos judíos creen que es el muro del Templo de Salomón donde estaba el lugar santísimo, y donde se guardaba el arca del pacto, por lo que se le considera el lugar del planeta tierra más cercano a donde se encontraba y se encuentra la presencia de Dios. La tradición dice que si has orado en el muro, has orado en el trono de gloria. Durante los tiempos de calamidad nacional o de aflicción, los judíos van allí a orar por su nación y a pedir misericordia divina. Una práctica común de quienes van a orar allí es escribir sus peticiones en un papelito e insertarlo en la pared, entre piedra y piedra.

Judíos Mesiánicos

El judaísmo mesiánico es un movimiento religioso cuyos seguidores creen que Jesús de Nazareth, a quien ellos llaman Yeshua, es tanto el Mesías judío resucitado, como su Salvador Divino. Esto es la característica central que define el movimiento judío mesiánico como un movimiento cristiano, más que judío. Sin embargo, el judaísmo mesiánico difiere del cristianismo en que sus seguidores observan la ley judía, lo cual no es la práctica común en las iglesias cristianas. Estas observancias incluyen el Shabat judío, el abstenerse de comer puerco, crustáceos y otros alimentos prohibidos por la ley, además de guardar las fiestas judías.

En Estados Unidos hay alrededor de 250,000 judíos mesiánicos. En Israel, se reportan entre 6,000 y 15,000. Practican su fe de cierta forma que consideran auténticamente de acuerdo a la Torah, y culturalmente judía. Los creyentes mesiánicos sostienen que el Antiguo Testamento es de inspiración divina, y que el Nuevo testamento debe considerarse por los judíos mesiánicos como la Palabra inspirada de Dios.

La Torah

El término 'Torah' significa enseñanza o instrucción, y en ocasiones se traduce como Ley. La conforman los primeros cinco libros del Antiguo Testamento, escritos por Moisés: Génesis, Éxodo, Levítico, Números y Deuteronomio. Constituyen la totalidad de los textos religiosos fundamentales tanto legales como éticos del judaísmo. El rollo de la Torah está escrito en pergamino, tradicionalmente por escribas entrenados especialmente para ello, bajo requerimientos sumamente estrictos. El resultado son copias modernas del texto exactas a las copias milenarias. La razón por la que se ha tenido tal cuidado es que se cree que cada palabra y marca tiene un significado divino, y que ni una parte de ella debe cambiarse inadvertidamente, ya que podría conducir al error.

Un error en una letra, adorno o símbolo de las 304,805 letras estilizadas que conforman los textos hebreos de la Torah, vuelven ese rollo inservible, por lo que se requiere una habilidad especial. El escribir a mano la Torah con pluma o con otro instrumento permitido, el cual se moja en tinta y cuyo costo puede ascender a más de $50,000 Dls., lleva hasta un año.

Filacterias o Tefillín

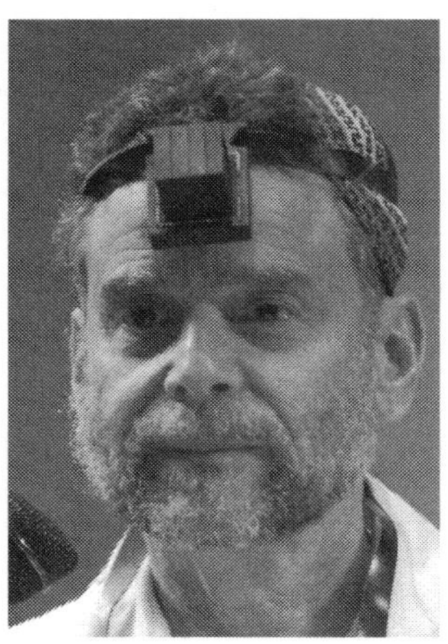

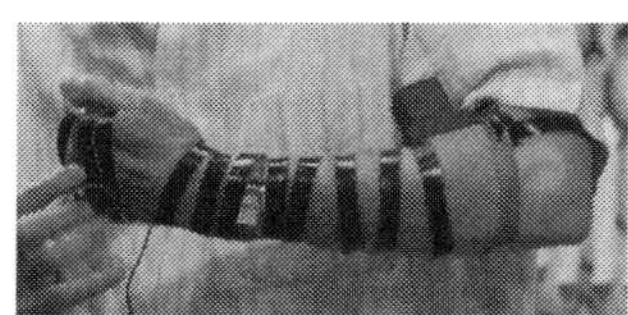

Filacterias, o tefillín, como se les llama universalmente en la actualidad, consisten en dos cajitas de cuero que se atan una sobre el brazo y la otra en la frente, confeccionadas con pieles de animales limpios. Las cajitas deben ser cuadradas y de medidas específicas. De preferencia, deben ser negras. Estas cajitas se adhieren por la parte inferior a un pedazo cuadrado de cuero grueso, por medio de doce puntadas hechas con hilo preparado de las venas de animales limpios.

Las leyes que dictan el uso de las filacterias se derivan, por los rabinos, de Deuteronomio 6:8. Originalmente, los tefillín se usaban durante el día, no durante la noche. Actualmente, la costumbre que prevalece es que se porten sólo durante el servicio diario de la mañana. No se utilizan en el shabat ni en los días santos, ya que éstos, en sí, se consideran "señales." La responsabilidad de usar los tefillin es de los hombres a partir de los trece años más un día. Las mujeres están exentas de utilizarlos; incluso se les impide, al igual que a los esclavos y a los menores de edad.

La Estrella Amarilla — Judío

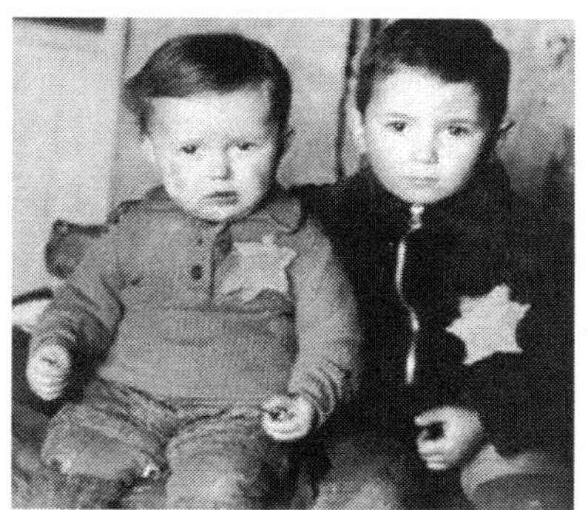

La estrella amarilla, con la inscripción "judío" se ha convertido en un símbolo de persecución Nazi. Abunda en la literatura y el material del Holocausto. Esta insignia judía no fue instituida en 1933 cuando Hitler ascendió al poder, ni en 1935 cuando las Leyes de Nuremberg despojaron a los judíos de su ciudadanía. La opresión y el etiquetamiento de los judíos por medio de la insignia judía en realidad iniciaron ya entrada la Segunda Guerra Mundial. Aun entonces, inició bajo leyes locales, más que como una política Nazi unificada. Esta no fue la primera vez que se obligó a los judíos a portar un artículo de vestimenta que los distinguiera del resto de la población. Pero fue después del inicio de la Segunda Guerra Mundial, en septiembre de 1939, que las autoridades individuales implementaron el uso de la insignia judía en los territorios ocupados de Polonia. Dos años después, por medio de un decreto establecido en 1941, se distribuyeron las insignias a los judíos dentro de Alemania. La insignia consistía en la Estrella de David amarilla, con la palabra "Jude," o judío, la cual tenía que portarse sobre el lado izquierdo del pecho. Era un símbolo de desgracia, el cual todavía conlleva memorias dolorosas a los judíos de hoy.

Nota de Kids in Ministry, Internacional

Debido a que este ministerio no viene de un trasfondo judío, y a pesar de que hemos hecho todo lo posible por investigar y verificar los datos y hechos históricos que presentamos en este programa sobre Israel y los judíos; reconocemos que debido a la gran cantidad de información que existe sobre el tema, es posible que por omisión o ignorancia, hayamos cometido el error de seleccionar fuentes no precisas. Si a tu parecer algo del contenido que presentamos es inadecuada, estamos en la mejor disposición de recibir tus comentarios, siempre y cuando puedas documentar tus opiniones e incluir los datos de la fuente, de manera que nos permita investigarla a fondo.

Gracias.

Pamela Ayres
Ex Directora de PowerClubs, KIMI Inernational

Becky Fischer
Fundadora / Directora de Kids in Ministry International

Kit de Visuales Mis Raíces Judaicas

¿Qué es un kit de visuales? Es una colección de los objetos y visuales clave que se utilizan como herramientas de enseñanza y objetos para las lecciones de los programas de KIMI. Son artículos que no se consiguen con facilidad en tiendas locales. Hemos seleccionado artículos de la mejor calidad, que maximizarán y fortalecerán la experiencia de aprendizaje de los niños. Estos visuales están a la venta independientemente de los programas.
Los artículos que se incluyen en este kit son:

- Los Diez mandamientos (40 cm de altura)
- Arco iris de la promesa (22 cm x 40 cm)
- Estrella de David (30 cm de altura)
- Máscara de Abraham
- Bandera de Israel
- Menorah
- Cinco Yarmulkes
- Chal de oración
- Imanes en forma de lápiz
- Shofar
- CD de música judía mesiánica, de Joel Chernoff; "La Restauración de Israel"
- DVD de música judía mesiánica, de Barry y Batya Segel; "Sonidos Etenos"

Visita: www.kidsinministry.org/childrens-ministry-curriculum/

Dls. más envío

El estudiar un tema como el antiguo Israel requiere de un esmero especial en la decoración del centro de aprendizaje. Además de los artículos que se mencionan en el kit de visuales de JNM, uno de los elementos clave para la ambientación es una réplica del Muro de los Lamentos. Además de realismo, proporcionará un sitio físico adecuado para que los niños intercedan por la nación de Israel, lo cual harán en muchas ocasiones durante esta serie de lecciones. Se recomienda adquirir o hacer uno, para usarse como muro de oración, y uno o dos como decoración del escenario. Dos murales de piedra, impresos en un rollo de cartón corrugado, de 1.2 mts. de alto y 3.6 mts. de largo cada uno.

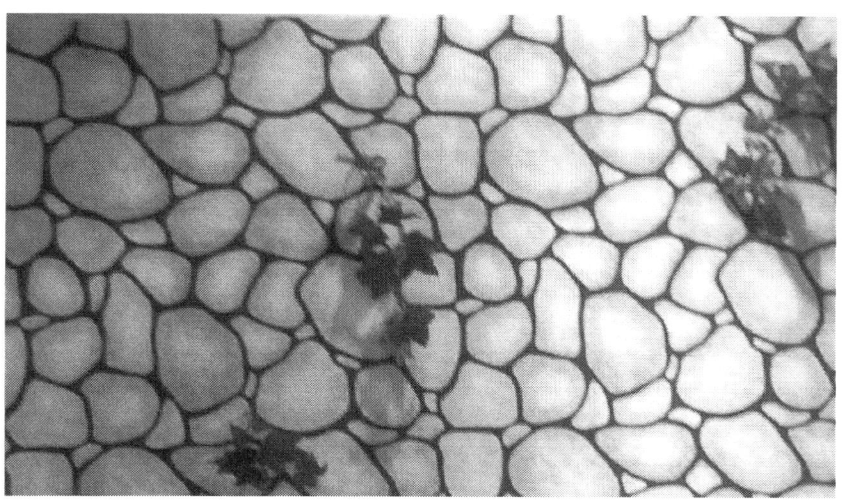

Visita: www.kidsinministry.org/childrens-ministry-curriculum/

Visuales

Página 132

1. Dobla una hoja de papel varias veces, a manera de abanico
2. Dibuja los muñecos de papel. El dibujo debe llegar hasta ambos lados del papel, de manera que, al recortar los muñecos, estén "tomados de las manos."
3. Recorta el patrón de la figura. Decora cada una con marcadores o pegando retazos de tela, estam

Nuestro Dios Increíble

Diecisiete lecciones que cubren los fundamentos Bíblicos más importantes como: La Trinidad, Salvación, Bautismo en Agua, Bautismo en el Espíritu Santo, Cuerpo–Alma–Espíritu, etc. ¡Nunca se había enseñados de esta manera tan divertida, los temas tan profundos que aquí presentamos!

Escuchando la Voz de Dios

Doce lecciones increíblemente fáciles de entender que te ayudan a enseñar a los niños a cómo escuchar la voz de Dios, ser guiados por el Espíritu Santo, así como empezar a operar en lo profético. ¡Hasta los adultos dicen que aprendieron con esta serie!

Tenga Buenas Nuevas

Doce lecciones que te llevan a tomar ventaja de la tendencia natural de los niños a evangelizar, enseñándoles lo que la Biblia dice acerca de ganar a las almas perdidas. También incluye un efectivo manual de entrenamiento para activar a tus niños en evangelismo en su diario vivir; en la escuela, el club, o parque.

Hay Poder en su Sangre

Doce lecciones increíblemente fácil de entender que te ayudan a enseñar el poder que hay en la sangre de Jesús; así como a descubrir la conexión que existe desde Génesis hasta Apocalipsis sobre el poder y misterio de la sangre de Jesucristo y cómo aplicarlo a sus vida el día de hoy.

Visita: www.kidsinministry.org/childrens-ministry-curriculum/ (USA)
www.kidsinministry.org/kimi-mexico/

Jesús Nuestro Sanados

TRECE LECCIONES increíblemente fácil de entender que te ayudan a enseñar a los niños: Quién es el gran Médico, El Por qué de las enfermedades, ¿cómo esperar un Milagro?, Qué significa CREER, realmente, El Secreto del Ministerio de Sanidad de Jesús. Cómo entrenar a tus niños en el ministerio de Sanidad igual que Jesús lo hizo. ¡Hasta los adultos dicen que aprendieron con esta serie!

Entrenando a los Pequeños Santos

Once lecciones fundamentales para el inicio de una vida cristiana. Contiene las principales lecciones de los programas de KIMI para ayudarte a establecer fundamentos bíblicos en tus niños. Este programa es ideal para padres que quieren instruir correctamente a sus niños y no saben cómo empezar.

El Poder de la Oración

3 lecciones poderosas para enseñar la importancia de la oración y su poder. Es tiempo de levantar una nueva generación de intercesores para el Reino de Dios. Los temas son: ¿Qué es la oración?, Porqué Orar, De gran Impacto, Escuchar, Los otros antes que tú, El factor alabanza y oración, Orar con la Palabra, Espíritu Santo y la oración, Herramientas de oración, Oración profética, Intercesión, La oración y Jesús.

Preescolares en Su Presencia

104 Mini poderosas lecciones en ocho categorías que te ayudarán a llevar a los pequeñines a conocer a Dios y entrar al maravilloso mundo de Él. No hay límite de edad en qué tan pequeñitos pueden los niños aprender a orar, adorar, sanar al enfermo y ser llenos del Espíritu Santo. Este programa está diseñado para que sea complemento de tu programa tradicional de escuela dominical que te provee las historias de la Biblia.

Visita: www.kidsinministry.org/childrens-ministry-curriculum/ (USA)
www.kidsinministry.org/kimi-mexico/

Mis Raíces Judaicas

17 lecciones que te llevarán a comprender plenamente nuestras raíces. Es imposible entender la Biblia sin tener un conocimiento profundo sobre Israel. Si se tiene confusión en cuanto a este país, se tendrá también en cuanto a la Biblia. Te sorprenderás de tantas cosas que aprenderás mientras enseñas a tus niños por qué es importante amar a Israel.

Redefiniendo el Ministerio de Niños del siglo 21°

Este libro te ayudará a darte cuenta en qué nivel se encuentra tu ministerio de niños. Si estás entrenando o sólo entreteniendo. ¿Está formando discípulos de Jesús? Investigaciones muestran que casi el 70% de los niños que han sido criados en iglesias y familias con creencias bíblicas, está abandonando en "manadas" nuestras filas de las iglesias cuando alcanzan la adolescencia o se convierten en adultos jóvenes. Este libro te llevará a Redefinir tu ministerio de niños y a buscar un cambio radical en el ministerio.

Monstruos en Mi Armario

Monstruos. Caleb tenía un problema. Está aterrado de los monstruos de su armario. ¡¡No está teniendo pesadillas! Estos visitantes son muy reales. Sus padres no saben que hacer para ayudarle. Pareciera que lo han tratado todo. Pero Caleb aprende que tiene autoridad sobre ellos y como hacerlos que se vayan para siempre usando el poderoso nombre de Jesús.

Las Aventuras de Ivy y Dios

Basado en historias reales de una pequeña niña que aprendió a oír la voz de Dios La mamá de Ivy la enseñó como orar y escuchar a Dios. Desde que ella tenía solamente dos años de edad, Dios la llevó en muchas aventuras de oración. Los niños y niñas pueden aprender a hacer cosas poderosas para Dios así como Ivy lo hizo.

Visita: www.kidsinministry.org/childrens-ministry-curriculum/ (USA)
www.kidsinministry.org/kimi-mexico/

Sobrenatural de Dios
para Ministerio de Ninos

PowerClubs Sobrenatural de Dios para Ministerio de Niños - Equipando a los niños a caminar en el poder de Dios. Curso de entrenamiento para ministerio de niños.

6 DVDs o MP4 solo en un Stick

Un PowerClub es una "Iglesia Infantil." La mayoría de las iglesias enfocan sus actividades a los adultos que asisten, y tienen las actividades de niños como parte de uno de sus programas. Aquí los niños y adolescentes son nuestro enfoque principal. El PowerClub está conformado por niños de entre 6 y 12 años de edad. Las reuniones pueden ser cualesquier día de la semana, muchas iglesias han adoptado el modelo en lugar de la "Escuelita Dominical." En cada reunión buscamos que el niño se encuentre con Dios, que pueda sentir su Presencia y sea ministrado directamente por su Padre Celestial.

¡Atrévete a ser usado/a por Dios para impactar a esta generación! Temas impartidos en nuestro seminario de lo sobrenatural de Dios a los Pequeños Santos:

1: Evaluando la iglesia y sus niños.
2: Los niños como campo misionero.
3: El Nuevo Odre del ministerio de los niños
4: Cómo llevar a los niños a la presencia de Dios
5: Los Niños y el Espíritu Santo
6: El patrón del tabernáculo del Ministerio de Niños
7: Los niños pueden adorar a Dios
8: Como preparar tu lección
9: Aprenda maneras creativas para enseñar
10: Ideas creativas para usar sketches dramáticos
11: Cómo alcanzar el corazón del niño con juegos
12: Disciplina inteligente y divertida.
13: Los niños y la biblia
14: Bebes, Preescolares y Dios
15: Politica de Protección Infantil
16: Qué es un PowerClub / Qué hace un PowerClub

Visita: www.kidsinministry.org/childrens-ministry-curriculum/ (USA)
www.kidsinministry.org/kimi-mexico/

Sobre la Autora

Pamela Ayres

Fundadora y ex directora Internacional KIMI PowerClubs

A pesar de haber educado a sus hijos en casa durante doce años, de haber dirigido un Club Bíblico para niños en su vecindario, así como un grupo de intercesión infantil, Pamela Ayres nunca consideró ser ministro de niños hasta que conoció a Becky Fischer en el año 2000. Muy impactada por el Espíritu Santo y por lo que vio y experimentó bajo el liderazgo de Becky, se dio cuenta que su deseo de ver a la siguiente generación con un sentido de destino era algo clave para su propio destino.

Ahora Pamela viaja y ministra regularmente, en muchos países de Europa, Asia, África y Sudamérica. En sus viajes ha desarrollado con KIMI una red de grupos pequeños de alcance a los que se ha llamado PowerClubs. Estos grupos para niños se reúnen en ciudades de todo el mundo para entrenarlos en los valores centrales de KIMI; es decir: 1. alimentar al niño con la Palabra, 2. Pepararlo para el ministerio, y 3. capacitarlo para experimentar la presencia de Dios en cada una de las reuniones.

Por medio de estos grupos, muchos adultos también están descubriendo la clave para su destino, que es ser mentor(es) de una generación de niños, y prepararlos para llevar el poder de Dios en su totalidad.

En los PowerClubs de todas partes se están registrando cambios en las circunstancias familiares y de la comunidad, por medio de la intercesión y la fe. La pasión y la determinación de Pamela es que la iglesia de Jesucristo abrace a los niños como prioridad de atención y entrenamiento, ya sea fuera o dentro de las cuatro paredes de su iglesia. Ha sido testigo de primera mano de niños que ministran con una madurez espiritual tremenda. Ha llevado a los niños de su propio PowerClub a ministrar en conferencias y otros eventos.

Gracias a sus múltiples talentos, Pamela disfruta de realizar videos sobre temas espirituales, y espera desarrollar videos con enseñanzas para niños. Vive en Carolina del Norte, en Estados Unidos, con su esposo, Nathan, quien está retirado de la NASA y actualmente trabaja como programador de computación. Pamela y Nathan tienen tres hijos y nueve nietos.

La Autora

Becky Fischer

Fundadora y Directora de Kids in Ministry International, Inc.

Becky Fischer ha capacitado a miles de niños, adolescentes, padres y maestros infantiles a través de conferencias, escuelas de Biblia, viajes misioneros, iglesias y materiales de recursos. Es autora del libro Redefiniendo el ministerio de los niños en el siglo XXI, Jesus Camp Mi historia y tres libros para niños. También es autora y coautora de diez currículos únicos y dinámicos de la iglesia para niños, muchos de los cuales se han traducido a más de nueve idiomas diferentes. Becky y su ministerio aparecieron en la película documental nominada al Oscar Jesus Camp en 2006.

La Sra. Fischer ha ministrado en 24 naciones y en 26 estados de los Estados Unidos. Ella también estuvo en administración de empresas durante 23 años antes de ingresar al ministerio a tiempo completo. La escuela del ministerio de niños sobrenaturales.

La Sra. Fischer es fundadora y directora del Ministerio de la Escuela de Niños Sobrenaturales (también conocido como SSCM.) SSCM es un curso de capacitación de 45 horas que enseña a los padres y a los ministros de los niños los aspectos básicos del gran ministerio de niños con poder del Espíritu. También les muestra cómo enseñar a los niños a escuchar la voz de Dios, convertirse en adoradores, guerreros de oración, portavoces proféticos. También les enseña a sanar a los enfermos, a operar en los dones del Espíritu, a ser guiados por el Espíritu de Dios y hacer señales y prodigios.

El objetivo de la SSCM es ayudar a los niños a convertirse en miembros activos del cuerpo de Cristo mientras aún son niños al capacitar a los padres y a los líderes ministeriales de los niños para que equipen a los más pequeños.

"Becky Fischer ha estado tranquilamente detrás de escena, haciendo un impacto para el reino en las naciones de la tierra. Ella habla con autoridad sobre las vidas de una nueva generación de niños y jóvenes. Si bien es una madre apostólica increíble para la generación emergente de niños, su mensaje es para todas las generaciones. Ella habla proféticamente en el corazón de, no solo niños, sino también jóvenes, padres, adultos de todas las edades y líderes de la iglesia. Ella es una de las voces principales para entrenar a la próxima generación para que conozcan la Biblia como un libro de historia. Pero ella también les enseña a hacer señales y maravillas hoy como lo hicieron en el libro de Hechos. El avivamiento venidero será un movimiento intergeneracional de Dios. Becky nos recuerda que no podemos olvidar traer a los niños con nosotros ."

–Wes y Stacey Campbell, Revival Now and Be a Hero Ministries

Made in the USA
Columbia, SC
19 October 2023

24399335R00143